U0899498

◇ 中国博士智库社区经济丛书 ◇

社区经济学

Community Economics

严陆根 ◆ 主编

中国发展出版社
CHINA DEVELOPMENT PRESS

图书在版编目（CIP）数据

社区经济学/严陆根主编．—北京：中国发展出版社，2013.4

ISBN 978-7-80234-926-1

Ⅰ. 社… Ⅱ. 严… Ⅲ. 社区—经济学 Ⅳ. F293

中国版本图书馆 CIP 数据核字（2013）第 074642 号

书　　名：社区经济学
著作责任者：严陆根
出 版 发 行：中国发展出版社
（北京市西城区百万庄大街 16 号 8 层　100037）
标 准 书 号：ISBN 978-7-80234-926-1
经　销　者：各地新华书店
印　刷　者：北京明恒达印务有限公司
开　　本：700mm × 1000mm　1/16
印　　张：20.5
字　　数：300 千字
版　　次：2013 年 6 月第 1 版
印　　次：2013 年 6 月第 1 次印刷
定　　价：50.00 元

联 系 电 话：（010）68990535　68990692
购 书 热 线：（010）68990682　68990686
网 络 订 购：http：//zgfzcbs.tmall.com
网 购 电 话：（010）88333349　68990639
本 社 网 址：http：//www.develpress.com.cn
电 子 邮 件：viola_lu@yeah.net

中国博士智库社区经济丛书

《社区经济学》编委会

目录 >>> CONTENTS

第一部分　背景分析

第二部分　基础理论

第三部分　理论拓展

第四部分　理论应用

第一部分 背景分析

第一章　现实背景：国内外社区经济发展历程及启示

自德国社会学家斐迪南·滕尼斯（1855～1936年）于1881年首次提出“社区”概念以来，这一名词就迅速在全球传播和使用，并对人类的经济社会活动产生着越来越深刻的影响。作为整个经济大系统的一个组成部分，社区经济的快速发展既是工业化和城市化持续推进的一个必然结果，同时又是经济成果分享和社会文明展示的一种重要形式。从历史渊源上看，社区发展在西方国家已有上百年的历史。19世纪中后期，社区首先在英、法、德等一些工业化较早的欧洲国家的大城市开始萌芽，其主要目的是为更加有效地解决一定区域内的社会贫困、疾病、失业、经济发展缓慢等系列问题。第二次世界大战后，全球经济进入新一轮快速增长周期，多数西方国家的社会结构也出现了不同程度的调整，社区作为一种民间社会组织的基本形式蓬勃发展起来，社区经济也相应成为其国民经济的重要组成部分。至20世纪80年代，随着发达国家居民生活水平的提高，社区发展转向以培育社区内居民自治自立自强之精神为重，这一社会组织形式的经济属性相对有所淡化。我国最早引进并正式使用“社区”这一概念大致始于1986年，在民政部的指导下，为配合国家经济体制改革和社会保障制度建设，社区在各城市、街道办事处和居民委员会等基层组织的基础上开始组织构建，并相应地建立起社区服务中心。进入21世纪以来，我国经济学界关于社区发展的关注程度明显增强，这更多源于现实中社区经济对整个国民经济贡献度日益上升的事实。但与积累了丰富实践经验和理论积淀的欧美发达国家相比，我国的社区经济发展无论在数量方面还是在成熟度方面都只能说刚刚起步。研究美国、北欧、日本等国家和地区社区经济发展的历史和现状，从更广泛的层面认识社区发展的内涵，探讨适合我国社区经济发展的路径和模式，对于中国社区经济的长远健康发展意义重大。

一、美国社区经济发展历史及现状特征

美国是当今全球最发达的资本主义大国，但其建国的历史并不算太长，从 1776 年《独立宣言》发布至今仅有二三百年的时间。当多数欧洲国家已进入工业化快速推进阶段，经济规模急剧膨胀之时，美国还是英国、西班牙等欧洲列强的海外殖民地，地域仅限于大西洋沿岸。然而，不到百年的时间，美国却不仅继承而且改造和创新了欧洲文明，在此基础上建立了新型的资本主义政治经济制度，创造出了令世界各国人民瞩目的种种奇迹，一跃成为世界头号强国，这些奇迹和经验无疑是世界人民的宝贵财富。作为西方发达国家的代表，美国的社区发展同样走在了世界前列，不仅积累了丰富的理论知识和实践经验，而且有完善的政治制度和高度发达的经济作为其强大的支撑，从而确保其国内社区经济的发展也日渐成熟，并且形成了具有自身特色的社区自治组织和科学的民主化管理模式。尽管美国自身仍旧存在诸多问题，但其在全世界的影响无处不在已经成为不争的事实。从总体上了解、把握和客观分析美国社区经济发展的历程及现状特征，仔细挖掘其百余年社区发展中的智慧，是窥视其他发达国家社区经济发展的一面镜子，同时也是开启我国社区经济发展新思路的一把钥匙。

（一）美国社区经济发展历史

经济基础决定上层建筑，只有获得一定的经济力量，社区才能有一定的自主性，从而在政治上获得力量，以逐步推进社会的民主。并且，社区的出现和社区发展运动的形成，很大程度上是为了解决工业化和城市化所带来的社会问题。在崇尚个人主义的美国，由于经济形态的多样性和先进性，社区意识同样得到了较快的发展，如今的曼哈顿社区已经成为全球瞩目的焦点。纵观百年历史，美国社区的发展史也是一部美国经济的发展史，而不断发生的重大政治经济变革便成了划分社区经济发展历史的重要标志。

1. 美国社区经济的起步

早在殖民地时期，美国社区就已经开始萌芽，但直到19世纪中期以前的这一漫长时期，美国的社区更多分布在乡村，农业生产和经营是当时社区经济的主要形态，并伴随有为数不多的低水平加工业和商品贸易业，这些经济特征与当时美国社会的大背景密不可分。社区经济起步时期的美国经历了被殖民和被压迫的痛苦生活，也经历了改变美国历史的“西进运动”，还经历了轰轰烈烈的美国内战并最终赢得独立和自主。这些极具转折性的重大事件使得这一时期美国社区经济发展被赋予了更多政治诉求——摆脱贫穷和压迫、在北美大陆建立新的交往规则成为新移民构建社区的根本目的。从这个角度来讲，北美移民心中对于社区的概念或许更多源于对家乡的思念，英国乡村整齐的村社、教堂和露天集市、村公所、学校等都成为他们心中挥之不去的情结。“尤其在经过长期的努力奋斗取得独立之后，他们希望生活在一个有宗教凝聚力的互相帮助的社区里”[①]；而在西部开拓的过程中，移民们便自发地成立起各式各类的社团，相互约定将某种更广泛意义上的治国理念牢牢建立在社团内部，并以此为基础发展出所谓“多数人决议”原则和“权力来自于人民”等概念，这也是美国现代社区民众社区价值观念的来源。如今的乡村社区已经成为乡村地理学研究的重要内容，主要从时序和区域的角度，以乡村社区人地关系为研究的重心，综合分析乡村社区发展的基本规律，而乡村社区经济学则随着时间的流逝被农业经济学等学科所替代。

2. 美国社区经济的发展

从美国内战结束到第一次世界大战时期的近半个世纪，美国从一个农村化的共和国变成了城市化的国家，美国社区也相应地从农村社区逐步扩展到城市社区。换句话讲，美国社区经济发展是伴随着工业化和城市化的深入而不断发展的。随着内战的结束，尤其是工业革命的爆发，美国国内工业化进入深入推进时期，经济形态迅速由农业经济向工业经济转变，进而带动美国在这一时期快速崛起，政治经济实力全面增强，但在创造社会巨大财富的同时，美国社会的贫富分配也日渐不均，社会

① 谢芳：《美国社区》，中国社会出版社2004年版，第14页。

差距不断加大。此时，自由放任主义的政策已经不再能够应付工业化所引发的各种挑战和一系列社会问题，美国国内对社区问题的研究日益重视，社区理论得以较快发展，社区经济意识形态凭借这个契机登上了历史舞台，推动了实践中美国社区经济的充分发展。一场最为广泛的社区睦邻运动悄然展开，这场社区改造运动引导人们将注意力投向研究解决社会问题的有效方案方面，更加注重基层社区的发展和建设，更加注重小社区的改造对于整个社会的意义，为社会去除弊病、和谐稳定发展提供了启示。到 1937 年，全美已经有社区睦邻服务所五百多个。这些社区睦邻服务所充分利用社区人力物力资源，努力培养社区居民的自治与互助精神，动员社区成员齐心协力，在本社区创造更好的生活条件。它强调和宣扬“人人平等”，增进社区福利，即无论贫富都应享有政治平等和民主，而且可以享受基本的教育权和文化权。此次运动为社区服务向专业化迈进奠定了基石，完善了社会工作的基本方法。

3. 美国社区经济的转型

20 世纪 30 年代以前的美国社区经济形态已经覆盖了整个工农商三大产业，但在社区经济运作模式上还是以民间的社区内自发管理为主。然而，1929～1933 年所爆发的历史上最惨重的经济危机对这种社区管理方式提出了重大挑战，人们逐渐开始质疑生产的无政府状态和垄断资本主义的矛盾以及极端放任自由的市场经济。由于时任美国总统胡佛仍坚持“最好的政府干涉最少”的理论，将失业救济的责任推给市场，导致失业、贫困、通货膨胀等经济社会问题同时出现，极大地威胁到社会稳定，社区经济也遭到重创。此时社会各界逐步认识到，社会保障已成为当时非常现实和紧迫的问题，为老人和失业者等特殊群体制定福利方案势在必行，否则将会引发一场社会革命。换句话讲，在大萧条时代的美国推行国家干预经济已成为刻不容缓的需求。此时美国社区经济发展也进入转型时期，即从由社区睦邻服务所这样的民间组织或私人机构进行社区救济和社区帮助转变为国家政府广泛干预社区经济发展，尤其是在社会保障和社会福利事业方面。美国社会保障制度作为美国社区的重要组成部分起步并发展于这一时期，其他服务社区经济发展的国家制度和政策也纷纷出台，从社区的层面治理贫困和失业问题，进而缓解社会矛盾。

20世纪六七十年代，美国联邦政府通过了《社会保障法》《立法补充》《瓦格纳·斯特高全国住宅法》《公平劳动标准法》等一系列立法和“残疾福利金”“联邦医疗保险”“生活补助金”等系列优惠制度和政策的制定，不仅奠定了社会保障制度的基础，也促进了社区经济发展和稳定。从这一点来说，美国社区经济的转型时期实际上是社会保障制度逐步建立的时期。社会保障制度成为社区的基本组成部分和服务内容，标志着美国社区经济服务实力迈上了一个新的台阶。

4. 美国社区经济的提升

20世纪80年代后，社区发展逐渐成为全球现代化进程中的普遍趋势，美国也不例外。80年代后的美国缓慢地摆脱滞胀的困扰，并迎来新一轮由自由化主导的信息经济时期，被称为“后工业化社会”（此概念由美国社会学家D·贝尔提出）。经过一个多世纪的发展，美国已经迅速崛起成为政治经济军事大国，美国社区也发展到比较成熟并不断完善的阶段，社区自治成为20世纪80年代以后美国社区的管理特色，社区经济规模日渐扩大，在国民经济中的重要性不断提升。与欧亚等地的经济发达国家相比，美国的壮大被认为是更多奉行自由竞争的结果。与之相对应，在社区经济发展中，美国的地方政府越来越淡出社区管理和社区干预的领域，只是为社区提供行政规范和少量的资金支持。社区多了自治的成分，掌握了更多的自主和民主权利，相应地开展了“社区运动”；社区多了其他组织的帮助和支持，包括私人基金会、银行、企业和非营利机构，经济运行更加灵活；而社区非营利组织也顺应时代要求在美国社区的舞台上得到充分发展，它们承担着社区大部分的管理和服务工作，在沟通政府和民众之间的联系、缓解社会冲突方面起到润滑剂的作用。总体来看，在后工业化时代，美国人重拾了社区价值观念，即充分利用社区内一切可用资源，依靠企业、社区、个人的努力实现社区福利的目标并使社区经济发展计划得以顺利实施。即便在互联网泡沫破灭和金融危机爆发的巨大打击之下，美国社区经济仍旧因为其先进的信息化管理手段和完备的市场运作方式而稳健地前行，在整个美国经济发展大格局中扮演越来越重要的角色。

（二）美国社区的组织及建设

美国是当今世界上最大的发达国家，也是世界上城市化水平最高的国家之一。尽管与欧洲部分国家相比，美国社区经济的发展历程并不算长，其所经历的起步、发展、转型和提升四大阶段仅仅用了二三百年的时间，但在其特殊的政治、经济、历史、地理和其他因素的作用下，美国立足于自己的资源特色、环境条件，构建起了相对完善的社区组织建设、公共设施建设和社区服务等组织建设体系。仔细考察美国社区经济发展的元素和内容，吸取其在组织建设方面的经验教训，借鉴其社区经济发展过程中的一些先进理念与做法，对社区经济理论的研究具有重要的参考价值和实践价值。

1. 美国社区组织架构

与当今世界大多数国家类似，美国的国家管理采取的是层级模式，其政府分为联邦、州和地方三级政府，其中，地方政府包括郡县政府和实行自治的城市政府，有些郡县和市下面还有镇和农村地区。美国的地方政府和州政府之间主要是财政上的关系，而社区则是市政府和郡县政府下面的机构，并非美国地方政府的下属行政部门。美国的社区是政治制度下最小的单位，它围绕某一行政区划而进行地方民主自治，是一个高度民主自治的机构，其管理制度是相对独立的，社区事务由社区董事会（也可称“社区委员会”）来进行自治管理。而美国联邦政府、州政府和地方政府都无权直接干预社区事务，只通过法律、法规、行政命令来规范社区内、各利益团体及个人的行为，并从制度上保障社区成员民主参与，此外市政府有关部门还负责指导社区的发展规划的完成。可以说，美国政府和美国社区是自上而下和自下而上的互动关系，社区在市政府与社区居民两者之间起桥梁和纽带的作用，鼓励两者互动，鼓励民众参与政治。

作为一个大的公共社会服务机构，“美国的社区自治组织不仅享有社区发展规划与目标、土地使用计划、社区公共事务、社区文化活动等方面的决策权与管理权，还享有对政府的社区行政管理以及专业机构的社区服务管理的建议权、监督权。”① 美国的社区委员会（有些地方也被称

---

① 谢芳：《美国社区》，中国社会出版社 2004 年版，第 15 页。

作社区董事会）成员均由社区居民民主选举产生，通常由50名有表决权的成员、社区顾问服务团、社区主任和其他工作人员组成。这些成员大都是志愿者，利用业余时间义务为社区服务，各成员分别承担自己专长的工作，任期为两年，按照每年25名、无薪酬、对社区事务行使表决权的原则进行任命。社区顾问团充当着社区董事会合作者的角色，在征询民意的基础上，与社区董事会合作制定社区服务计划。社区主任是社区董事会的领导者，主要对本社区工作进行组织、实施和沟通协调。社区委员会聘用的专业社区管理公司负责社区公共卫生和公共环境等物业方面的管理。而非营利的社区组织承担并实施大量具体的社区服务内容和项目的开展。

2. 美国社区的公共设施建设

公共设施建设是社区经济发展的主要内容之一，对于整个社区经济的有序发展至关重要。美国社区公共基础设施主要包括医院、交通设施、污水处理、短期工作培训、家庭照料、残疾人照顾、清洁卫生等相关内容，其扩展范围也包括公用设施、环境保护、消防和救护服务、交通运输、公路和铁路修建等其他方面。由于公共基础设施具有普遍受益性（经济学上称为公共性），主要由各级政府通过多渠道、多制度安排供给。尤其是在美国政府非常重视的学校、公园、公共医疗机构、图书馆等基础设施建设方面，社区不论规模，大多都能获得多样的、丰厚的资金和投入服务。

具体来看，美国社区公共基础设施建设投入和建设模式大致包括以下三个方面。第一，州和地方政府不断增加公共服务资金投入，尤其是对卫生、环境、社会弱势群体救助等社会公益研究项目的投入。第二，采取合同承包制。在公共基础设施建设中，美国政府更多充当幕后管理者或是付费者的角色，私营部门或非营利部门才是真正的供给服务主体，即公共服务的责任实际承担者。政府部门在科学规划的基础上确定公共服务的数量和质量，之后通过市场竞争的方式选择由哪个非营利组织来最终完成公共服务的组织和提供；如果服务合格，政府就用纳税人的钱来偿付。第三，由非营利组织提供公共设施和公共产品。他们是社会弱势群体或边缘性群体的代言人，由他们建设公共设施和提供公共产品，可以真正体现他们的需求，达到社区经济发展的目标。

在美国社区，我们时常能见到外观巍峨壮丽的公共图书馆，其内部建设也是“五脏俱全”，多层次、多角度社区功能定位，集读书、宣传、文化、娱乐、就业服务于一体，起到一种凝聚作用，甚至担当着社区整合的角色。美国公共图书馆不仅为读者免费提供如教育、医疗、社会保障、休闲、文化娱乐等信息，还充当着社区的文化阵地，也是社区居民沟通和交流的场所，可以说它是美国“真正的社区中心”，而这一切都可归功于美国社区公共设施多制度安排下充裕的资金投入。除了社区公共图书馆，大到美国便捷的公共交通，小至社区随处可见的直接饮用水，美国民众总是能充分享用社区公共设施带来的便利。在设计和实施计划时，独立的自治制度起到了关键作用，与社区民众息息相关的生活和利益问题都代表和契合了他们大多数人的需求。

3. 美国社区的服务体系建设①

美国的社区经济发展一直强调服务至上的理念，十分重视社区服务工作人员的专业管理能力和水平。尽管从事社区服务的主体既有社区专业工作者又有志愿者们，但很多社区服务工作人员拥有社会工作、社会学、管理学等教育背景，而且大部分专业社区服务人员都具有专业服务资格。此外，美国政府也很注重完善相关社区服务体系的法律和法规，以更好地规范和管理社区服务。这些法规所涵盖的范围非常广，主要包括社区保障、社区文化、社区教育、社区志愿服务、社区环境卫生等内容，这些构成了美国社区服务体系的基础，同时还将社区服务与多项社区发展目标相互关联起来。

（1）社区保障

美国社区福利有完善的立法保障，社会保障制度主要包括社会保险和社会福利两大项，相应的社会福利保障项目具有多层次的特点。其中，社会保险由政府与私人机构共同负责，主要包括老年退休保险、残疾保险、医疗保险、失业保险以及铁路行业保险等项目；社会福利大部分由

① 美国著名行政学家戴维·奥斯本在其《改革政府：企业家精神如何改革着公营部门》中提出，由原来的直接向社区供给公共服务向能够充分实现社区的自身服务转变，社区服务应成为社区经济发展的主要内容。

政府负责，福利惠及对象几乎涉及所有的弱势群体，妇女、老人、儿童和青少年、少数族裔群体、残疾人士、退伍军人等都是保障的对象。完备的社区保障制度不仅体现了社会公平，而且使得社区居民能够充分享受到经济发展的成果。

（2）社区教育

美国的社区教育制度具有独特的理念和特色，同时也很注重教育的实用性和实践性。概括地讲，“普及重于提高”、“提倡终身教育”和“教育与社会互动”这三个特点充分体现了美国社区教育的先进性。从组织形式上看，社区学院是美国社区教育的主要形式；从投资体制上看，“非盈利、低学费”是美国的社区教育办学宗旨；在课程设置和教师配置上，体现了传统意义上的教育功能的延伸，使教育目标、内容、对象、形式多样化，从而为已经离校的成年人或需要接受教育的人提供继续学习的场所与机会。

（3）社区文化

美国的社区文化形式十分丰富多样，不同社区又各具特色，相当一部分社区还形成了直接为社区居民服务的文化产业。这些产业所需投入主要来源于政府的财政收入，充分体现了税收“取之于民，用之于民”的原则。根据《光明日报》驻华盛顿记者徐启生的描述：“在美国马里兰州的贝瑟斯德社区，当地政府从社区房地产税的每 1 美元中提取 1.6 美分、个人财产税每 1 美元中提取 4 美分划归社区，构成该社区文化建设的主要资金来源，大约占到当地其文化经费总额的 65% 左右。其余 35% 的资金则主要来自于社会及个人捐款、社区为居民提供服务收取的管理费等方面。贝瑟斯德社区举办的所有文体活动，包括门票收入，都享受政府免税的优惠。与此同时，社区文化的发展还得到社会各界的支持，可以充分利用社会资源开展文化及娱乐活动。贝瑟斯德社区董事会的成员来自企业、银行、地方政府、艺术机构等单位，从而有利于把社区的文化娱乐机构与其他社会机构密切联系起来，为社区文体活动提供充足的场所。在当地，一些社会机构还将自己的音乐厅、美术室、健身房、剧场、电影院等场地无偿或打折提供给社区使用。这种企业与居民间的良性互动，不仅推动了当地社区文化活动的蓬勃发展，同时也为企业带来更多商机，真正形成了双赢。”

（4）社区环境

“绿色的草地，透明的蓝天，纯洁的白云，郁郁葱葱的大片树林，还有不是走过飞过的野生动物……”这是对美国多数社区环境的最生动写照。由于经济发达、地广人稀，美国优美的生活环境成为吸引外来人口的一大因素，这同时也是美国经济发展质量较高的表现之一。更为重要的是，绿化、美化社区的概念根植于美国社区民众的信念。“社区花园”在美国十分普及，都是通过社区民众的自发持续行动来完成，社区居民因此能够更加充分享受着社区环境带来的各种益处。

（5）社区志愿服务

美国的社区已经和居民的生活紧密地联系在一起，社区和家在他们心目中有着几乎同等重要的地位，这一点充分体现在美国人积极参加社区志愿服务方面，而其来源则是他们的社区文化精神——志愿精神和慈善文化。美国联邦政府独立机构全国及社区服务公司2006年年底发表的报告指出，2005年志愿者为社区提供志愿服务的人数已占美国总人口的29%。该公司的发言人韦斯特在接受记者采访时说：“我们的挑战就是如何使人们利用一些闲暇时间作义工；另外一项挑战就是设法让更多的人加入义工队伍。”事实上，美国的社区志愿者工作计划的确面临时间调配的问题，如何在自己忙碌的工作生活之余抽出时间从事志愿工作是一项不小的挑战。

（三）美国社区经济发展的突出特征

在大多数发达国家，社区经济发展已经成为解决社会问题和改良社会的重要手段。随着社区自治程度的不断提高，社区服务的范围也日益扩大。社区经济发展的特征正是经验和理论的精华，探知和研究美国社区经济发展的突出特征具有重要的现实意义和理论价值，我们可以看到什么是促使美国社区经济持续向前发展的驱动力，美国政府又有哪些良好的机制来保障社区经济的良好运行。

1. 高度发达的政治经济实力是美国社区经济发展的强大依托

社区经济是国民经济发展的缩影，社区经济快速的发展是整个国家政治发达和经济实力的体现。作为西方发达国家的典型代表之一，美国依靠其高度发达的政治经济实力，为国内社区建设创造了其他国家无法比拟的条件，形成了具有独特色彩的城市社区自治组织管理体系。美国通过资本原始积累、三次工业革命、世界霸权等历史积累，使其工业化发展到登峰造极的程度，并在世界上形成“一超多强”的格局。美国联邦政府有足够的资本可以投入社区，发展社区经济，为社区发展提供资金支持。社区经济的快速发展反过来为社区的建设奠定坚实的基础。美国社区的成功管理离不开最重要的一条就是有良好的社区经济为保障。从联邦政府到社区自治管理机构，都有发展社区经济的优惠政策，并且行之有效地运用于扩大就业、发展经济、提高居民生活质量。

2. 高度自治的社区组织运行机制是美国社区经济发展的润滑剂

由于社区经济利益更多体现出社区主体差异化需求，更加符合市场运作规律，因而美国政府将其主要职能定位为通过制定各种法律法规协调社区利益主体之间关系，同时通过有效措施为社区成员更加有效地民主参与提供制度保障。众所周知，美国的市是从属于州政府的分治区，而市政体制则采用所谓“议行分设”或“议行合一”的地方自治制度，在此基础上形成的社区自治模式的主要特点便是政府行为与社区行为相对分离。具体来讲，各城市社区之间一般具有明确的地理界限，在这一区域内并没有政府的基层组织或者政府的派出机构，而是实行高度的民主自治，主要依靠社区居民自行选举产生的社区自治组织来行使和实现社区管理职能。在美国的社区，相应的自治组织不仅享有在社区发展规划与目标制定、社区各类型公共事务以及社区文化活动等方面的管理权与决策权，而且有权对政府的社区行政管理、其他专业机构的社区服务进行监督并提出建议。美国听证会制度十分完善，应用也较为普遍，在社区民众行使自治权方面有着重要体现，从而能够确保社区经济发展的出发点和归宿都照顾更多社区居民的利益，从而成为社区经济持续稳定高效发展的润滑剂。

3. 多方合作机构的广泛参与和支持是美国社区经济发展的稳定剂

美国社区的参与主体主要是政府、公民、企业、社区董事会和非营利组织，它们各司其职，为社区经济稳定发展提供了重要保障。值得一提的是，作为美国城市基层社会管理部门，社区的结构包括了社区委员会、社区服务团体等多种自治组织。其中，社区委员会主要履行处理社区日常事务、管理社区成员的聘用、制定社区建设计划、组织公众参与社区活动等相关职能；而社区服务顾问团体则承担协调商讨、征求社区居民意见的职责，其成员主要是由社区委员会主席、各个专业职能部门的代表及市议会中本区代表组成。

美国社区的发展与以下各方的参与息息相关。

一是政府的大力支持。西方经济学和经济实践的发展都充分表明，政府与市场的有效结合是提高资源配置效率不可回避的路径。尽管美国的社区自治组织在社区建设和社区经济发展中处于主要地位，但作为宏观经济调控主体的政府扶持同样不可或缺。从美国社区发展实践来看，政府通常在宏观上对社区的资源利用进行管理和疏导，更多的工作内容是制定社区发展相关政策，同时对社区组织工作进行监督和指导，在财力许可的范围内给予社区发展更好的经费资助。此外，美国各级政府还根据社区经济发展的实际需要，有针对性地制定了相关的社区法律法规，对社区经济和社区事务依法进行提供良好保障。

二是公民的广泛参与。参与性是美国社区发展中的重要特征，其社区居民参与社区建设和社区管理最直接的方式便是参加社区会议和社区听证会。一方面，美国社区利用报纸、电视、告示等媒介对社区相关事务进行广泛宣传，为社区居民更加广泛地参与社区会议或社区听证会提供了良好的保证。社区居民在会上不仅可以了解社区发展近况，也可以对会上的议题和讨论提出自己的立场和观点。另一方面，美国社区居民对自己所处社区具有较强的奉献意识。在美国随处可见社区义工的身影，他们不计报酬，不求回报，将热心公益、参加社区活动作为在社会中发挥和扩大影响、体现自身价值的重要途径。而在社区环境问题上，美国公民尤其表现出了极大的建设和参与热情。除此之外，志愿者服务对社区建设意义重大，不少美国社区中心的志愿者人数超过了全职社区工作人员，这些志愿者的加入不仅减少了社区经费开支，更为重要的是拓展了社区服务的资源，大大提高了社区服务的质量。

三是企业的积极参与。美国也曾出现过企业参与社区建设的争论：美国作为资本主义国家，市场机制下的私营企业以营利为目的，造成社会贫富差距，若然指望私人企业对社会弱势群体（如残疾人、老年人、城市贫困人口）实行救助，无异于缘木求鱼。而美国企业界，正逐渐形成并较快发展一种新的价值观：回报社会。诸如花旗银行、百事可乐公司、巴恩斯·诺博连锁书店、沃尔玛等大型企业，支持和参与社区建设，为社区建设提供资金来源。

四是非营利组织参与。非营利组织参与社会管理在美国有着较长的历史。相关统计表明，"21 世纪之初，美国国内非营利组织的数量就有 150 多万个，这一数据占美国各类组织的比重达到 6%，也就是说，美国平均每 12 个就业人员中就有 1 个为非营利组织工作"①。事实上，美国的非营利组织所提供的社会服务在所有社会服务中的占比更高，几乎可以达到全部社会服务的 50% 甚至更高。这些组织主要包括社区发展合作组织、志愿者组织、社团、基金会等，其特点是具有正式组织的、独立于政府之外的、非营利性的、自律性的和志愿性的组织。在美国的社区建设中，非营利组织扮演了具体实施者的角色，它们的工作有效地推动了社区经济发展，同时也获得了社区民众的广泛好评。具体来看，这些非盈利组织不仅为社区经济发展争取到了更多的经费支持，还利用所拥有的社会资源、发挥其影响力参与和支持社区工作，同时也为社区服务提供了一批优秀的志愿者队伍。此外，一些非营利组织从事社区相关研究，为社区服务水平的提升提供具有创建性的工作方案和设想。总体来看，这些非营利性社区服务组织的出现，给美国居民生活带来极大的方便，在政府资助和相关税收优惠政策的帮助下，它们的工作在促进劳动力就业、缓解社会矛盾和维护社会稳定方面等诸多方面发挥了重要作用。

4. 多渠道资金筹集和多元化公共产品供给制度对社区经济发展意义重大

从社区经费筹集渠道来看，社区董事会的部分工作人员的工资和维持社区日常工作的开支是由市政府拨款的。以纽约市为例，1994 年纽约市政府拨给下属 59 个社区的经费约为 961 万美元。若平摊到 59 个社区，每个社区大约能分到 16.3 万美元。按物价计算，这笔经费只够社区董事

---

① 张波：浅谈国外社区建设及其启示，载于《黑龙江对外经贸》，2007 年第 8 期。

会聘任社区主任和1～2位工作人员。由于纽约市政府提供的社区经费与社区董事会的实际支出相差太远，因此社区发展需要的其他资金只能由社区董事会通过其他渠道，如通过向联邦政府、州政府、银行、私人团体、慈善基金会、非营利组织等募集。

所谓多元化制度安排，即政府将公共产品的供给或者生产交由私人部门或者非营利组织。将私人部门纳入公共设施和公共产品的供给和生产的机制，可以充分发挥市场经济的激励作用。而非营利组织是社会弱势群体或边缘性群体的代言人，由他们建设公共设施和提供公共产品，可以真正体现他们的需求，达到社区经济发展的目标。所以这也是一种区别化对待政策，利用比较优势，体现了低成本和高效原则。其具体方法是：第一，联邦政府加大科技投入特别是公共科技产品的投入，尤其是对卫生、环境安全、社会弱势群体的救助等社会公益研究的政府投入。2001年美国用于医疗保健的研发支出达到197.09亿美元，占政府民用支出比例的51.9%。第二，采取合同承包制。由政府充当幕后管理者或是付费者，而让私营部门或非营利部门成为供给服务的主体，承担公共服务的责任。政府在确定公共服务的数量和质量后，通过市场竞争，选择私营部门或非营利部门来完成公共服务，如果服务合格，政府就用纳税人的钱来偿付。第三，特许经营是政府公共产品供给的另一种制度安排。它与合同承包制的不同之处在于，在特许安排制度下，消费者向生产者支付费用。第四，由非营利组织提供公共设施和公共产品。

二、北欧社区经济发展历史及现状特征

芬兰是全球经济竞争力的佼佼者，瑞典是世界上最宜居的国家，丹麦是最佳商业投资环境的国家，挪威与冰岛是最幸福的国家，这就是北欧五个国家的生动写照。尽管与美国整体经济实力还有一定差距，但北欧因为其完善的福利制度、较高的人均收入水平、清廉民主的制度而令很多人心生向往。关于挪威、瑞典等北欧五国的发展问题，也成为学术界探讨的焦点。挪威卑尔根大学与德国柏林治理学院教授斯特恩·库恩勒说过，北欧国家的经验是一种平衡的经济、社会、文化发展方式，目

标是促进全面的福利，这样的模式对中国是有借鉴意义的。在北欧，城市就是社区，北欧社区或者说北欧城市形成其独特的政治、经济、文化特色必然与其历史有着密不可分的关系。通过对北欧社区经济发展历史和现状的透析，我们可以知道所谓“北欧模式”、“福利国家”的由来和形成，难以复制的北欧模式有哪些，北欧国家的社区经济发展的特殊性究竟在哪里。

（一）北欧社区经济发展历史

如今，“北欧模式”被专家和学者评价为拥有“世界上最完善的福利制度、名列前茅的人均收入水平、组织严密的社会结构、开放透明的民主制度的”社会发展模式。该模式的最突出特征就是高福利性，这一特性直接影响其经济发展的路径。一些经济学家曾坚持，高福利会带来社会的退步和经济活力的丧失，而北欧国家坚持走上了福利国家的路线，并被现实证明是成功的。每个国家都有自己独一无二的历史，北欧国家结合自己独特的地理环境和社会、历史文化传统以及制度特点，选择了适合自身国情的发展道路，使得北欧经济发展至今处于世界骄人的地位，如被冠名为“最具竞争力的国家”、“最具发展潜力的国家”、“最廉洁的国家”等多种称号。近似的文化背景和高福利特征使得北欧国家自身就像一个大社区，而每个城市又像是个小社区，从这个角度来讲，北欧社区经济的发展史即一部福利制度的演变史，其形成演变大致可被划分为“萌芽—衰退—复兴”三个历史阶段。

1. 福利国家的建构和城市社区经济的萌芽

20世纪前的北欧国家发展史是建立不同意识形态的历史，也是北欧各国不断争取民族独立的历史。由于身处持续的战争和动乱之中，原始的自然经济形态不断遭到破坏和重建，工业化水平相对西欧国家要低出许多，真正的社区经济还未出现，所谓北欧社区更多的是自发形态的农业社区。今天我们所讲的北欧城市社区模式可以追溯到20世纪30年代，全球性经济危机的爆发给了北欧国家迎头赶上的机会，而以欧洲大陆为主战场的两次世界大战也给北欧诸国提出了警示。这些国家逐渐认识到早期资本主义制度内在存在着难以克服的矛盾与弊端，尤其是资本原始积累时期所形成的巨大贫富差距对社会稳定的威胁，因而着手构建全面的福利制度，以实现经济上的发展和社会上的公正。北欧的福利制度从一开始的定位就不仅仅是辅助性、补救性措施，而是从公平原则出发，十分重视多样性和整体性，尽量照顾到每一个公民各方面的利益，试图建立一个全社会的安全网和稳定器。这就对整个国家经济发展路径产生了深远影响，使得经济发展出现单元化的特征，也就是后来城市社区经济的萌芽形态。

2. 福利国家的挑战和城市社区经济的衰退

在福利制度改革的推动下，北欧的社区经济在第二次世界大战后得到了持续快速发展，并反过来促进了福利制度的建设和完善，一举奠定了全球高福利国家的地位。20 世纪 70 年代前后的主要出现在美国的“滞胀”现象对欧洲经济也产生了一定的影响，北欧各国遭遇到了不同程度的经济衰退，社区化的城市经济发展模式也遇到了一定挑战。许多人都认为，北欧国家的福利过于慷慨，存在福利泛滥的现象，因此对所谓的高福利制度提出质疑。他们的基本逻辑是：效率与公平、经济发展和社会和谐是两个相互抵触、互相矛盾的政策目标；高福利造成激励的不足，使人们丧失劳动的积极性，并带来社会效率的降低；不仅如此，高福利的资金来源是高税收，会阻碍经济绩效，抑制国民经济私人投资和国外投资的发展。

3. 福利国家的调整和城市社区经济的复兴

20 世纪 90 年代中后期，北欧各国一直对其经济政策和福利制度进行积极的调整和改革，试图提高年轻人的工作积极性并降低国家福利支出压力，如调整税收结构、下放政府权力、公共服务私有化、减少向失业人员发放福利金等。新的变化趋势综合考虑到北欧国家自身的国情和社会历史文化特点，做到了在保留高就业、高税收、高福利模式的同时，也使得国民经济高速发展，国际竞争力大幅提升，城市社区经济的活力重新展现出来。这些改革措施的出台，意味着问题和挑战使得福利国家的基本模式正在调整和不断完善中，并最终形成自己独特的发展道路。如今的北欧模式又重新被学者们关注，并作为深度研究的课题提上日程，而北欧独特的城市社区经济道路也将更多地被外界学习和借鉴。

（二）北欧社区的组织及建设

当今世界，无论是资本主义国家，还是社会主义国家，都承担了公民社会福利的责任，都建立了社会保障体系。但是为何每当提到“福利国家”，几乎所有人都把目光聚集到北欧五国呢？北欧社区模式从20世纪初开始萌芽，经过一百多年的实践和积累，已经成功建立了世界上首屈一指的完善的高福利体系。在这里不分身份、无分贫富，绝大多数公民都享受着“从摇篮到坟墓”的社会福利。在外界看来，北欧国家的社区组织就是城市组织，社区管理就是城市管理，社区建设也就是城市建设。

1. 北欧社区的组织和管理

北欧国家的政治制度清晰、简约、严谨，在行政上划分为中央、郡和城市化社区这三级政府，社区是最基层的政府组织，这就明确体现了前文所述“北欧城市就是社区”的提法。与美国的自主管理社区模式不同，北欧的社区设有社区议会，议会是最高决策机构，由市长担任议长；然后根据需要的行政职能和社会服务职能下设若干个社区委员会，负责处理专门领域的工作，比如财政委员会负责城市社区年度预算、长期预算、财政计划、资源计划、税收、免税许可、就业政策等。此外，北欧社区有居民理事会来保障社区居民充分享有民主权利，社区居民可以对社区的决策和管理发表意见、参与和监督。总而言之，“北欧社区是由市长、社区议会、社区委员会和居民理事会构成的四位一体的社区管理结构。他们之间相互监督和支持，最大限度地体现了北欧政治的民主”①。

2. 北欧社区的运营模式

无论是经济建设还是社会发展，北欧国家的制度模式在价值理念中强调追求平等、公平和合作，这在从社区经济发展和社区运营模式的视角至少体现在两个方面。一方面，北欧国家中央政府与社区政府就社区规划和社区发展进行协调合作，主要表现为双方共同制定社区财政预算，中央对地方实行均衡制度，使得社区政府可以自主决定自己地方的政策和社区服务水平。另一方面，北欧国家通过对企业和个人征收高税收来

---

① 杨叙：《北欧社区》，中国社会出版社2004年版。

保障和落实社区福利，也可以说北欧社区通过税收杠杆调节社会分配，进而保障公民的福利。北欧社区的高福利和巨额的公共开支基本上完全由政府财政拨款和支持。通过高税收保证社区福利和完善的公共信息、公共秩序、公共咨询、公共教育以及公共管理等一系列公共服务体系的良好运行，即所谓的“取之于民，用之于民”。

3. 北欧社区福利制度体系

北欧模式的核心是覆盖所有公民的社会福利制度，其最终目的是促进经济效率和改善社会公平。北欧的社区福利制度集中体现出三个重要特征：一是广泛而全面的社会政策；二是制度化的社会权利；三是社会立法保障公民全部的社会权利和社会服务。可以说，北欧社会福利制度经过近百年的实践检验和不断完善，已经成为世界上首屈一指的高福利体系，其主要内容不仅涵盖了儿童津贴、病假补助、医疗保障、住房补贴、失业救济、养老保险等诸多方面，同时也建立起了遍布全国的就业、医疗、住房和教育服务网，并通过提供有效的公共服务方式促进公平，通过大力发展公共部门以解决失业率问题。北欧的高福利社区制度之所以能够长时期运转，其核心要点在于它有着较高的转移支付和社会服务，而这些社会服务大多是按需提供，并考虑到福利对象的收入水平和对市场经济做出适宜的调整等目的。

4. 北欧社区的服务体系

北欧社区的服务内容十分广泛，主要包括住房服务、儿童与学校、城市与交通、文化与休闲、环境与能源、健康与疾病、老年市民服务、社会服务、税收与登记、青年与教育等。对于内容全面和多样的社区服务，北欧完善了其网络平台和信息化系统，使得社区服务更加方便快捷。在社区现实服务的过程中，北欧社区无处不体现着一种人文关怀，想居民之所想，急居民之所需，不仅从物质上满足社区居民的需求，还从精神上对社区人群进行关怀和照顾，不少社区都配备有心理咨询师以提供必要的心理辅导。此外，北欧的社区服务还延伸到了其他领域，比如，保护环境卫生就是北欧社区提供的重要服务之一。北欧人还素有热爱公益事业、投身社区服务和志愿服务的传统，因此，北欧社区志愿者和社区公益服务组织也呈现出繁荣发展和不断壮大的特点，这一点和美国社区有相似之处。北欧社区一直拥有庞大并规范化的志愿者队伍，他们自愿、无偿地从事社区服务工作，服务形式多样，服务内容多元，受益人群广泛；在开展社区志愿服务方面，他们往往有既科学又专业的工作方法，具有较强的创新精神；作为志愿者服务组织，他们能够与政府和社区相互协作，故而往往能得到政府的鼎力帮助和指导，不少组织还能得到政府部门的资金支持。

（三）北欧社区经济发展的突出特征

北欧通往构建现代民主福利国家的经验表明，城市社区经济方式能够很好地促进国民经济稳定健康发展，同时也有利于在效率与公平之间保持平衡。在北欧，政府强大的社会作用与经济发展的成果相得益彰，经济增长与全面的社会保障制度和社会服务体系同步改善。北欧的这种平衡的经济社会文化发展方式虽然不能被普遍照搬，但是北欧社区经济发展的突出特征仍然可以对其他国家处理政治、经济和社会发展间的相互关系提供一些有益的借鉴。

1. 政府突出的社会服务职能使得北欧社区经济发展更为稳定

在北欧，政府服务社会的职能作用突出。提供公共产品是政府的重要职能，其社会公共服务不仅有强大的财政资金做支撑，还通过相应的制度安排，发挥政府在市场经济中的积极作用，为每一位成员提供平等、公平的公共服务和公共产品。而在美国，社会福利的分配以市场为主导，国家起辅助作用。这使得北欧福利模式相比于美国更为稳定，实现的福利效果更为显著。北欧国家在社区经济发展中的服务行为表明，“在市场经济条件下，政府除了在宏观调控和市场监管方面发挥作用外，更应该在社会管理、公共服务中发挥作用，为社会成员提供有效的公共服务和公共产品”①。这一重要定位不仅是维护社会稳定的重要条件，同时也是实现社会公平的根本保证，对于促进经济社会发展必不可少。

2. 社会福利的普遍性和广泛性使得社区经济成果能够为更多人分享

北欧国家福利制度的原则便是使人人受益，即所有居民及不同社会群体无论身份、无分贫富都是经济发展的受众对象，都享有公平的社会

---

① 林卡等：北欧国家发展社区服务的经验和启示，载于《浙江学刊》，2008 年第 1 期。

保障福利。这就意味着北欧的福利根据需要而不是能力来分配社会利益，而且社会利益应该属于社会所有人，而不是部分人。现有居民无论是否曾被雇佣，达到一定年龄均可领取养老金；每个家庭都能得到政府提供的育儿津贴，以减轻其抚养孩子的负担；所有居民无论社会地位、收入状况，均可得到尽可能好的医疗服务。与其他欧美国家相比，北欧国家的妇女更为广泛地参与劳动市场，绝大多数家庭都有两个工资收入者，妇女在经济上无需依赖她们的丈夫。“北欧国家提供的各种社会福利范围更为广泛，涵盖了儿童津贴、单亲父母津贴、家庭和儿童保护、教育资助、病假补助、免费医疗、住房补贴、失业救济、养老金支付、老人照料、残疾人救助等方方面面。在北欧国家，居民的生老病死，甚至教育和就业上也会由国家给予基本的保障。”可以说，这是真正意义上“从摇篮到坟墓”的全面关怀和保障。

3. 高税收是北欧社区高福利和高额公共开支正常运转的基础

北欧五国居民收入水平和生活水平在全球遥遥领先，社会福利的覆盖面也更为广泛，经济成果属于社会所有人而不是部分人，其基础条件是政府向企业和公众征收较高额度的税收。在企业层面，有些企业收入的一半都用来缴税；在个人层面，北欧各国政府对收入最高阶层的征税率甚至高达84%。欧盟统计局公布的数据表明：芬兰的最高所得税超过50%，其中2004年该国税收占GDP的比重达到43%；而瑞典2005年的税收总量占GDP的比重更是达到惊人的52.1%。仔细考察北欧经济发展的情况可以发现，高税收在大多数时候对经济发展的作用是正向的，尽管存在着劳动投入率下降的局部问题，但整个社会运转的有序性得到了较好的保障。换句话说，北欧社区经济发展的模式正是通过税收杠杆调节社会分配，进而保障公民在创造社会财富的同时更好地提高生活品质。北欧国家的这一经验表明，政府重税未必都会造成居民负担，只要税收分配得当，有利于减少“社会不平等”现象，更多的公民反而会从中受益。

4. 北欧基本实现了社区经济增长与社会福利、社会公共服务均衡发展

北欧模式的理念是经济增长与社会公平的平衡。北欧在制定经济增

长目标时，把提高社会福利放在重要位置。芬兰经济成功的关键在于芬兰具有与积极的工业化政策相匹配的福利国家制度，其优越的福利政策稳定了由经济快速转型而带来的社会不安情绪。瑞典经济的持续增长也是建立在优先设立公平合理的制度的基础上的。挪威在保持高福利的同时也确保了经济的增长，用切实的实践验证了“福利就是生产力”的观点。所以说，北欧诸国社区经济的发展事实足以证明，社会福利和社区公共服务的供给有助于促进经济增长。而且，经济的持续增长必然为提供更好的社会福利和公共服务提供物质保障和支持。不是先有快速的经济增长才有完善的社会福利，二者是可以相互加强的。北欧国家的发展兼顾了经济上的物质财富与效率和社会上的公正与权利均衡发展，避免了传统社会主义和传统资本主义各自的缺陷。

5. 通过公私合作和大力发展公共部门为解决高失业率问题另辟蹊径

高失业率一直是困扰整个欧洲的突出问题，不少欧洲国家的失业率长期保持在10%以上的水平，经济危机期间的失业率甚至高达30%。北欧国家在这一问题上独辟蹊径，即在城市社区经济发展的同时大力发展公共部门，创造更多的就业机会。20世纪70～90年代，公共部门正逐渐成为北欧重要的劳动力市场。公共部门投资，如政府发展医疗保健等社会服务领域，必然要投入资金到医疗设备、公共卫生等基础设施建设中，这样便为社会提供了不断增长和开发的市场，也创造了大量的就业机会。此外，由于高等教育具有很大的正外部性，加大对高等教育的投入，可以为社会创造大量的就业机会。值得一提的是，北欧公共部门的发展并不是对市场的绝对替代，政府公共服务与以私有制为主体的市场经济制度有机结合还是北欧经济发展的重要特色之一。北欧各国国有经济所占比重不高，而且主要集中在公共服务部门，如教育、医疗、铁路、航空和能源公司等部门。将公共服务引入市场机制，最主要形式是代理机构和引入私人资金，这样不仅缓解了政府的财政压力，而且通过实现公共产品和服务的市场竞争，提高公共服务的质量。在芬兰，电话、电信等传统的基础部门不由政府提供，政府只规定一定原则并监督，在这些领域建立了经济高效的公共部门来确保实现普遍服务。不强调在生产领域的集中，但在收入再分配领域实行集中，这是北欧的一个非常突出的特点。

三、日本社区经济发展历史及现状特征

太平洋岛国日本是全球最富争议的国家之一，外界对日本的矛盾认识不仅在于其在二战中的野蛮行为和国内的某些极端文化，而且在于其独特的社会结构和经济发展模式。在战争后迅速崛起的日本经济曾经一度成为创造力的代名词，尽管全球第二大经济体的位置已被中国替代，但日本的经济综合竞争力却是任何一个国家不敢轻视的，而其在经济发展中所积累的丰富经验在社区经济领域定然也有着某些不同之处，值得认真考察和分析。

（一）日本社区经济发展历史

人多地少和岛国因素造成了日本人内心长期以来强烈的不安全感，也使得土地因素在日本经济发展中具有突出的影响力。明治维新前的日本是一个以农业经济为主的社会，其社区雏形也就发自于遍布全国的各个村落，而社区经济的形态也渗透于农业耕作之中。尽管明治维新打开了日本工业化和现代化的大门，但政府更多的还是针对农业和农村的改革，直到20世纪初期，日本的社区才出现城乡同步发展的局面。按照城乡社区建设的进展过程，可以将日本社区经济发展大致分为起步、转型和完善三大阶段。

1. 日本社区经济的起步

2世纪左右，随着亚洲大陆移民的不断迁入，日本结束渔猎经济时代进入种植业快速发展时期，并出现了一些手工业，但总体经济规模仍比较小。7世纪中叶，统一大约300年后的大和国仿照唐朝的律令制度进行了著名的大化革新，进而建立起了以天皇为绝对君主的中央集权式的国家体制，经济快速发展并出现了少量的商品交易，农业社区的雏形开始出现。12世纪末，日本进入了由武士阶层掌握实权的军事封建国家，即史学界所称的幕府时期，国民经济的发展速度明显放缓。到了19世纪中期，日本处于最后一个幕府——德川幕府时代，此时的英、美、俄等国家迫使日本签订了许多不平等条约，大大激化了日本国内的民族矛盾和社会矛盾，社区经济建设出现倒退。1868年，日本的革新派果断实行著

名的“明治维新”，废除了封建割据的幕藩体制，恢复了天皇至高无上的权力，建立起了统一的中央集权制国家，在政治、经济和社会等方面实行大改革，日本的现代化和西方化进程明显提速，资本主义经济获得了迅速发展的良机，并从此走上了对外侵略扩张的道路。日本的建国和动荡发展对社区经济发展产生了重要影响，明治维新加速了现代化，引起人口在空间上的快速迁移，使得农村社区和城市社区的功能有了一定的界定和划分。在现有农村的基础上，形成了江户、京都、大阪等中央城市和以城下町为中心的地方城市。明治维新后，日本政府实行了以缓解贫困为中心的农村社区发展政策和以扩展城市功能为主的城市社区发展政策，日本社区的公民文化也在这一时期逐步形成。

2. 日本社区经济的发展

第一次世界大战使全球军需大幅增加，对日本经济尤其是重工业产生了一定的提振作用，日本在此期间变为债权国。但战争结束后军需减少，日本经济重新陷入不景气。1927 年，爆发昭和金融恐慌，其后爆发的席卷全球的经济大萧条更加剧了市场恶化，政府加强了对经济的干预力度。第二次世界大战对日本经济产生了毁灭性的打击，出现了严重的通货膨胀。在美国的扶植下，其社会政治经济和社会生活都发生了改革和变化，自由主义经济在日本崩溃，取而代之的是强调政府控制的国家统制经济。1954 年，“神武景气”开始，日本进入了以制造业为核心的经济快速增长时期，城镇和社区建设也进入转型发展时期。在政治上，日本政府进行了政治改革，从军国主义国家向西方的民主主义过度，大致形成了地方自治的框架，即以市町村和都道府县这样的区域单位加以划分的地域社会。日本城镇和社区的建设在结合历史、传统文化、资源和环境的基础上，对产业布局、人和自然的和谐发展、改善国民生活和城市社区环境发展等方面进行了调整和规划，使得城镇和社区以较小的社会和环境代价获得了较快的经济发展。尤其是 1953 年开展了历史上著名的“昭和大合并”，使得町村合并，由 9868 个市町村缩减为 1956 年的 3975 个市町村。如今日本的市町村的基本框架在那一时期大体形成。此外，日本政府自 20 世纪 60 年代起，为了缓解大都市圈的过度集聚所带来的区域发展不平衡问题，根据不同阶段的特点，通过先后制定三次全国综合开发规划（分别是 1961～1968 年、1969～1976 年 、1977～1986 年）和一系列法规，并编制三大都市圈发展规划，促进了社区经济的起飞。二战后的日本农业和农村政策也进一步发展，城乡差距不断缩小。1975 年后，日本农村家庭的人均收入超过了城市，并出现了城市居民回流农村的现象，迫使政府采取多重措施强行干预城市建设："一方面，通过对全国国土综合开发计划的拟订，把城市建设与经济发展紧密结合在一起，使城市的发展服务于经济发展的需要；另一方面，把土地税收作为重要杠杆，为企业投资于土地开发与房地产经营提供优惠，使城市建设不断为经济发展创造空间环境"①。这些措施成功促使城市建设与经济发展产生互相促进的效果，既加快了城市建设的步伐，同时又促进了城市经济的快速发展。

3. 日本社区经济的完善

进入 20 世纪 80 年代，西方经济滞胀危机波及日本国内，日本面临产业结构的急剧变化、人口的高度集中、国土资源和能源的有限性等挑战。为应对这些挑战，日本政府在前三次全国综合开发规划的基础上，继续实施第四和第五次综合开发计划。社区规划的重点放在人口、交通、资源、环境和社会的协调发展上，其主要开发方式为：发挥地区特色，通过富有创意的做法推进地区的治理，把基础设施交通情报、通信体系的治理向全国推进；开发了由多种形式主体参加和地区合作的国土建设；创造多自然居住地区（小都市、农村、渔村等）；启动大都市的修复、更新和有效活用等。总之，这一时期综合开发计划使得日本社区经济发展和布局策略逐步完善，形成了日本地方城镇和城市社区的特质。

（二）日本社区的组织及建设

日本的社区管理既带有西方民主自治的性质，又具有东方文化注重行政管理的特征，这种混合管理模式在战后经济恢复中发挥了重要的作用，对发展中经济体社区管理与社会工作的发展具有重要的借鉴意义。

1. 日本社区的机构设置

日本在政府系统中，由自治省负责社区工作，由地方政府设立"社

① 张暄：《日本社区》，中国社会出版社 2007 年版。

区建设委员会”和“自治活动课”等相应机构。在城市基层社区层面，日本设有“町会联合会”和“町会”这两个层次的带有行政色彩的自治组织，它们在许多方面分别发挥着类似我国街道和居民委员会的作用。例如，东京都有24个特别区、26个市、7个町和8个村，面积达2100多平方公里。日本的社区是个大概念，具体分为行政社区与居民社区。行政社区被称为区（或市），与基层行政（政府）重叠；而居民社区又称为“町”，它不带有任何行政性质，是脱离国家行政的地域概念。日本公民无时无刻不生活在区市或町这样两个社区中。在日本，社区行政长官由民选产生，不是由上级任命产生，他们与东京都政府不存在领导与被领导的隶属关系，区长、市长、町长、村长不接受都知事（市最高行政长官）的直接领导。总体来看，由于受西方思想的影响较深，日本社区充分体现了社区自治、以民为本的理念，社区日常管理和社区建设活动多半由民间团体和社区居民自治组织完成和实施。

2. 日本社区公共领域的构建

日本社区的公共领域是公众进行社会交往、对公共事务和政策进行讨论的社会空间。社区居民通过筹资、捐款和政府经费建设公民馆，为社区居民提供对话沟通、学习、娱乐、休闲的场所和设施。日本社区的公共场所由沙龙、咖啡馆、戏院逐渐发展为现在的公民馆，充分体现了为社区居民服务的性质。公民馆由事务管理局来处理馆内的日常事务，工作人员则由专职人员和社区居民义务劳动共同构成。公民馆可供老年人下棋、锻炼；家庭主妇们可以在馆内切磋厨艺；孩子们也可以在馆内学习；社区居民组织的文艺团体（如舞蹈队、合唱团）也可以在公民馆排练和演出。日本社区不仅是老年群体和儿童的活动阵地，也为年轻的群体提供服务，如大学生和公司职员也可以到一些公民馆免费上网。公民馆还不定期开展内容丰富、实用且非营利的活动，比如举办幼儿教育、烹饪、插花讲座，绘画、音乐、手工培训，日语等语言学习班等。更为重要的是，日本的社区公民馆相当于一个公共舆论和公共决策的社会空间和集会场所。在这里，居民住户、工厂、公司、学校等各种社会团体可以讨论社区公共事务，参与社区管理和社区事务的决策，这极大地推动了社区公共领域的发展。

3. 日本社区的保障体系建设

20世纪70年代中期，日本形成了初具规模的社会保障体制，大致可以分为社会保险、社会福利、社会救济、公共卫生、环境政策等几大部分。这些不同层次的保障形式，是社区自治得以顺利实施的重要前提之一。首先，日本建立了覆盖全社会的社会保障体系，在日本被称为“全民皆年金，全民皆保险”，其基本思想是把抚养老人这种过去纯粹属于家庭的责任变成整个国家和社会的责任。其次，日本社会保障的资金来源秉承由国家、地方公共团体、企业与个人等多方面承担的原则。再次，社会保障制度的每个层面都有相应的法律法规细文规定，《国民健康保险法》、《厚生年金保险法》、《失业保险法》、《工伤事故补偿保险法》、《社会福利事业法》、《医疗法》等与社会保障事业配套的法规体系，为各项社会保障制度的实施和管理提供了严密的法律依据。最后，日本社会保障实行分立的管理模式和运营机制，即不同的社会保障种类由不同的部门管理，不同种类的管理是相互独立的，这在一定程度上带来了保障衔接的问题，但因为不同类型的社会保障责任分工明确，从而使得整体保障效果较好。

4. 日本社区的公众参与

与欧美国家相比，日本社区居民的共同体精神更为显著，其参与意识也更为强烈，特别是对社区的各类集体活动有着突出的责任心。居民们严格遵从“人人参与，人人尽责”的价值理念，甚至连废旧书报的回收处理也是一件需要户户参与的事。作为日本社区最为重要的基层居民自治组织，町内会成为居民参与社区管理和事务的主要形式。除频繁搬迁的家庭以及少量的单身户之外，社区绝大多数家庭都会积极加入町内会，在交纳一定会费之后成为社区组织的成员。日本社区建设与日常运作过程中，通常通过两大机制来保障居民参与。一是居民生活与社区的连接机制，即社区居民可通过组织各种自治性组织、民间社团以及志愿性活动充分有效地参与社区的建设与管理。这就形成一种以社区居民为主体的社区治理模式，这种模式能够真正做到民治和民享。二是由政府构建的社区公共空间，为居民参与社区决策和商讨社区公共事务提供渠道，相关制度设置典型的如前文提到的公民馆就十分有效地使社区公共领域得到了长足发展。在这种社区参与机制和治理模式的影响下，日本社区居民通过参与共同的社区事业，使邻里之间的分工更为细致，其沟通协作明显便捷化，进而使得社区归属感大幅提升，社区共同体意识得到加强。

（三）日本社区经济发展的突出特征

整体来看，日本城市社区实行的是一种官方色彩与民间自治特点相结合的混合发展模式。作为最早追随西方现代化发展方式的亚洲国家，日本社区经济建设和管理也深受西方国家影响，但作为一个东方国家又具有自己的独特性。日本在其长期社区经济发展中所形成的特殊运作和治理模式、对待传统文化的态度、对现代市场经济理念的理解等，都是研究社区经济问题的生动素材。

1. 半自治的社区发展模式

日本社区具有明显的半自治特征，其社区内部往往形成一个相对独立的小经济系统，“小政府、大社会”的治理模式确保了这一系统的有序运转。一方面，政府对社区发展的干预较为宽松，政府的主要职能是制定规划、指导并提供经费支持、审计监督等。另一方面，社会和民间力量在社区管理和建设中扮演着极其重要的角色，社区的具体事务主要由社区自治组织和非政府非营利社会团体或组织负责。如，管理社区福利事务，为老年人、残疾人提供服务，收集居民对社区管理和政策的意见，对社区活动和文艺团体活动给予支持等。可以看出，这种官方色彩与民间自治特点的有机结合，不仅节省了政府行政部门的精力，使其能够在一个宽松的环境中有序地引领社区建设工作，而且充分调动了民间力量，更好地完成了那些政府部门难以有效完成的事务，同时还可培养社区组织与居民积极参与社区建设的责任意识。

2. 传统公民文化的影响很深

与美国相比，日本的建国时间较长，其传统文化对社区发展的影响也深许多。日本社区居民都具有十分浓厚的社区意识，他们通过高度的组织化模式积极参与到社区的公共事务之中，这一特征“不仅得益于日本社区在长期实践中建立的一套成熟完备的治理制度和组织体系，而且与日本社区治理中的公民文化紧密相关”①。许多方面的资料和研究都表明，日本公民文化的核心特质便是其具有较强的主体意识和社会参与意识，他们遵守国家法律法规和各类型社会制度，能够比较理性且比较广泛地参与到公共活动之中。这种公民文化的形成得益于长期以来对教育的高度重视，也成为日本经济赶超战略成功实施的重要保障。日本自明治维新起便开展了现代国民教育，努力学习西方社会的民主和平等理念，积极培养国民的理性和科学观念。二战后，日本实施了两次重大的教育改革，并将培养具有民主和平等观念以及勇于承担公共责任的现代公民作为教育改革的核心目标。其在中学阶段开设的公民课十分引人注目，这些课程不仅对国民的权利进行详细讲授，而且提供给学生地方自治的构成以及公民如何参与社会生活等相关知识和方法，从而使得日本公民的政治觉悟和社会责任意识得到加强，从思想层面较好地推动了社区的建设。

3. 果断引入市场化治理思路

第二次世界大战的惨痛教训让日本国内对西方市场化治理思路多了一份认可甚至崇拜，战后的日本积极向西方靠拢，并在社区建设和治理中果断地引入了市场化机制。相对于传统的科层制政府治理，这很显然是一种十分有益的进步。按照现代社会科学理论，市场机制具有传统行政机制所欠缺的诸多优点：一是市场分权引起权力制衡，从而避免了腐败；二是正常境况下的市场竞争保证了发展的永续动力；三是市场对瞬息万变的环境反应迅捷，可自主地调节内在的供求平衡；四是市场给消费者提供了较大的选择空间，同时可利用价格杠杆把资源数量和配置效果直接联系起来。可见，社区经济发展离不开政府，更离不开市场化的治理思路。正是充分利用和发挥市场竞争的优势，日本的社区治理有效地改变了以往科层制政府治理的权力垄断，大大减少了社区治理中的设租、寻租行为，并改变了社区治理中的主客体关系，使得原先的官民关系转变成新的生产者和消费者之间的关系，进而导致了公共管理向公共服务的转变，有效打破了政府对公共服务的垄断，从而扩大了社区居民

① 张暄：《日本社区》，中国社会出版社 2007 年版。

的选择权。由此可见，正是借用了市场化治理的诸多优势，日本战后经济包括社区经济才得以迅速崛起。

4. 多元化的共担责任机制的构建

与欧美社区经济发展具有的另一特征类似，日本的城乡社区中也都存在着各类不同的群体。政府、町内会、各类社区民间组织、企业和居民等，都是日本社区的重要组成部分。这使得日本社区形成了多中心、分散的权力格局，但这些权力具有开放性，它们在管理上的角色是相互独立、相互协作的：政府的主要功能是帮助居民实现其社区管理目标；町内会主要协调居民参与社区活动和社区管理；居民是社区民主权利的享有者而不是消费者。尽管社区权力呈现多元化特征，但是在社区管理的过程中，政府、町内会、社区民间组织之间可以形成一个协作机制，各司其职，发挥自身比较优势，达到社区效益最大化的发展。

5. 社区民间组织的有效参与

社区经济发展既是国家的事情，同时又是居民自己的事情，这一点在日本社区建设中具有充分的体现。日本国内对于社区的管理十分注重参与性，尤其社区民间组织在其中扮演着十分重要的角色。一方面，日本社区实行居民自治和民主共管，而其有效实施的重要载体便是社区民间组织。它们大多致力于对居民诉求进行有效表达，并通过切实行动为居民提供高质量的生产和生活服务，它们的工作大大减轻了原先由地方政府所承担的诸多成本。另一方面，日本社区民间组织有效连接了个人与国家，作为一个不可或缺的中间环节而存在和开展活动。换句话讲，社区民间组织已经成为社区居民与政府官员之间的沟通桥梁，为居民参与社区公共事务提供了渠道，既有助于培育社区居民的自治意识，调动居民社区参与的意识，同时又保证了社区居民参与社区公共事务的常规化、制度化和组织化。

四、中国社区经济发展历史及现状特征

作为国民经济发展的重要组成部分，我国社区建设起步较晚，但随着改革开放以来城市化进程的不断加快，社区经济已经成为城市持续发

展的经济基础。我国社区管理体制经历了由单位体制向街居制的转变，而今社区制又取代了街居制成为城市社会管理的主要组织方式。然而，仅从社会管理的纵向单维视角理解这一过程，无疑窄化了社区建设浪潮兴起的复杂背景。结合中国现阶段的发展现实，对城市社区经济发展历史阶段的简要回顾、组织建设的现状介绍和特征分析，可以让我们更好地了解自身实情，也才能结合自身特点并借鉴国外经验更加有效地提升我国社区经济发展水平。

（一）中国社区经济发展历史

我国的社区产生、发展于从计划经济体制向市场经济体制过渡、从传统社会向现代化社会转型的历史时期，与国外社区发展相比，具有不同的时代特征。新中国成立至今的60多年时间里，我国的城市基层社会管理体制逐步从单位制、街居制向社区制转变。作为一种新的组织形态和管理体制，社区制正逐步登上我国现代社会的舞台，代表了解决各种社会问题和矛盾的新思路和新方式，并承担起重新整合社会要素的功能。社区制改变了传统的基层社会管理理念，与之相配套的方法有望较好地适应新的社会形势，若如此，社区制对于未来我国城市社会发展的推动作用将不容小觑。

1. 中国社区经济的起步（1949～1978年）

新中国成立初期，社会面临着一盘散沙的局面，为把广大人民群众和国家凝聚起来，我国城市社区实行的是单位制的管理模式，从而形成了“国家—民众”的二层社会结构。在单位制度下，国家资源通过单位进行调配使用，单位不仅控制着相关经济资源，还掌握着政治资源和社会资源，并成为居民生活福利的唯一来源。诸如住房、副食品补贴、退休金、救济金、医疗保障和学校、医院、食堂、浴室等各种福利项目都来自于单位，而提干、入党、出国进修甚至结婚等都需要单位出具证明。总之，单位能满足社会成员的基本生活需求，民众对单位具有极大的依赖性，离开单位就意味着失去了一切。在大跃进时期，这一社会管理形式的地位得到进一步巩固，政府竭力将其推广至全国，后来在各地掀起的人民公社运动就是典型的证明。政府的目的十分明确，就是要设法将所有的社会成员都纳入这一新型社会组织，让经济活动中的生产、交换、分配多个环节和人民生活福利更为紧密地融为一体。

2. 中国社区经济的发展（1978～1986 年）

在建国后实行计划经济体制的 30 年，我国采取了以单位制管理为主、以基层地区管理为辅的社会管理方式。1978 年党的十一届三中全会以后，街道办事处和居民委员会的基层管理体制得到恢复，并获得快速发展。全国人大常委会于 1980 年重新表决通过并对外公布了《居民委员会组织条例》和《城市街道办事处条例》，街道办事处、居民委员会的机构得以重建，相应职能得以恢复，原来的单位制也逐渐瓦解。新的街居制承接了原来单位制的行政职能、社会服务职能以及经济职能，其管理和服务对象不仅仅包括户籍居民，也包括居住在本辖区的流动居民；工作内容不仅承接了单位剥离出来的职能，还增加了很多如市场管理、园林绿化、交通道路、民政福利、市容市貌等新的管理领域。

3. 中国社区经济的转型（1986 年至今）

社区作为一个广泛使用的概念在我国始于 1986 年，民政部为配合国家经济体制改革和社会保障制度建设而制定了《北京市发展社区福利网络三年规划》。社区在各城市、街道办事处和居民委员会等基层组织的基础上开始组织构建，并相应地建立起社区服务中心。1987 年 9 月，民政部在湖北省会武汉市召开全国城市社区服务工作座谈会，对社区服务的内涵作了定义，提出了社区服务的发展方向，成为我国社区经济转型的标志年。2000 年 11 月，国务院办公厅转发了民政部《关于在全国推进城市社区建设的意见》，并很快在各大中城市掀起了社区建设的热潮，民政部首先选择在北京、天津、上海、沈阳、青岛、武汉等 26 个城市设立全国社区建设实验区，并总结经验向其他地区推广，社区建设在全国城市中轰轰烈烈地开展起来。

（二）中国社区的组织及建设

就中国经济社会发展历史来看，社区是 20 世纪 70 年代以后才逐渐发展起来的。由于时间短，经验相对不足，各地在具体工作中对社区概念的理解并不十分一致，社区建设实践所采用的方式方法也存在比较大的差异。在了解了中国城市基层社会管理体制的变迁后，对我国社区组织和建设基本情况进行介绍可以使我们更好地认识我国社区建设的现状。

1. 中国社区组织架构

我国社区建设主要依托街道和居委会开展相关工作，《中华人民共和国宪法》和《中华人民共和国城市居民委员会组织法》中规定，街道是政府的一级派出机构，居民委员会是城市基层群众性自治组织。这一规定清晰地界定了街道和居民委员会的性质。具体来看，我国的社区管理组织主要由社区党支部、社区居委会和社区服务站三套班子构成。其中，社区党支部领导社区的整体建设；社区居委会是居民自我管理、自我教育、自我服务的居民自治组织；社区服务站担负着开展社区公共服务的职能。目前，我国建设工作实行的体制和机制是：党委和政府领导、民政部门牵头、有关部门配合、社区居委会主办、社会力量支持、群众广泛参与。这种体制安排体现了我国经济转型大背景下的特殊国情，具有一定的过渡性质，但对于城市社区的有序发展难以绕开。

2. 中国社区的基础设施建设

社区建设是政府行使社会职能，提供公共服务的重要职责，从社区发展的实践来看，社区公共基础设施的投入，会带来经济规模递增的效益和产出。为贯彻落实中央关于积极发展社区服务业、千方百计扩大就业的要求，进一步加快社区服务基础设施建设，2003 年国家安排国债资金 5 亿元，用于全国社区服务设施试点项目建设，开启了中国社区基础设施大规模建设的序幕。近年来，政府用于社区基础建设的资金投入进一步增加，有力地提升了我国社区经济自主发展的能力。就社区基础建设的内容来看，近年来主要投入建设社区信息系统和平台，实现系统化办公，也使群众办事更方便快捷；此外还建成了社区服务中心、社区服务站等提供综合服务；政府通过组织、协调、整合社区资源扩展和加强社区基础设施建设，如政府投资建设健身广场，利用产业化办法提供便民菜站，充分发挥驻区单位共建合作机制等。这些基础设施的不断充实和完善，规范了社区公共服务管理，健全社区服务体系和功能，推进社会福利和社会事务的管理服务社会化，提高社区居民的生活质量和社会服务水平。

3. 中国社区的内容体系建设

我国社区建设的内容十分广泛和丰富，可按照服务性质、服务内容、服务方式等标准进行不同分类。从服务性质上看，我国社区服务分为三个部分：福利性服务、公共事业性服务、商业性服务。其中，社区福利性服务的对象主要是社区中老弱病残等特殊群体，其目的是满足这一部分人的基本生活需求，为他们提供无偿服务；社区公共事业性服务主要提供非营利性的低偿服务，主要目的是帮助本社区居民解决生活中遇到的难题，如家庭调解、邻里纠纷等；商业性服务主要提供营业性的有偿服务，目的是方便居民，有助于促成社区服务效能构成一种自运转的机制和系统的服务网络。从服务对象上划分，社区服务主要内容为老年服务、残疾人服务、优抚对象服务、青少年教育服务、便民服务、社区文化娱乐服务、社区卫生服务等。可以预见的是，随着社会经济发展水平的不断提高和对我国社区经济发展的不断深入探索，我国社区服务的内容和体系正不断丰富和完善，数量不断增多，专业化程度不断提高，朝着“社会福利社会办”的方向发展。

（三）中国社区经济发展的突出特征

改革开放以来，适应经济社会的转型与变迁，中国城市社区经济逐渐兴起，并在城市社区生活中发挥着越来越重要的作用。类型多样、特点鲜明的城市社区经济，不仅为社区建设与发展提供了强大的物质经济支持，而且吸纳了大量的城市社区富余劳动力，从而有利于增强社区凝聚，提高社区整合程度，促进整个社会的和谐发展。通过了解中国社区经济发展的主要特征，我们可不断创新和完善社区经济发展思路，促使社区经济在国民经济发展中承担更多的使命，推动我国经济社会又好又快发展。

1. 社区经济逐渐朝自主发展的方向转变

我国社区经历了由单位制向街居制的转变，社区制又取代了街居制成为城市社会管理的组织基础。但从目前社区经济发展的现状来看，我国社会仍有单位社区的家委会和纯社会化社区的居委会之分，这也是单位体制遗留的问题。随着国有企业深化改革、转换经营机制以及政府机构改革、转变职能，一些国有企业已经剥离了其社会职能融入社会社区，其原来承担的为单位成员提供服务的职能也转交给社区居委会。在此背景下，我国城市社区逐步实现了真正意义上的属地管理，逐渐完成了城市社会管理体制的再造，社区经济自主发展的基础日益形成，在国民经济中的地位不断提升。

2. 从社区组织模式到经济行为的多样性

我国的社区发展模式并不是唯一的，中央政府允许各城市在结合城市自身特色的基础上，开发和创新其城市社区管理模式，使社区经济能够更加充分地发展。从各地的实践过程来看，我国社区发展模式大致可以分为以上海为代表的“渐进改革型”模式、以哈尔滨为代表的“政府主导型”模式和以沈阳为代表的“社区自治型”模式三种类型，其主要区别在于政府与社区结合的紧密程度有所不同。值得一提的是，这三种模式是在不同的经济发展程度和体制改革背景下产生的，具有各自的特点和存在的合理性，同时也正是由于它们各自与政府结合的紧密程度存在差异，使得不同社区的组织管理工作各具特色。就经济行为和经济效果来考察，我国各地区不同的社区组织模式都是立足于各自的资源基础而做出的尝试，同时也满足了社区居民不同的物质文化需求。

3. 社区就业成为城市再就业的主渠道

改革开放以后，由于经济社会的转型、产业结构的调整以及企业制度的改革，“大力发展社区经济、解决下岗失业人员以及残障人员的就业安置问题”成为维护改革发展稳定大局、实现国家长治久安的重大战略任务和政治任务。目前，通过社区就业实现城市居民再就业的任务依旧艰巨，国家统计局2000年前后的一项调查资料显示：我国大中城市居民家庭对社区服务的需求很大，在北京、上海、广州、成都、西安、沈阳和青岛这七个城市中，有70%以上的家庭需要各种服务，其中有近240万户居民目前得不到家电维修的服务，127万户居民得不到房屋维修的服务。这些服务如果得以满足，累计可为社会提供的就业机会在2000万个左右，而当时社会空缺的就业机会则超过了1100万个。[①] 以上数据显示出社区就业容量之大。我国社区通过大力发展第三产业、拓展社区服务领域、开发社区公益性岗位和落实优惠政策等，为相当部分的城市新增劳动力和残疾人以及两劳释放人员提供了就业机会；同时社区还吸收消

① 杨宜勇：城市社区就业发展前景巨大，载于《理论与改革》，2002年第1期。

化了大量的下岗失业人员。近年来，“充分就业社区”的创建工作也在各街道、各社区火热开展起来，形成了一股争优创先风。可以预见，随着我国社区经济的进一步发展壮大，城镇居民在社区就业的机会将越来越多，社区就业仍将是未来很长时期实现再就业的主渠道。

4. 社区经费来源的单一化特征仍在继续

目前，我国社区建设正处在“政府主导、培育社区”阶段，导致我国社区经费基本上来源于政府财政拨款，其他形式的经费支持十分有限，这与前文提到的欧美国家社区经济发展中的经费来源有很大不同。单一化的经费来源对于社区经济的快速发展极为不利，而在社区建设中财政投入的不稳定性和不规范性，则进一步造成社区管理组织功能错位和不到位。从各地社区建设的实践来看，随着政府行政体制的改革、政府职能的转变，政府许多职能和服务下放到社区，仅仅靠政府财政拨款，受到有限经费的限制，社区千头万绪的公共服务不能得到很好的落实。此外，在经费拨付过程中，经费拨付不及时；拨付头绪多，社区无法知晓；中间层次多，资金难以足额到达社区——上述种种问题也都成为中国社区经费问题的现实困境。

5. 社区经济发展不平衡的问题还很突出

我国现阶段仍处于社会主义初级阶段。作为国外的舶来品，社区概念也是近年来中国社会兴起的名词。社区如何定位和如何发展问题还没完全理清思路，社区组织在经济管理和协调方面缺乏应有的能力。组织管理方面存在差异，加上受整体社会经济发展不平衡、城乡二元经济结构等大环境和历史因素的影响，我国城乡之间、各地区间、甚至同一城市的不同社区的经济发展程度都不一致。在我国沿海经济发达地区，尤其是一些大中城市，社区经济已经发展到较高的水平，社区设施和服务功能相对完善，从老百姓的衣食住行、居家服务，到更高级别的享受娱乐服务，一应俱全。而在经济相对落后的西部地区和一些小城镇，特别是乡村地区，人们对于社区的理解仍然停留在概念层面，离社区经济的真正起步还有较大距离。

五、国内外社区经济发展的启示

社区经济发展的内在规律究竟是什么？到底如何利用好这种资源配置的新方式？怎样才能更加有效地将社区内各种经济成分变为真正的利益共同体，从而带动社区乃至更广区域的经济发展？这些都是20世纪50年代联合国倡导社区发展运动后留给全球的重要课题。在世界各国社区发展运动如火如荼开展之际，起步较晚的我国社区经济能否摆脱传统计划体制的束缚，澄清对社区经济的模糊认识，尽快推进社区建设进入良性轨道，是一个事关改革开放大业成败的关键点。尤其是面对我国人口基数大的基本国情，清楚地认识到社区服务对劳动力就业的广阔吸纳空间和对多种所有制经济形态共同发展所提供的舞台，千方百计研究好、发展好社区经济，都是必要的和重要的。在考察本国国情和历史的基础上，沿着国外优秀社区经济发展和管理经验，可以寻找到我国社区经济发展的基本思路。

1. 中国特色社区组织模式应更多考虑居民自治

我国的城市社区经济经过几十年的发展，目前已经形成了具有自身特色的基本组织和管理雏形，但农村社区建设则刚刚起步，未来要做的事情还很多。总体来看，我国社区组织管理体制仍不健全，社区组织的架构仍在探索和建设之中。综合国内外经验，我国社区管理组织的理想模式应是政府和社区居民自治组织的同步协调发展。既要充分发挥政府的主导作用，又要发挥好社区自治功能，从而实现“小政府、大社会”的改革目标。从目前我国社区建设的实际情况看，由于功能定位的偏离，居委会仍以落实主管政府部门交办的各项行政管理任务为中心工作，近似于街道办事处的派出机构，这无疑影响了作为群众自治组织作用的有效发挥，更难以适应新的经济社会形势对社区发展提出的要求。因此，我国的社区组织必须进行适当重组，努力实现居民自治组织的再造，在社区经济发展和社区建设中更多考虑居民自治。具体来说，有必要重新确认居委会在社区建设和发展中的议事地位，而将其目前缠身费时的办事职能做必要分离。这一问题可借鉴美、日等国的经验，将部分职能交由社区工作者承担，新型的居民自治组织可考虑逐步形成以社区党支部为领导核心、居民会议决策、居民委员会议事、社区工作者办事的团组式格局。

2. 在社区规划和建设中倡导可持续发展的观念

欧美日等发达地区和国家的社区经济之所以能为居民提供丰富的生活品和优质的生活环境，不仅依靠其雄厚的经济基础，而且得益于其社区建设中科学合理的规划。社区规划是社区整体发展的蓝图，是指导社区各项工作的基本纲领，制定社区规划必须要着眼于长远，坚持可持续发展的原则，重视社区经济和社区环境的协调发展。严格按照时间差异和地点区别等具体情况，审慎考虑并详细制定社区发展的中长期规划，并在多方征求意见的基础上认真选择适宜的运作模式。根据前文对不同国家和地区社区经济发展历程的回顾可知，经济发展较为成熟的地区更多选择社区自治模式，而经济相对欠发达地区则以政府行政为主导。换句话讲，从政府行政主导模式向社区自治模式过渡是一个总的趋势。但不论什么样的发展模式，在全球经济一体化和节能减排压力持续加大等大背景下，社区经济发展已经不允许再走“先污染，再治理；先破坏，再修复”的老路子，必须从长计议，在基础建设中积极采取“开发环保能源、推行绿色建筑设计”等措施，在产业选择中更多考虑具有成长性的新兴产业，在服务方式上更多考虑以人为本的理念。

3. 积极引入市场机制，培育社区非营利性组织

发达国家经济社会发展的实践经验表明，社区非营利性组织在社区建设和社区经济发展中起着不可替代的重要作用，主要表现在以下三个方面：一是非营利组织所提供的专业性服务可大幅度提升社区建设的效率和质量；二是非营利组织可凭借其自身的社会资本、雄厚的财力资源、丰富的社会资源和广泛的社会影响力，多种途径地参与社会福利、文化、慈善、体育、环保、宗教等领域的活动，尤其能够在政府福利政策不能涵盖的领域发挥积极作用，对于减轻政府的财政压力和调节国家与民众之间的关系意义非凡，同时还能为市场活动引发的社会问题提供其特有的解决方法；三是非营利组织的活动能够充分反映民众的要求和呼声，有利于调动和激发居民参与社区事务的兴趣，对政府政策的制定和实施

也会产生一定的影响。在我国，长期实行计划性体制的经历使得政府拥有了几乎所有的重要资源，政府的工作范围也就难以避免地介入社区有关工作，管得太多太死自然影响社区中非营利性组织的发育，进而导致社会机制的不健全和不顺畅。因此，未来我国的社区建设务必要大力培育和发展不同类型的非营利性组织，引导其承担社区经济发展中遇到的主要管理工作与大部分服务工作，充分发挥其专业性服务的优势，创造出更多新的就业岗位，提升社区建设的效率。此外，我国社区建设经费完全依赖于政府财政拨款，经费的有限性使得我国必须要拓宽社区经济渠道，开源节流。最重要的是开源，我们应在社区正常发挥功能的前提下，引入适当的市场竞争机制吸引社会非营利组织、社会团体以及企业来参与社区经济投资和发展，这样也刺激社区成员的创新动力，增强经济发展的活力。

4. 充分挖掘社区经济发展中的精神因素和文化底蕴

社区经济发展不仅是物质财富的创造过程，同时也是社区居民精神生活需求的满足过程。无论在城市还是在乡村，经济体制的设计都要把社区功能特别是其蕴含的精神因素有效地挖掘出来，形成稳步推动经济发展和社会进步的精神动力。国外发达国家社区发展理念都有社区居民的普遍参与和共同的社区价值理念，这与各国发展历史是密不可分的，如前文提到的日本公众文化就是一个很好的体现。而我国目前社区建设更多考虑的是居民物质需求，对居民文化需求的满足也较多从设施建设方面出发，对于更深层次文化要素的培育还十分欠缺，导致社区内文化融合性较差，社区居民对于社区的认同感和归属感也不足。借鉴发达国家的经验，未来应因时制宜、因地制宜，根据我国政治、经济、文化和历史特色，通过多种方式加强社区文化建设，持续大幅度提高社区居民的整体素质，塑造合格的公民，积极培养社区归属感和认同感，有效增进社区成员之间的凝聚力，不断提高居民参与社区事务的积极性和主动性，努力使我国社区建设呈现人人参与、各尽其能、各得其所的局面，不断提高社区自助能力和自治水平。

5. 加强制度建设，明晰社区相关利益群体的职责

前文对欧美日等发达地区和国家的考察还清晰地表明，加强社区制

度建设是社区行为有法可依和有章可循的基本前提，是社区运行井然有序的重要保障。倡导依法治国的美国在这方面做得尤为细致，在对美国社区经济发展历史的考察中，我们不仅能够看到诸如《社区再投资法》、《住宅和社区发展法》等国家层面的法律法规，而且会大量接触到处理邻里纠纷的“皮毛法”、针对社区车辆停泊的《社区泊车管制法》、针对门前卫生的《门前三包管理法》、针对宠物豢养的《家庭宠物限养法》等具体的法规。近年来，我国在社区管理方面的法规和制度建设取得了不小的成效，但总体来看，我国目前的社区管理体制还存在诸多不完善之处，特别是操作层面上的法律法规空缺较多或配套不畅，使得法规和制度的执行力度长期较弱，导致社区多头管理、责任主体缺失等现象屡有发生。因此，我国的制度建设必须加强，其主要方向则是通过法律法规明确各行为主体的责、权、利，调整社区中不同行为主体间的关系，使社区居民的权利和行为更好地受到法律的约束和保护。具体来看，社区制度建设可首先从政府宏观层面开始，通过整体性法规制度的完善规范社区管理主体的行为，并引导社区自身大胆改革，不断探索适合各社区实际情况的制度模式，更好地为社区居民服务，构建各具特色的绿色社区、宜居社区、和谐社区、文明社区。

第二章　理论背景：国内外社区经济理论发展梳理

国外社区建设是个在实践中不断摸索前进的过程，这个过程与各个时代的理论研究相互影响。就目前来看，整个西方社区研究已经形成诸多流派，它们分别从各自的角度对社区发展中的经济、社会、文化等诸多要素进行探讨，并形成了丰硕的研究成果，成为世界学术研究中的宝贵财富。而国内关于社区建设以及社区经济发展的研究尚处于起步阶段，认真学习西方社区发展中的理论成果，提升我国社区经济研究水平，对于更好地指导我国社区经济建设有着十分重要的意义。

一、国外社区发展理论的研究历程

国外社区发展理论主要集中在西方发达国家，而西方国家社区建设早期的主要形式是 18 ~ 19 世纪中后期的扶贫和救助，20 世纪初以物质建设为主，真正意义上的城市社区建设则在 20 世纪 80 年代后，重点则放在了居民自强自立精神的培育方面，放在了以人为本、促进社区的全面进步和发展上。伴随每一个阶段的社区建设实践，学者们对于社区发展的理论探索也都凝聚其中，通过真实历史回顾的方式对社区研究历程进行探讨，可以更好地理解社区经济发展所面临的和需要解决的理论问题和实践问题。

（一）扶贫救助时期（18 世纪后期 ~ 19 世纪 80 年代）

“社区”这一概念最早是由德国社会学家滕尼斯在其 1887 年的著作《社区与社会》中提出的。在滕尼斯构建的“社区”概念和理论的基础上，关于“社区”的研究也随之兴起，社区逐渐发展起来。在欧洲工业化较早的一些国家首先出现了西方的城市社区建设。在当时的资本主义制度下，工业化在很大程度上提高了生产力，促进经济的发展和增长。在此基础上，社会也由传统的农业社会向工业社会转变。工业虽然为社会带来巨大财富，但是也制造了许多城市贫困阶级，因而这一时期的社区由于扶贫救困的需求而格外受到关注。

与以“解困”为主题的社区发展需求相对应的，是学术界对空想主义思想的探索。换句话讲，空想主义思想和社会改良思想是国外社区理论的思想渊源。当时的社会学家和改良主义者倡导了“新协和村”、“田园城市”的社区实践方案，坚持公有制为基础、阶层平等及“独立社区”思想，人与物在地域上的平均即“分散主义”城镇模式的基本原则。先是在18世纪后期，德国汉堡市的某一办事处出现了“助人自助”的救济制度；而后在英国伦敦又建立起慈善组织协会；此外在19世纪80年代，英、法、美等国又相继发展起社区睦邻组织等社区组织和社区协会。这些组织的兴起和发展都印证了当时的思潮是为了平均而解决城市中出现的贫困问题，并尽可能在社区的层面上改善社区居民的生产和生活条件。

（二）物质建设时期（20世纪初~20世纪80年代）

“社区发展”的概念在20世纪初由美国社会学家弗兰克·法林顿提出，他在《社区发展：将小城镇建成更加适宜生活和经营的地方》（1915年）一书中，详尽阐述了“社区发展”的概念和概况。到了20世纪二三十年代，美国的芝加哥学派展开了比较纯熟的社区理论研究。其中，最具有代表性的是美国学者桑德斯在《社区论》中提出的“三种社区”研究的模式，即“社会体系论”、“社会场域论”和“社会冲突论”。这三种模式都把社区作为一个互动的体系来研究，这也间接反映了关于社区研究的社会学理论及运用已日臻成熟，它们囊括了各种研究视角和研究方法，并随着时间和实践的发展不断补充和完善。西方关于社区发展的理论和实践引起了世界各个国家的普遍关注，1955年联合国发布的《通过社区发展促进社会进步》的报告书中，提出的10项基本原则，将社区经济的发展和建设集中于物质建设上，以实现经济目标为主旋律，促进了社区经济发展和社会问题的解决。

欧洲发达国家在20世纪二三十年代经历着一轮大规模的城市和社区

的改造过程。30 年代美国的芝加哥计划、福特基金会的格雷地区计划、阿林斯基的伍德雷尔社区组织等，以及 50 年代的社会发展部和社区组织委员会，使得其重拾社区价值理念，涵盖了包括社会福利、大众教育、医疗卫生、廉价住宅建设、治疗和预防犯罪等社区服务系列计划和项目。而 60 年代，美国的社区组织依然聚焦于经济目标，美国政府启动了“反贫困之战”计划，采取了为处于低收入的家庭购买设备、为失业人群提供职业培训、为穷人提供各种便民服务、开启经济住房项目建设以及设立健康门诊等多种帮助穷人的具体措施，正是最好的例证。

（三）培育社区人文价值理念时期（20 世纪 80 年代至今）

20 世纪的后期，“西方社区建设的重点就放在了居民自强自立精神的培育方面，放在了以人为本，促进社区的全面进步和发展上”[①]。人们希望通过努力恢复、重建一种守望相助、睦邻友好、和谐的社区生活，希望通过集体的共同参与和共同行动来解决社区居民面临的一些社会问题。

这一时期的社区理论与实践处于多元化探索时期。拉普卜特的《城市形态的人文方面》、《建成环境的意义》和 M·布可钦的“生态社区”思想体现了文化和生态学在社区层面的探索；“社区规划”、“邻里保护”、“社区发展”、“居民（社区）自助”、“住户参与”、“社区合作”、“社区技术协助”等社区建筑运动也有了新发展。生态原理和可持续发展观念也影响着当时的社区发展，如麦克哈格的“设计结合自然”、“绿色运动”（Green Movement）、“可持续社区”规划理念、“新城市主义”的探索等。

此外，社区经济开发活动在这一时期也广泛开展起来。“1992 年纽约市在南布朗克斯 5 个社区实施的社区复兴项目共涉及人口 15 万之多，从 50 年代到 70 年代，该区一直是美国贫困城市的典型代表。由于犯罪率高，1970～1980 年，有 75% 的居民逃离了该区。社区复兴项目在该区实施后，5 年内便使得原来的医疗服务中心得到极大的改善，学校增加了专门的管理人员，社区建立了工作培训中心和全日制的社区医院，修建草地和花园，社区有专门的社区治安人员日夜巡逻。该区目前已建设成了

---

① 李玉华：西方社区发展进程、理论模式及其启示，载于《天中学刊》，2009 年第 1 期。

一个环境干净优雅、治安良好、人民安居乐业的社区。美国的这些社区建设活动和项目，强调广泛的社区参与，强调提高社区居民的自我依赖、自我完善、自我发展的能力，使社区具有可持续发展的生命力。”①

二、国外有关社区经济研究的主要学说

国外有关社区经济的理论大多是在社区建设尤其是在社区经济发展的实践中产生的，从而导致其基本上处于实证主义理论的范畴。透过经济学家和研究者对社区经济的不同理解和界定，并结合其所处的时代背景和不同的观察视角，我们大致可将这些观点和认识概括为以下三大学说。

（一）区位经济论

区位论是经济地理学和空间经济学的重要理论之一，是说明地理空间对各种经济活动分布和区位的影响，探讨人类经济活动中的空间选择和空间分布规律，研究生产力空间组织的一种学说。19 世纪，经济地理学开始了对生产力分布规律的探讨，提出了“农业区位论”、“工业区位论”、“城市区位论”等，这些区位理论不仅研究了经济活动的空间分布问题，也提出社区资源配置优化问题。

区位论思想起源于 17 ~ 18 世纪政治经济学对区位问题的研究，对社区经济的理论有着较为深刻的影响，其思想后来成为社区经济研究的先导有着其内在的必然性。虽然区位与社区不是一回事，但两者在出发点上却是不谋而合的，皆强调生产要素在地域空间上的组合，并且所研究的是社会资源相对集中的地方对社区经济发展的作用。区位论注重地理区位对生产力布局的作用。在社区这个区域经济中，如何根据区域经济发展水平和发展的环境条件优化区域的空间结构是一个重要问题。可以说，区位对社区经济发展的影响是深远的，正是这一因素的作用，社区所拥有的地域空间优势才能得以充分发挥。

① 何彪，吴晓萍：西方城市社区建设历程及其启示，载于《城市问题》，2002 年第 3 期。

（二）城市经济论

城市经济论是研究城市在产生、成长、城乡融合的整个发展进程中的经济关系及其相关经济规律的经济学科。城市经济的理论学说大体可分为宏观城市经济学、微观城市经济学以及综合城市经济学这三大经济学流派。但无论微观还是宏观，都没有离开城市经济，都力求探索城市社区经济应如何更好地发挥作用。城市经济论为城市社区经济奠定了一定的理论基础，为城市社区的经济发展战略和产业结构调整提供了方法和依据。

具体来看，宏观城市经济学把城市经济看成是一个整体，将城市经济作为整个国民经济的重要组成部分，它对国民经济以及地区经济活动都有着举足轻重的作用。宏观城市经济学的理论依据是凯恩斯的“总量经济分析”，这种分析方法是运用总量分析法研究城市对某一地区经济乃至整个国民经济的影响。美国经济学家布·古多尔持是这种观点的主要代表人物，他在1972年著作的《城市地区经济学》，对于探讨经济的稳定性和城市的持续稳定发展具有十分重要的意义。而微观城市经济研究的代表——英国克·巴顿、美国理查森和大卫·西格尔认为：“系统运用经济学原理研究城市内部各种问题，以逻辑推理和成本效益分析方法，探讨城市的土地使用，聚集经济效益，最佳规模和城市本身的增长及空间经济理论。”①

（三）社区发展论

实际上，社区发展论的真正提出者是美国社会学家F·法林顿。在他的笔下，“社区发展”的概念得以提出和使用（见其1915年的著作《社区发展：将小城镇建成更适合生活和经营的地方》）。将“社区发展”引导成为全球性的概念和研究课题，主要归功于联合国。联合国多次以发表报告书、通过文件和举办研讨会的方式重视社区的发展。在其看来，社区发展可以解决工业化和城市化带来的问题，可以推进经济发展，可以促进社会进步。起初，社区发展运动主要设于不发达国家的农村地区，

---

① 林凤祥：城市社区经济的相关理论考察，载于《福建论坛（经济社会版）》，2003年第12期。

主要目的是解决这类社区居民的贫困问题和地区的落后问题。例如，联合国专门设置了教育培训、水利建设、垦荒以及土地改革等系列项目，用来帮助不发达国家农村地区的经济社会发展。二战后，贫困、失业、疾病以及经济发展缓慢等一系列问题成为许多国家刻不容缓的问题，而这些问题在不发达国家问题尤为突出。仅仅依靠政府的力量来有效地解决这些问题是远远不够的，必须形成政府与社区的一股合力，即政府和社区居民群众相互配合、共同协作的发展模式。这就要求不仅要开发社区民间资源，还要大力发展社区的自主力量，使得社区发展成为一种“大家一起上”的合力和趋势。

联合国在 1955 年的《通过社区发展推进社会进步》的文件中说：“可以暂时把社区发展定义为，旨在通过整个社区的积极参与和全面依靠社区的首创精神，来为社区建立一种经济条件和社会进步的一种过程。”从这一定义可以看出，只有通过社区和社区全体成员的共同参与，社区才能实现可持续的发展。换句话说，没有社区成员的积极主动参与，社区经济也就不可能快速高效地运转。根据联合国的相关报道，20 世纪 50 年代初期，世界上仅有 7 个国家制定了全国性的社区发展计划。而今，社区发展运动早已遍及世界多个国家和地区，尤其是，美、英、法、德以及北欧等诸多经济发达国家都着力强调发展社区工作。

总而言之，社区发展在相关组织尤其是联合国的倡导和推动下正走向深层次发展，社区的蓬勃兴起并日益发挥着举足轻重的作用。至今为止，世界上已有近百个国家和地区在制定和实施“社区发展”计划，他们将社区的发展纳入到整个国家和社会发展的总体目标体系中来进行考察，希望通过微观层面上的社区发展来促进国家和社会整体进步，社区发展已成为全球性的趋势。近年来，各国已经逐步认识到，只有社区经济的发展，才是真正意义上的社区发展。国外发达国家经济发展和管理模式都和市场经济发育的成熟程度有很大关系，他们根据自身比较优势，形成了各自的特色。如，美国社区经济主要发展形式为发展合作组织；德国社区在第三领域经济中的表现突出；加拿大社区发展资金往往依靠政府财政提供，工商企业也捐助一部分；而英国推行社会福利市场化。

三、我国关于社区经济的研究阶段回顾

我国社区经济的发展整体上还处于起步阶段，对社区经济理论层面的探讨几乎可以说还是个空白，很少的一些关于社区发展的观点和认识散见于政府相关部门的文件和探讨其他经济问题的学术成果中。1986 年，在民政部的指导下为了配合国家经济体制改革和社会保障制度建设引进了“社区”的概念，社区在各城市、街道办事处和居民委员会等基层组织的基础上开始组织构建，并相应地建立起社区服务中心。我国的社区经济理论被提起并受到重视，是在1995 年市场经济体制的确立。可以说，我国的社区经济产生、发展于从计划经济向市场经济过渡的历史时期，我国的社区经济也经历了由传统社会向现代化社会转型的过渡。社区经济由街道经济演变而来。在国外，“社区发展”是其社会发展的一项事业；而在中国，“社区建设”便是具有中国特色社会发展的一项事业和范畴。社区经济的发展是与社区建设的步伐相一致的，从纵向来看，我国城市社区建设的兴起和发展大致经历了前奏、启动和逐渐兴起这三个阶段，而对于社区发展的理论探索也大致按照这三个阶段展开。

（一）社区建设的前奏及其理论铺垫

新中国成立初期，一些地区在政府主导下开展了部分社区建设的基础性工作。1954 年，由第一届全国人大常委会第四次会议通过了《城市街道办事处组织条例》和《城市居民委员与组织条例》，标志着街居制的确立。这两个条例同时也分别指明了街道办事处和居民委员会的性质、职能以及二则之间的关系。根据这两个条例所规定的，“各地城市基层政府设立派出机关即街道办事处，按照居民的居住地成立居民委员会。”从而便形成了“区、街、居”三级社区联动体系和组织体系。1978 年改革开放以来，社区工作的范畴和范围不断拓展和延伸。到了20 世纪 80 年代以后，街道办事处承担着发展经济、城市管理、文教卫生、社会治安、社区服务以及群众生活等数十项纷繁复杂的任务，这在一定程度上为社区建设的全面启动奠定了一定的基础。而 80 年代后期开始，我国社会进入转型阶段，为充分适应这一要求，全国各地区各城市普遍开展了一些

社区服务工作，得到了广大社区居民群众的首肯和一致响应。

但就理论研究方面来看，在我国，社区经济并未被划入专门的探讨对象之列，只有一些为相关改革文件出台而由政府部门安排的前期研究，而相关的研究成果也并没有公开出版或发表，其内容则基本是围绕社区管理而展开的。当然，由于社区经济活动具有不同于其他产业经济的特殊性，对社区经济理论的研究必须要建立在一定的社会学和管理学理论基础之上，因此，这一阶段的工作为后来社区经济理论的真正开展打下了一定基础。

（二）社区建设的启动及其理论探索

20 世纪 90 年代初，政府有关部门大力借鉴国外“社区发展”的基本理念，结合中国的客观现实情况，明确提出了“社区建设”的课题和发展思路。民政部专门下发了《关于听取对“社区建设”思路的意见的通知》，面向全国征求社区建设的意见和建议。经研究确立了杭州市下城区和天津市河北区为全国社区建设试点单位，并于 1991 ~ 1992 年间，先后召开了三次全国性的社区工作研讨会。

总体来看，这个时期的社区建设还仅限于民政部门的行动，由于理论准备不足和现实中暴露出来的一些问题，1993 ~ 1995 年的社区建设还陷入停滞状态。但在学术界，关于社区话题的讨论却并未停歇。社区建设的启动及其在实践中出现的问题反而激发了一些人的兴趣，不少学者在研究城市管理、可持续发展、人口与就业等问题时，都或多或少提及社区建设的问题，并初步形成了一些关于社区经济发展的零散看法。这些理论探索对于我国社区经济学体系的建立起到了至关重要的作用。

（三）社区建设的兴起及其理论展开

社区建设重新被提起并受到重视大约是在 1995 年之后的事情。为适应市场经济的确立和发展新形势的要求，特别是江泽民同志 1996 年提出大力加强社区建设后，社区建设的问题逐渐引起全社会的高度重视。90 年代后期，以上海市为首，相继出现了青岛、沈阳、北京、天津、南京、重庆等许多城市社区管理体制改革和社区建设工作的蓬勃发展。在 1998 年的机构改革中，国务院将社区建设正式列入政府职能，并明确赋予民政部“指导社区服务的管理，推动社区建设”的职能，民政部基层政权建设司也因此更名为基层政权和社区建设司，社区建设正式成为政府的一项职能。

可以说，20 世纪 90 年代中期以来，在单位体制的加速消退和城市社会复杂性不断增加的背景下，社区研究逐渐成为社会学领域的显学。围绕着社区建设与转型社会中国城市社会基层管理体制变革，政府和学界都提出了一大批政策文件和理论成果。2000 年 11 月 19 日，中共中央办公厅、国务院办公厅下发了《民政部关于在全国推进城市社区建设的意见》。2001 年 3 月，九届人大四次会议把“社区建设”写进了《中华人民共和国国民经济和社会发展第十个五年计划纲要》。社区建设的概念，就是这样伴随着我国改革开放和社会经济的发展，进入到我们生活中来的。

四、国内关于社区经济的主要理论

只有社区经济的发展，才是真正意义上的社区发展。自我国蓬勃开展社区运动和改革以来，我国学者根据西方经济的相关理论，在考察我国社区历史发展和现状的基础上，对社区经济发展进行了多视角研究，形成了整合理论、结构功能理论和增长点理论等学术观点。这些理论成果都是为了更好地发展社区经济，达到社区经济效益和社会效益的有机结合，实现社会主义和谐社会而提出的，是我国社区经济研究者多年心血的结晶。

（一）整合理论

充分挖掘社区资源，为社区经济乃至社区发展所用，是提高社区服务水平和效率的重要方面。调查表明，现在对于社区资源的把握和利用都是不完整的，所以需要通过一种方式充分利用社区资源达到经济效益最佳。整合理论正是在充分利用社区资源、整合利益的基础上创造资源新的价值，推动社区各个领域的经济繁荣。“所谓社区整合，是指社区的各部分、各因素之间相互适应与调节，从而达到一种相互合作与依赖的过程和状态。"[①] 在某一社区中，自然人或法人在共同的空间里，发展状况参差不齐。然而，一旦通过利益整合，就能够促使各自资产和经济要素之间的流动，互相借鉴，带动社区经济繁荣发展。

社区是社会的一部分，社区整合更多是指社会微观层面的整合，其内容主要体现在以下三个方面，即组织性整合、功能性整合和认同性整合。组织性整合主要是社区组织的建立及政府组织与社区组织的关系；功能性整合则是社区各类基础设施和公共服务等功能的实现；认同性整合主要表现在"归属感"的实现以及社区各组成要素的沟通与协调。社区的认同性整合是社区全部工作的重点，而社区认同性整合的终极目标是社区归属感。

（二）结构功能理论

结构功能理论在20世纪成为西方社会学的主导理论。在构建社区经济发展的理论时，我国学者对西方结构功能理论进行了借鉴和整合，形成了自身关于社区结构的认识。

结构功能理论主要应用在对社区结构，包括经济结构、文化结构、组织结构的优化上。结构功能理论要求我们在进行社区建设和社区发展过程中，实现政治、经济、文化以及社会相互协调发展；经济产业结构的优化组合；利用资源配置进行社区公共利益的合理分配；实现社区各种法人、团体和组织的协调合作；人与自然及社区环境的和谐发展。只有这样，社区才能得到更好更快地发展。社区是社会的缩影，它体现了小社会的宏微观层面。社区由不同的部分组成，实现这些不同组成部分的协调发展和结构优化组合，不仅对社区，更对国民经济的发展起着重要作用。

（三）增长点理论

经济增长点是经济学中普遍使用的一个重要概念，不同的学者从不同的视角针对该概念进行了讨论。经济增长点实质上是经济体内在的刺激因素，其自身的发展可以向外产生扩散和辐射，进而启动整个经济体

---

① 田奇恒，王绪朗：从城镇农民家庭的邻里关系论城镇社区整合，载于《华中农业大学学报（社科版）》，1999年第1期。

的增长，最终在经济自发平衡力的作用下，调整经济体的结构，在新的经济总量水平上获得平衡增长。

从供给角度看，经济增长点是供给适应需求的结果。正是社区提供了低廉甚至是免费的公共产品和公共服务，满足了社区个体和团体以及组织的需求，新的经济增长点便在此环境下催生。社区经济正以其“高效灵活”、“送服务上门”的优势占领巨大的潜在市场，以企业或公司的形式组织社区服务。如为高龄老人提供养老券，为残疾人提供助残券，同时满足了居民需要，又为合作商户提供了客源，增加了知名度。通过新的经营理念和运作方式，发育壮大形成新的社区经济形式。

从需求角度看，潜在需求变成现实需求还要有必要的收入条件。只有人们有了收入，形成购买能力，才能使潜在需求转变为现实需求。因此，为人们提供必要的收入，也是在培育经济增长点。最典型的例证便是社区灵活就业的开展。

从供需结合角度看，供给与需求能否一致，共同促进经济发展，还需要交换条件的配合。创造合适的交换条件，也可以形成经济增长点。如社区提供了居民们活动的场所，为其搭建了交流和沟通的平台，一些生活闲置物品通过物物交换或者是有价买入、卖出，实现各取所需，形成社区新的生长点。

第三章　发展社区经济及其理论体系构建的意义

我国社区经济尽管起步较晚，但在艰难曲折的成长过程中，始终保持着旺盛的生命力和独特的发展潜力。理论是实践的指明灯，构建适应我国国情的社区经济理论体系对于社区经济的持续健康发展意义重大。

一、发展社区经济对我国经济建设的意义

在改革开放政策的指引下，我国经济建设取得了举世瞩目的成就，经济总量和国民收入水平均实现了大幅快速提升的目标。但不可否认的是，我国还处于社会主义初级阶段，解放和发展生产力仍然是主要任务，经济发展中遇到的现实问题还很复杂。而社区经济作为社会主义市场经济这个大前提下产生和发展起来的新经济形态，是整个国民经济的重要组成部分，对于优化资源配置、实现区域经济均衡发展、培育新的经济增长点、建立新型经济生产方式等都将发挥不可估量的积极作用。

（一）发展社区经济有利于相关经济资源的优化配置

社区经济的健康发展，能够充分挖掘社区资源，为社区经济乃至社区建设所用，从而加快资源优化配置，提高整体国民经济资源利用效率。一般意义上的社区资源包括人力、土地、房产、资本、技术和信息等，这些社区资源既有有形资源，又有无形资源，既有营利性质的资源，又有非营利性质的资源，它们和一定的社区管理体制相结合，通过市场及非市场的路径在不同领域产生经济效能，而这种效能的产生首先得益于社区经济筹资方式的灵活性。社区经济的筹资方式通常包括个人投资、社区居民集资、外来企业财团赞助等，当前也并不排除街道集体经济参

与。在市场经济背景下，社区经济的经营可以实现资源的微观高效配置。社区经济的这一重要属性使得社区新资源的形成途径更加多元化，政府不再是垄断所有资源的唯一主宰者，在政府体系之外存在着非政府资源的积累和投入，许多社区中社会项目的设计、投入和实施，越来越多地来自社会投入和个人投入。这一过程也构成了教育、卫生、体育、文化等社会事业社会化的过程。

社区经济还可通过多样化、高质量的服务形式对相关闲置资源进行充分利用。社区经济可以做到结合实际，因地制宜，通过政府规划引导、政策扶持，积极开发灵活、有效的社区经济设施运营方式。组建或引入服务实体，可采取合资、合作、招标投资商等多种方式，探索国有资产授权经营或管理的创新方式，鼓励社会资源的参与，推动社区服务业的发展走专业化、企业化、规模化经营道路。社区经济发展壮大的同时，也加强了社区服务信息设施建设，信息服务体系也进一步完善，社区提供更加统一、及时、准确、有效的服务。换句话讲，社区经济的发展能够多方面、多层次地拓展社区服务贸易领域，加强和规范社区资源整合，充分开发利用闲置资源和富余资源。鼓励通过各种灵活方式引入服务集团或服务实体，形成企业化、规模化的社区服务业运营模式。社区经济作为一种优化的资源配置方式，可将社区内互不相联的各种经济成分变为利益共同体，建立一种新的经济生产方式，从而带动社区乃至更广区域的经济。

（二）发展社区经济能够培育和带动新经济增长点的形成

服务业作为社区经济的重要组成部分，可以开拓符合居民服务需求的新产业链条，培育出新的经济增长点，成为第三产业发展的新动力。

发展社区经济的产业主体是服务领域，就我国目前的经济发展阶段来看，至少包括了以下几个主要领域：一是家居生活服务，包括日常生活服务和家务劳动；二是社区环境综合治理服务；三是社区医疗卫生服务；四是社区未成年人服务；五是社区其他物质与精神文明生活服务。这些经济活动都与社区居民的生活密不可分，在为居民提供各种便利服务的同时，也形成了第三产业一个新的经济增长点，促进社区经济的繁荣，加快社区建设。

总体来说，社区经济健康发展不仅会培育和带动第三产业新经济增长点的形成，而且会促进整个社会经济的发展。通过比较国内外社区经济发展的实际情况就可以发现，各地社区经济大多能立足于社区实情，深入到居民生活的各个方面，为居民提供各种最直接、最终端的产品和服务。与此同时，居民的生活需求是长期的，并且随着社会经济和文化的发展而稳步提高，这样一来，社区经济也随之不断发展，并具备了稳定性和递增性的特点，在拉动第三产业增长方面成为持续长久的动力。

（三）发展社区经济有利于拉动城市和地区经济快速发展

社区经济最能反映出居民消费需求的点滴变化，可以为整个城市经济和地区经济的发展提供参考。一方面，发展社区经济有利于促进社区市场和全国统一市场的建立和发展，形成一种公平竞争、自由民主、平等互利、公开透明的社区生活环境，活跃城乡社区物质文化生活，促进人的全面发展和社会文明程度的提高。另一方面，发展社区经济能够充分利用社区资源，提高社区经济的整体素质和综合竞争力。通过“优势互补、资源共享、共驻共建”的形式，发挥驻社区单位经济实力强、联系业务广泛、信息灵通的优势，为社区经济发展提供场地、资金、技术等方面的支持，同时盘活社区的闲置资产，充分利用社区的资源为居民购物、就医和文化体育活动提供优惠和方便。这样，既可以创造社会效益，又可以创造经济效益，从而把社区资源优势与市场建设结合起来，不断壮大社区经济实力。

必须深刻认识到，社区经济对区域经济的拉动作用需要一定的条件，目前来看，要真正实现社区经济的自主自立发展，社区资源的动员和重组是关键。只有充分利用社区居民包括下岗职工的才能、技术和经验，为社区经济和社区建设的发展服务，才能把社区宝贵的资源转化为真正为社区居民服务的生产力。作为城市经济和地区经济的重要组成部分，社区经济是地区经济发展的“晴雨表”，敏感快速地反映出社区居民消费需求和供给的变化，为整个城市经济和地区经济发展提供指引，能够以小见大，为整个城市建设服务。

（四）发展社区经济能够全面促进我国服务型经济上台阶

纵观各国经济发展的历程，随着工业化的逐步推进，国民经济的增长会越来越倚重于服务业的带动，这是经济发展到一定阶段的客观规律。改革开放进入第三个十年后，我国服务业对经济增长的贡献率明显逐年增大。可以预见，未来的产业结构调整仍将沿着服务业比重增加的趋势进行，千方百计提升我国服务型经济上台阶必将成为一项长期任务。而社区经济建设着眼点和落脚点都是社区服务，社区服务业无论范围还是内容都服务业的重要组成部分，涵盖了多层次的服务范畴，如技术含量低的便民服务业，以及代表产业发展新方向的信息咨询、网络服务业等。加快发展社区服务型经济既可以改善社区服务质量，更好地方便社区居民生活，又可以通过产业化和市场化的扩散效应带动我国服务业的全面增长，推动我国高质量服务型经济的早日到来。

中国的城市化和工业化还在继续推进，随着社会财富的进一步积累和社会文明程度的不断提高，广大人民的生活需求、消费观念也将不断更新，社区服务型经济将会面临更加广阔的市场空间。只要政府部门相关制度制定合理，促进社区经济发展的政策及时跟进，社区内的服务性企业能够审时度势，顺应市场大趋势积极拓展反映居民需求的新兴行业，在社区建设中大显身手便不再是梦想。相信任何一位社区居民都希望社区服务型经济蓬勃发展，为他们及其家人提供更多的服务和生活便利。展望未来，如果社区管理者能以满足社区居民整体不断增长的物质文化需求为目标，社区参与者能够在发展传统服务项目、运作方式的基础上，不断探索高起点、高档次的服务内容和形式，中国社区的自我服务能力必将随之日进一阶，我国服务型经济的质量也必将迎来赶超发达国家的一天。

（五）发展社区经济可为社区各项建设事业提供物质保障

社区建设是指整个社区的全方位建设，它包括社区服务、社区环境、社区秩序、社区治安、社区民主、社区法制、社区文化教育、社区体育、社区卫生和社区组织等方面的建设，具有极强的综合性；社区建设的方法和手段有经济手段、行政手段、社会手段等，也具有极强的综合性。社区建设作为一种社区工作，通常是在党和政府的领导下，依靠社会力量，利用社会资源，强化社区功能，完善社区服务，解决社区问题，促进社区政治、经济、文化、环境协调和健康发展，不断提高社区成员的生活水平和生活质量的过程。

在经济社会全面转型的大背景下，社区建设无疑是一项崭新的工作，能够推进社会繁荣，同时也是我国城市经济和社会发展到一定阶段的必然要求，是面向新世纪我国城市现代化建设的重要途径。社区建设的每一个环节都关系着社区居民的生活，社区建设与居民的生活质量息息相关。一个完善的社区建设将会为居民生活增添便利与舒心，而一个社区建设落后的社区将会降低居民的生活质量，甚至会为居民带来种种不便与困扰。可以说，良好完善的社区建设是保障居民和谐幸福生活不可或缺的条件。

社区建设也是一项涉及面颇为广泛的系统工程，需要强大的资金保障和支持。社区经济通常是指以社区为依托，以社区企业为主体，以社区服务为主要内容的经济。社区经济因为萌生于社区，而具有以下特点，如规模小、见效快、转型快、社区特色浓、容纳性大、对资金的依赖性小、对技术的要求不高、市场适应能力强等。

过去我国对发展社区经济不够重视，总认为这是小打小闹，忽视了社区经济在社会发展中的功能，以至于社区经济没有得到很好的发展。就城镇社区服务业来说，目前发达国家的社区就业份额为20%～30%，而我国只有3.9%，所以社区经济的发展有很大空间。社区经济扎根于社区，服务于社区。社区经济尽管规模小却蕴藏着强大的生命力，能够为社区建设提供不断的资金支持。蓬勃发展的社区经济能够以多种形式为社区建设注入资金流，从而建成一个完善和谐的社区。同时，一个良好的社区也将使社区经济更加有生命力和持久力。

二、发展社区经济对我国和谐社会建设的意义

社区经济作为依托于社区的一种经济形态，不但有一般经济形态的属性，而且还具有追求社区福利最大化的社会属性。社区经济的健康和持续发展为社区的全面建设搭建了一个稳固的平台。因此，大力发展社区经济，对我国和谐社会建设具有十分重要的现实意义。

（一）发展社区经济有助于拓展社会就业门路

就业问题是关系到国计民生的大问题。20世纪90年代以来，经济体

制改革和企业改制推动了我国城市改革的深化，加速了劳动力资源的流动和重新配置，城市下岗、失业人员不断增加。此外，农村剩余劳动力的转移、城镇就业人口的新增及高校毕业生数量的持续攀升使我国的就业形势更加严峻，劳动力市场的压力逐步增大。与此同时，我国正处在劳动年龄人口不断上升期，就业压力巨大，正处在大规模产业结构调整期，表现为持续长期的结构性失业，处在资本迅速深化过程，经济增长吸纳劳动力的能力正在减弱。

研究和实践都表明，社区经济的发展有利于吸纳城乡大量的剩余劳动力，拓展劳动就业门路，是社区稳定的重要保证。社区就业就是充分利用和调动社区资源和市场开发岗位、安置就业渠道。其具有以下特点：面宽点多，职业种类杂；区域性和非竞争（竞争小）；灵活就业；劳动密集，不完全使用市场就业机制。这些特点使社区就业能够最大限度地吸收劳动力，提供更多的劳动岗位。另外，社区经济一般劳动强度不大，吸纳劳动力数量多、成本低且见效快，对劳动力的素质要求相对不高，是劳动力特别是下岗职工就业的新的重要途径。社区经济不仅成为解决大龄职工再就业问题的主要途径，并且还为失业人员再次创业提供了良好的机遇。

（二）发展社区经济有利于提高社会文明程度

社区经济作为整个社会经济的有机构成，是社会发展的现实反映，是社区社会精神和物质文明建设的重要表现，社区经济的发达程度从一个侧面反映社区精神文明建设的状况以及整个社区的文明程度。

社区经济是为了社区建设而兴办的，其宗旨就是为社区居民的生活和全面发展服务，这正是社区经济区别于其他经济的一个重要特征。社区经济的服务主导特性使得社区经济交往中人的因素更加显著，而人与人的交流沟通势必涉及同时也反映出个体的素养，社区经济的日趋繁荣自然也就带动了社区居民精神世界的富有。

社区经济对社会文明程度的提升效应还来源于社区经济的多样性特征。社区经济的内容丰富多彩，包括房地产、旅游、商业、餐饮、医疗保险、建筑安装、文化教育等产业。这些都与社区居民的生活息息相关，涵盖了居民日常的生活活动，也影响着居民的生活品质和居民的思想素质。各式各样的社区经济形态同时存在，也就意味着社区居民之间经济交往的形式更加多样，个体之间的差距也就提供了更多自我提升的机会。所以一个健康发展的社区经济对一个社区的良性发展起着巨大的推动和促进作用，有利于整个社会文明程度的提高，这是提高社区居民素质和生活质量的重要途径。

（三）发展社区经济有利于增强社区凝聚力

社区经济的地域性特征决定了社区经济在地域上的有限性，即局限在社区内；也决定了相关经济活动参与者的小众性，即社区居民。随着城市建设步伐的加快，城区改造和居民小区的普遍兴建，使人们的生活环境发生了很大变化，人与人之间、邻里之间的关系也在发生变化。这些都从客观上迫切需要社区为居民在服务、文化、教育、安全、环境等方面提供良好条件，因此，良好的社区经济，对于提高居民素质和生活质量、满足群众多层次需求，建设社会主义现代化国际城市，都具有重大的现实意义和深远的战略意义。

社区经济的产业主要包括一般家居生活服务（包括日常生活服务和家务劳动两部分）、社区环境综合治理服务、社区医疗卫生服务、社区未成年人服务、社区其他物质与精神文明生活服务等几大类，这些产业类型涉及每个社区家庭和居民的日常生活活动。社区相当于一个整体，社区居民既是服务的提供者，同时又是服务的需求者。社区居民在日常的生活和交流中认识彼此、了解彼此，促进彼此之间的相互理解、支持与合作，不断增强社区建设的凝聚力。这样一来，能够使社区居民在心理上对社区产生归属感，在情感上产生认同感和亲切感。社区居民通过日常生活中联系的紧密，无形中加强了社区的凝聚力。

（四）发展社区经济有利于加快社会结构的转型

社区化发展已从计划经济下“政府办企事业，企事业办社会”向市场经济社会职能分工明确化方向发展。在计划经济体制下，企事业单位既是生产单位，又是生活单位、服务单位、管理单位，成为具有行政、经济、社会等多功能的相对独立“小社会”。随着改革开放的深化，社会职能、政府职能、企事业职能之间明确区分，推进社会发展的大量事务转移到社区，人们淡出单位，对其依附性在减弱，逐渐走向自我实现，从而形成小规模、低层次、分散化的便民服务业。于是社区特征向个性化、多样化、规模化、时效化、实效化、环保化、秩序化的社区经济组织发展。

由于城市开发力度不断加大，城市的管理单元由以前许多松散的单位改变为更加集中规范的住宅小区，许多“单位人”转变为“社区人”，基层社区变得越来越重要了。发展社区经济应有利于政企、政事分开，有利于深化经济体制改革，能够充分发挥街道和居委会的主体作用，加强基层社区的政权建设和社区经济的管理作用。社区经济的发展将有利于充分发挥社区利益主体发展经济的积极性和创造性，以社区经济推动社区文化、社区建设的发展，从而导致社区产业结构与社会结构的转型，重建新型的现代文明社区。

社区经济的发展有利于建设一个更加现代化、文明化、功能化的社区，同时也推动社区内部社会关系和经济关系的改革和完善，促进社会产业结构的转型和优化。其理由一是社区经济依附于社区，对社区资源的合理配置以及社区发展有很大的推动作用。社区经济以第三产业中的服务业为主，同时又是市场经济的产物，是依托市场机制发展起来的，区别于其他商业服务，社区服务更有便民利民的特点，同时坚持经济与社会两个效益同步发展。理由二是社区经济的发展还将会在很大程度上优化经济结构，改善社区内部的社会关系和经济关系，促进第三产业的飞速发展，提高国民经济和社区经济的整体效益。这对解决我国社会经济发展的深层次问题、预防社会问题的发生、加快社会现代化进程具有十分重大的意义。

三、构建我国社区经济学理论体系的必要性

由于社区经济是20世纪80年代中后期随着社区建设的推行而逐步从城市社会福利性的社区服务中分离出来的，是实行社会主义市场经济体制前后才开始的，所以社区经济在我国开始较晚，对社区经济的理论研究目前尚属于不成熟、不完善的阶段。城市社区经济目前正处于实践摸索和理论探讨的阶段。社区经济在我国仍处于初始阶段，社区经济学系

统的理论体系尚未建立，不能够有效地指导社区经济活动和实践的开展。社区经济不断发展、延伸，不断在具体实践中探索出经验，能够丰富社区经济学理论，从实践中得出真知，再去指导实践活动，形成良性循环，从而持续地壮大和发展社区经济。

（一）是指导我国社区经济持续健康发展的需要

如前文所述，发展社区经济对我国区域经济增长、培育新的经济增长点、经济转型等都发挥着重要作用，同时又是吸收劳动就业、提升社会文明程度、增强居民凝聚力、加快社会结构转型的重要方式。可以说，未来社区经济发展的好坏直接关系到我国经济建设的质量，也在很大程度上影响着我国和谐社会建设的进程，是中国较长时期必须关注的大事。但我们必须要清醒地认识到，尽管过去一段时期，我国社区经济发展取得了一定的成效，但总体上还处于起步阶段，城乡社区建设的任务还很艰巨，许多事关民生的问题还有待努力解决。尤其在社区规划及城乡社区统筹、社区就业、社区服务、社区产业培育等领域，需要在借鉴发达国家经验的基础上，发展出适合我国国情的社区经济理论作为指导。

一方面，社区经济自身持续健康发展需要合理规划、统筹安排，这必须在正确的理论指导下进行。我国的社区经济是与城市化进程基本同步出现的一个新经济形态，社区建设经验比较缺乏。按照什么样的思路建好和管理好社区，如何让社区居民更好地参与社区建设并充分享受社区经济发展带来的好处等，都需要深入地调查和研究。另一方面，社区经济作为整个国民经济的一部分，如何与其他经济形态有序衔接、紧密配合，同样离不开科学的经济理论作为依据。进入 21 世纪，我国国民经济遇到了总量继续快增与结构性矛盾同时并存的突出问题，社区经济发展能否在统筹城乡、平衡分配、节能减排等领域发挥重要作用，能否为区域经济发展再添活力，在很大程度上取决于我们的指导思想是否科学合理，是否经得起实践的检验。

（二）是充实和完善社会主义经济理论的需要

理论是实践的先导，思想是行动的指南。改革开放 30 多年的实践表明，经济建设的成败与理论本身的先进性、与理论和现实的切合程度密切相关。正是我们在总结前人经验的基础上结合实际国情所发展的有中国特色的社会主义经济建设理论，引领我们创造了举世瞩目的成就。但我们必须清醒地认识到，中国的改革开放大业才刚刚开始，未来的道路还很漫长，中国经济发展中还存在诸多结构性问题亟待解决。为此，党和政府必须团结和带领全国各族人民，制定科学合理的教育方针政策，引导学术界和实业界不断为充实和完善我国社会主义经济理论献计献策。

具有中国特色的社会主义市场经济理论是一个大系统，要保持这个系统的完整性和对现实的指导性，就离不开对社区经济的理论探讨。研究社区经济首先要回答清楚社区经济的内涵、特征、分类等基础理论问题，这是构建社区经济理论体系的起点或前提；其次要回答清楚社区经济的供求主体、供求格局、竞争模式等市场情况以及社区管理涉及的体制和政策问题，这是构建社区经济理论体系的核心内容；再次要回答清楚社区经济发展涉及的一些具体问题，比如怎么样做好社区规划，如何解决社区就业，提升社区服务水平的办法有哪些等，这些都属于构建社区经济理论体系时围绕核心内容而扩展的部分；最后还应该应用我们建立的理论体系对中国社区经济发展的现实进行必要的检验，并提出改进和完善的思路。

第二部分
基础理论

第四章　社区经济学基础理论

社区经济作为依托于社区的一种经济形态，是社区发展的物质基础，对社区文化、社区管理等都会产生较大的影响。我国的社区经济起步相对较晚，到目前为止，还没有形成真正完整的理论架构体系。本章立足于我国社区经济发展现状和未来社区建设的多重需要，对社区经济相关基础理论进行全面梳理，主要介绍社区经济的概念及其内涵，分析社区经济的构成要素与结构，探讨社区经济的特征与功能，提出有利于社区经济进一步发展的分类标准和方法。希望通过对以上社区经济基础理论的介绍，消除相关领域的争论，为更加深入地认知与理解社区经济、更加全面地发展社区经济理论体系铺平道路，同时也希望社会各界对社区经济作为一种新的经济生产方式，在带动社区乃至更广区域的经济发展方面所起到的作用能够有一个科学的认同。

一、社区经济的概念

概念分析是一切学术研究的起点，对核心概念尽可能全面和科学的界定能够为更加深入和广泛的理论探索减少不必要的麻烦，尤其对主要概念存在争议的情况下，通过比较各种定义的优劣势，综合各家之长，规避不同观点之不足，提出既有利于理论拓展又对现实发展具有指导意义的概念界定是构建系统理论体系的关键环节。

（一）社区经济概念之争

第一部分的理论背景章节简明扼要地梳理了国内外社区经济理论的发展历程和现状，从中可以看出，当前社区经济理论研究成果更多集中在西方社区经济发展较发达的国家和地区，而我国在这方面仍处于追赶甚至补课的阶段，理论研究的任务还十分艰巨。不仅如此，自 20 世纪 80 年代中后期以来，我国社区建设工作逐步推行，社区经济慢慢从城市社会福利性的社区服务中分离出来，随着社会主义市场经济体制的不断成熟，社区经济在我国逐步被赋予新的内涵。时至今日，社区经济作为一种客观的经济活动已经成为城乡居民生活的重要组成部分，而对社区经济的概念却还存在着一些模糊认识，进而对现实中社区经济发展的持续性和高效性都产生了一定程度上的影响。

概括起来，目前国内对社区经济的界定大致有以下几种观点。一是认为社区经济就是街居经济。持这种观点的人认为，既然城市社区建设的基本单位是街道和居委会，那么社区经济也就是街居经济，二者之间并无实质性的区别。二是认为社区经济是指区域内所有经济活动的组合，凡是街道地区范围内的经济，都可以说是社区经济。三是把社区经济作广义上的理解，认为社区经济是社区各种经济因素及其活动的总称，包括社区经济管理系统（如工商、税务、经济、政治、文化、环境、治安、服务、金融 、物价等），社区经济部门（如区、街和居委会经济组织、工商业、各种服务行业等），社区经济活动的项目以及社区经济的活动。四是指在一定地域范围，以居民福利和部分服务效用最大化为目标，资源通过社会机制进行配置的一切活动，具体包括志愿者服务、社区服务、社区福利活动、宗教慈善活动等，社区经济就是社会经济在具体区域的体现。

以上四种观点立足于经济学、社会学的视角，从广义和狭义两个方面界定了社区经济的内涵。但是，它们不仅抛弃了社会学中有关“社区”、“社区建设”的特定内涵，而且也割裂了社区经济与社区建设的密切关系，所以都存在一定不足之处。

（二）社区与社区建设

我们认为，要清晰准确地界定社区经济，必须先从了解“社区”本身开始，同时要对“社区建设”的内涵进行必要的关注。究其原因，社区经济是社区建设的重要组成部分，是社区建设的经济基础，社区经济正是针对社区建设的发展而提出的一个新概念。而社区建设与社区经济都依托于社区这个载体，离开了社区的承载，所谓的社区建设和社区经济便失去了意义，无法与其他建设和经济形态相区别。

社区作为伴随人类社会发展而出现的一种社会现象，已经从多个领域、多种渠道影响着人们的生活，人们对社区的关注从社区雏形出现之初就已经开始。但由于各国经济发展水平和社会文化方面的差异，对社区的认识也就难免存在一些差异，但随着经济全球化的不断深入，对社区相对一致性的认识正在慢慢形成。综合来看，所谓社区是指在某一固定的地理区域范围内的社会团体，其内部成员有着共同的兴趣和偏好，彼此具有一定相识度且互相之间有所来往，同时能够作为一个整体行使社会功能和创造社会规范，并形成特有的价值体系和社会福利事业，每个成员均经由家庭、近邻、社区而融入更大的社区。

具体来讲，社区这一概念应当包括以下五层含义。其一，社区的主体是社会的人。社区是由一定人构成的群体，无论是何种类型的社区，首先是因人聚集与互动来满足彼此之间需求的社会。其二，社区的载体通常是一个特定的地理区域。现实中的社区往往是以地理的范围来界定的区域，但是并非所有的社区都有明确的地理划分，这与社区所处的地理特征和所属社会的制度都有一定联系。其三，社区的客体是社会互动的运动过程。社区是一个互动的社会，社区内居民由于生活所需彼此产生互动，特别是互赖与竞争关系。其四，社区的基础（核心）是认同性。社区居民习惯以社区的名义与其他社区的居民沟通，并在自己的社区内互动。其五，社区具有自己的地域特征。其基本的地域特征是有一定的地理区域，有一定数量的人口，居民之间有共同的意识和利益，并有着较密切的社会交往。

以上对于“社区”本质和具体含义的全面阐述都是出于为界定“社区建设”这一重要概念服务的目的。从社会学的角度来考察，“社区建设”具有自身特定的内涵，它主要是指基层社区在政府的帮助和指导下，依靠社区自身的力量，利用社区资源，强化社区功能，解决社会问题，提高社区成员的生活质量，促进社区经济、政治、文化、环境、治安、服务等各项事业与整个社会协调发展的过程。从现实运作的层面来看，这一过程表现出了与其他建设活动具有明显区别的内在特征：一是综合性，社区建设指整个社区的全方位建设，且社区建设的方法和手段有经济手段、行政手段、社会手段等，也具有极强的综合性；二是社会性，社区建设是各类社区主体、各种社区力量共同参与的过程；三是地域性，社区是一种地域性的社会实体，因而具有明显突出的地域性特征；四是计划性，要系统有序地开展社区建设工作，需要从社区实际情况出发，切实可行地发展规划和工作计划。

（三）本书的界定及说明

通过对“社区”和“社区建设”两个概念的内涵分析，参考并综合国内外目前已有的社区经济认识，我们可以大致归纳出准确描述社区经济应当包含的几层含义。其一，社区经济首先应该是一种能够创造新价值的经济现象。开展社区经济建设的目的，是通过市场机制的作用对社区中物质形态和价值形态的资源变数进行重新组合和配置。尤其在我国社区起步相对较晚、国家对该领域的支持还比较有限、社区建设资金捉襟见肘的状况下，该意义上的社区经济作为主要税源经济为基层城市政府所关注。其二，社区经济应当是一种兼具社区性与社会性的新经济形态。正如前福州市市长翁福琳所讲：“社区经济作为一种新经济形态，是指区、街、居作为投资、经营和管理的主体，所举办的以社会服务项目为主要经营项目，依托本辖区并服务于本辖区，既要追求适当的经济效益，同时也要以有偿或低偿的形式为社区提供高质量的服务为表现。”①其三，社区经济本身内含着社区建设的成分，它不仅是在特定的区域范围内配置资源的经济活动，而且是以基层社区组织为主体、以服务社区建设为目标的社会活动。社区利用自身的资源优势为满足内部成员物质和文化生活需求而提供产品和服务的过程，也就是社区自身建设不断推进和持续壮大的过程。

将上述几层含义结合起来，本书尝试着给社区经济下一个定义：社区经济是指在一定地域范围内，兼具社会性和经济性两大基础特征，以居民福利和部分服务效用最大化为目标，通过社会机制为主的多元机制对社区资源进行配置，在推动社区建设的前提下，为满足社

---

① 陈岳：不仅仅是个“家”——福州市探索发展社区服务型经济侧记，载于《福建日报》，2000年3月27日。

区居民物质和文化生活需求而提供产品和服务的相关经济活动的总称。

二、社区经济要素与结构

清楚界定社区经济内涵是构建社区经济学理论体系的第一步，在前文分析的基础上，我们需要了解构成社区经济的要素以及它们的结合方式分别是什么，当这些要素以某种方式共同融入社区这一载体，它将呈现出怎样的结构及特征。

（一）社区经济的构成要素

一个完整事件通常由主体、客体、内容、环境这四大基本要素构成。就一种经济形态而言，其内容和环境通常与其他同时期存在的经济形态并无太大区别，主要取决于整个经济体的环境和发展需要，而其主体和客体要素通常更为人们所关注。如社区经济的内容是指以第三产业中的服务业为主的经济活动，而这里的服务业与非社区经济形态中的服务业在本质上并无明显区别，都属于劳务产品的生产过程。

由于后面的章节会对社区经济管理问题专门进行探讨，这里仅就社区的主客体要素做一简要说明。一般意义上的社区经济主体是各种非营利性的组织和公益性的组织，即社区经济的实施者及管理者，具体包括街道办事处、居委会、社区居民、物业管理公司、进驻社区的单位等。因此，发展各种非营利性的组织和公益性的组织就成了发展社区经济的前提。而社区经济的客体则是社区经济所服务的对象，具体包括社区居民及进驻社区的单位等。需要特别指出的是，社区经济的投入主体在西方国家是多元化的，而我国特殊的体制决定了短期内政府仍然是主要的投入方。因为我国的社区建设从一开始就是政府主导型的，社区不仅是居民生活的空间，同时也承担了一定的社会职能和政治职能。此外，从一般意义上来看，作为社会公益代表和收税人，政府具有相对稳定的财政收入，对社区建设也理应负有主要的投入责任，否则社区经济非营利的公益性将成为空谈。

（二）社区经济的结构

1. 社区经济的产业结构

社区经济所涉及的领域多以商业、生活服务业等第三产业为主，其中包括商业、餐饮业、医疗保险业、建筑装修业和其他物质生活方面的服务行业，还包括教育产业、文化产业、体育产业等知识、精神、健身、智力支持方面的服务，即大众文化生活方面的服务。由于目前城市社区经济处于起步阶段，应主要发展技术含量低的便民服务业，包括社区环境保洁保绿；居民生活系列，如便民小吃、食品杂物店、洗衣店、理发店、家用电器维修点等；家务劳动服务系列，如家庭保姆介绍、代买菜、送煤气、看护病人等；社区中介服务，包括代（订）买车船、飞机票，心理、婚姻、法律咨询等。

2. 社区经济的产权结构

社区经济可以说是从街道经济演变而来的，社区经济要发展必须充分挖掘和利用社区内外一切资源，这样就必须改变原来街道经济单一的产权归属——行政归属，明确社区其他组织的独立法人资格，确认社区组织的产权，最终形成社区资源的多元化归属。城市社区经济的运行机制不同于街道经济的行政机制，以社会化机制为主，兼有多元化的特征。城市社区经济的筹资方式也比较灵活，包括个人投资、社区居民集资、外来企业财团赞助等，当前也并不排除街道集体经济的参与。城市社区经济的发展思路就是要实现城区经济运行模式的转变，即由封闭的自我积累扩大再生产方式转变为开放的吸纳社区内外各类法人生产要素，共同实现扩大再生产。

3. 社区经济的组织形式

社区经济的组织主体均来源于社区居民，社区居民通过一定的组织形式来发展城市社区经济。在美国有些城市社区就有“社区经济发展公司”，这是一种非政府非营利性组织，从事社区居民所需要的各种有偿服务，就业人员都是社区居民。又如，日本的“农业协同组织”，就是在日本农村社区中广泛存在并发挥重要作用的合作社组织。在社区中被提供服务的人均需加入到某个合作社中去，并交纳一定的费用。在合作社的运作中，参加者、利用者和管理者是统一的。目前上海的市民会馆，就开辟了在政府、基金会、街道社区和服务性社团之间进行社区合作的道路，形成了资源营运者与资源提供者之间的社区合作机制，其性质就是合作社组织。这是与当前发展阶段相适应、值得大力提倡的组织形式。

4. 社区经济的社会效益和利润分配机制

社区经济以社区居民福利最大化为目标之一，这就决定了社区经济将其利润的一部分用于提供各种带有福利性质服务的方式，即分配给每个享受服务的社区居民。人们获得服务的前提条件就是其为本社区的居民，这从某种程度上体现了社区内的平等分配。此外，社区经济利润的一部分必须用于社区发展的公益事业方面，如整修道路、种植花草树木、修建儿童乐园、老年活动中心等。

与其他经济形态相比，社区经济的地域特征更为突出。特定的人口集聚又形成了社区经济发展所必要的社会性和服务性。同时，社区经济的发展不是孤立和封闭的，而是以开放的姿态确保其经济活动和成果的多样性，这些都是构成社区经济的重要特征。

第五章　社区经济需求

在分析了社区经济学的基础理论之后，我们将视野转向社区经济的供求关系探讨。市场供求关系是现代经济学研究的出发点。供求平衡的市场具有相对稳定性，是资源配置的最合理状态；而需求则是导致供求问题存在的基础，人们所不需要的供给是一种无效供给。研究社区经济学的供求关系，通常从社区经济需求开始。

一、社区经济需求的内涵

了解社区经济需求的内涵是对社区经济需求作更深入理论分析的前提。从字面上看，社区经济需求是由社区、经济、需求三个词组成的一个集合概念，因此，可对其进行拆分，以层次渐进的方式分别从需求、经济需求、社区经济需求三个维度把握这一概念的内涵。

（一）需求

1. 需求的含义及分类

“需求”由“需”和“求”二字合并组成。前者本意指“缓和而有节度的雨”，指对庄稼生长有益无害的雨，引申为需要；后者本意指“毛皮大衣”，引申为“索取”。在心理学中，需求是指人体内部一种不平衡的状态，对维持发展生命所必需的客观条件的反应，多用于人的主观愿望。

从主体的角度而言，需求可分为个体需求和集体需求两大类。前者指个人生存和发展过程中对外部环境和条件的某种期待，在特定情景下具有相对确定性；后者指不同个体所组成的集团正常运行所需要的环境和条件，而个体需求的差异则导致集体需求具有相对复杂性和多样性。

就二者关系来看，个体需求是集体需求的基础，集体需求是个体需求的延伸，是集团内成员共同需求的交集，并不等于所有单个成员个体需求的简单加总。

从内容的角度来看，需求可分为物质需求和心理需求两大类。其中，物质需求囊括了人们吃穿住行的各个领域，是人类正常生活的基础需求，也是人们心理需求得到满足的前提。而心理需求则是人有别于动物的本质特征，是人类开展精神活动而产生的对情感交流的需要，并基于此而发展出广义的社会文化。

从层次的角度来看，需求可分为生存需求、发展需求和享用需求三大类。马斯洛需求层次理论（Maslow's hierarchy of needs），亦称“基本需求层次理论”，是行为科学的理论之一，由美国心理学家亚伯拉罕·马斯洛于1943年在《人类激励理论》论文中所提出。该理论将需求分为五种，像阶梯一样从低到高，按层次逐级递升，分别为，生理上的需求、安全上的需求、情感和归属的需求、尊重的需求以及自我实现的需求。求知需要和审美需要未被列入他的需求层次排列中，他认为这二者应居于尊重需求与自我实现需求之间。

2. 需求与需要的区别

需要是有机体感到某种“缺乏”而力求获得满足的心理倾向，是内外环境的客观要求在头脑中的反应。它源于自然性要求和社会性要求，表现为物质需要和精神需要。需要常以一种“缺乏感”体现，以意向、愿望的形式表现出来，最终发展为推动人进行活动的动机。需要总是指向某种东西、条件或活动的结果等，具有周期性，并随着满足需要的具体内容和方式的改变而不断变化和发展。

需求是指人们在欲望驱动下的一种有条件的、可行的、又是最优的选择，这种选择使欲望达到有限的最大满足，即人们总是选择能负担的最佳物品。表现在消费者理论中，就是在预算约束下达到最高无差异曲线。

需求不等于需要。形成需求有三个要素：对物品的偏好、物品的价格和手中的收入。需要只相当于对物品的偏好，并没有考虑支付能力等因素。一个没有支付能力的购买意愿并不构成需求。需求比需要的层次更高，涉及的因素不仅仅是内在的。所以在经济学中，必须注意不要将两者混淆。经济学的基础分析工具是需求与供给理论，而非需要与供给理论。

3. 需求的理论基础

马克思的需要理论是我们分析居民社区公告产品需要的基本理论依据。此外，马斯洛的人本主义理论对我们分析居民的社区公共产品需要也有借鉴意义。

马克思、恩格斯在理论研究之初，不仅指出了人们需要满足的过程，同时也提出了人的“需要体系”问题。关于人的“需要体系”问题，马克思、恩格斯指出，第一层次的需要是人的自然需要，是维持人的生存所必需的衣食住行等需要。第二层次的需要是人的社会需要，它直接同社会生产和社会消费相联系，通过交换过程来满足，并表现为生产消费和生活消费两种需要形式。人类社会越发展，人的社会需要就越丰富，人类社会从自然经济向商品经济转变。第三层次的需要被马克思称之为真正的社会需要，即人全面发展的需要。社会生产力的高度发展，社会财富的充分涌流，使人们获得了越来越多的自由时间，人的能力的全面发展以更充分的自由时间为基础。这就是说，随着社会进步、经济发展，人们的需要水平、需要层次（包括公共产品需要）会不断提升。因此，需要通过社会建设，其中包括供给更多更好的社区公共产品，来不断满足人们全面发展的需要。正如马克思在《哥达纲领批判》中预见到的那样：“用来满足共同需要的部分，如学校、保健设施等，和现代社会比起来，这一部分将会立即显著增加，并将随着社会的发展而日益增加。”

马斯洛的人本主义分析了人的基本需要，提出了人的需要分层次发展，按照追求目标和满足对象的不同，可以将人的各种需要从低到高安排在一个层次序列的系统中。马斯洛认为，人有五种基本需要：生理上的需求、安全上的需求、情感和归属的需求、尊重的需求以及自我实现的需求。最低级的需要是生理需要，当基本的生理需要已经满足，较高一级的安全需要会随之出现；当生理需要和安全需要得到满足之后，归属和爱的需要就成为人们的强烈需要；在这之后，又会产生尊重的需要；

当前面的需要都得到了满足，自我实现就成为驱使人活动的动机，这是一种高层次的需要。只有低级需要基本满足之后，才会出现高一级的需要，而且追求高一级需要满足的人，同时保持着第一级的需要。马斯洛的人本主义理论看到了人的需要的发展，在一定程度上符合人类需要和个体需要发展事实以及一般规律，对于我们分析居民社区公共产品需要，具有借鉴意义。

概括马克思主义的需要理论以及马斯洛的人本主义理论，人们需要的多样性、差异性在所难免，人们在不同时期、不同的条件下的需要是不同的、分层次的，而且不同利益群体也有不同的现实需要。

（二）经济需求

1. 经济需求的含义

经济学中，需求是在一定的时期、在某一既定的价格水平下，消费者愿意并且能够购买的商品数量。包含了两层含义：需求一方面来自消费者的偏好，是一种主观上的需要；另一方面，需求也受到消费者收入预算的客观条件的约束，需求必须是有支付或购买能力的需求。因而，需求是主观爱好和客观能力的统一。

经济需求显示了在随着价格升降而其他因素不变的情况下（ceteris paribus），某个体在每段时间内愿意购买的某货物的数量。在某一价格下，消费者愿意购买的某一货物的总数量被称为需求量。在不同价格下，需求量会不同。需求也就是价格与需求量的关系。若以图像表示，便称为需求曲线。

2. 经济需求的分类

经济需求可以分为微观的单个需求和宏观的市场需求。单个需求指单个消费者对某种商品的特定需求，它因个体的差异而有较大区别，性别、年龄、职业等都是决定个体需求的重要因素。市场需求指消费者全体对某种商品需求的总和，在特定社会背景下，市场需求具有相对稳定性，并形成一个经济体对该商品生产的规模。

经济需求还可以根据其是否可实现或实现程度，分为显在需求、潜在需求、零需求和创出需求。显在需求，是指已经决定购买并且有条件购买；潜在需求，是指有购买欲望但不满足需求的现实条件，如资金不足、空间不够等；零需求，是指没有购买欲望的潜在需求；创出需求，是指经过企业的努力，顾客产生了购买的欲望。

3. 经济需求的特征

综上所述，经济需求是与消费者购买力和商品的价格密切相联系的。在现代市场经济中，由于一个经济体中的消费者和商品的数量众多，因此经济需求通常具有多样性和不确定性（可变性）这两大特征。多样性是指不同年龄、不同地区、不同文化等造成的需求的不同。不确定性（可变性）是指影响需求的因素很多，某一个或某几个因素改变就会改变需求的数量和需求方向，或者说需求是可诱导的。

（三）社区经济需求

社区经济需求的前提是社区需求。社区需求指的是一个国家或地区居民对于社区这种建制模式的需求，取决于其经济发展水平、行政管理方式、社会文化等多种因素。社区居民的需求，有些是共同的，有些则因文化层次、经济水平、健康状况、年龄性别、兴趣爱好等不同而有所差异。要为社区居民提供优质服务，不仅要了解社区居民的共同需求，而且要掌握社区居民的不同需求。社区经济需求指社区居民对于社区所提供产品和服务的需求。根据社区内不同群体的划分，社区经济需求可以分为全体社区居民的社区经济需求和特殊人群的社区经济需求。[①]

全体社区居民的社区经济需求主要包括以下方面。①一般家居生活服务需求，包括日常生活服务和家务劳动两部分。如：日常生活用品的购置与配送、家用电器维修、卫生清理、服装制作拆洗与熨烫、代收公用事业费等。②社区环境综合治理服务需求。如：绿化面积的维护和扩大、“四害”治理、环境噪声的控制、垃圾的袋装与分类、居民楼道及门前环境卫生的保护、违章搭建的控制、民事纠纷的调解、火灾隐患的消除、辖区内刑事案件的防范、外来人口的管理等。③社区医疗卫生服务需求。如：疾病预防、医疗诊断、病人护理、健康咨询、卫生宣传和防疫等。④社区少年儿童服务需求。如：婴幼儿照料、少儿上下学接送、

① 李雪萍：《城市社区公共产品供给研究》，中国社会科学出版社 2008 年版。

午餐制作与配送、课外看管、假期托管、智力开发、兴趣与特长的培养等。⑤社区生活服务需求。如：文化、教育、科普、咨询、培训、体育、娱乐、健身服务等。

特殊人群的社区经济需求主要有以下方面。①社区老年人服务需求。如：日常生活照料、家庭护理精神安慰、应急服务、医疗保健、文化娱乐等。②社区残疾人服务需求。如：生活保障、康复医疗、就业安置、婚姻恋爱、合法权益保障、文化生活等。③社区优抚对象服务需求。如：定人定期上门包户服务、辖区内商业网点“一条龙”服务等。④社区特困家庭需求。如：对贫困户、鳏寡孤独家庭的定期救济、包户服务，对因下岗造成的新的特困家庭的送温暖活动、优惠购买生活必需品、优先安排就业、实施再就业培训等。

二、社区经济需求的影响因素

对社区经济需求影响因素的探讨，同样离不开社区需求这一基础概念。从社区建设既承担经济职能又承担社会职能的角度来讲，对二者作出区分是必要的：从宏观上来看，社区需求指的是影响一个国家整体社区需求的普遍因素和规律；而从某一个具体的社区概念上而言，社区经济需求是影响某一社区经济需求的因素。

（一）社区需求影响因素

1. 经济发展水平

经济发展水平是指一个国家经济发展的规模、速度和所达到的水准。反映一个国家经济发展水平的常用指标有国民生产总值、国民收入、人均国民收入、经济发展速度、经济增长速度。一般来说，一个国家经济发展水平越高，对社区需求量越大，社区需求水平层次越高。当国家处于经济发展不足和资源短缺时，人民群众的需求主要体现在第一层次的生存需要。这正如我国在建国到20世纪90年代中期这段时间，人们物质生活水平普遍低下，日用消费品短缺，尤其是生活必需品和住房最为短缺；在消费结构上，人们的大部分收入用在吃的方面，以满足最基本的生存需要，1978年我国人民的食品支出在总消费支出中的比例高达60%

以上，城镇居民也高达 57.5%。当一国的经济发展水平较高、技术较为先进、生活水平较高时，人们第一层次的生存需要都得到了满足，人们的需要结构也发生了相应的变化：需要层次由较低转变为较高，由单一需要转变为多样化需要，由注重物质需要转变为注重精神需要。人们需要结构的变化，不仅对私人产品提出了更高要求，也对公共产品的质量、品种提出了新的要求。例如，美国学者罗斯托指出，当社会进入高额群众消费阶段时，人们追求的是安逸，包括舒适的环境、精神上的享受，人们要求旅游、家务电脑化等。①

2. 总人口

无论国家大小，也不管何种社会制度，社区服务的对象最终是各国居民，因而总人口的数量会影响一个国家对社区的需求。人口数量增多，对社区的需求量就会增加。然而，这种影响并不是绝对的。印度、中国、美国都是世界上的人口大国，但是由于印度、中国的社区经济发展不完善、体制不健全，而美国的社区经济发展要好于中印两国，因此总人口对美国社区需求的影响比总人口对于中印两国的影响大。

3. 城市化水平

社区从某种意义上可视为一种人口集中居住的生活方式，而这种方式在城市具有更明显的体现，农村社区则多出现在经济发展水平较高的地区。因此，城市化水平就成为影响一个国家或地区社区需求的重要因素。城市化水平是衡量城市化发展程度的数量指标，一般用一定地域内城市人口占总人口比例来表示。城市化水平越高，社区需求量越大；反之，城市化水平越低，社区需求量越小。

4. 民族文化

民族文化是各民族在其历史发展过程中创造和发展起来的具有本民族特点的文化，具有相对稳定的特征，并显示着该民族的行为特征。无论是物质文化，还是精神文化，都是对该民族历史发展经历的一种提炼。因此，民族文化影响着一个国家居民的聚居方式、性格特点和体制管理模式等，因而也是影响社区需求的重要因素之一。

---

① 陶文达：《发展经济学》，四川人民出版社 1992 年版，第 44、48 页。

（二）社区经济需求影响因素

1. 社区居民的支付能力

经济需求都是针对居民支付能力而言的，社区居民的支付能力表现了社区居民的收入水平。一般来说，收入与需求是正相关的，即在其他条件不变的情况下，社区居民的收入水平越高，对商品的需求越多。这不仅表现在对产品和服务的数量上，而且表现在对产品和服务的更高层次的需求上。

2. 社区所提供产品和服务的价格水平

在市场经济条件下，某产品的价格和与该产品相对应的互补品的价格上涨，该产品的需求下降；而与该产品相对应的替代品的价格上涨，该产品的需求会增加。在社区经济中，一般情况下，社区经济需求和价格的关系也遵循上述规律；但是特殊情况下有所不同，如垄断性社区公共产品（只能由一个主体提供，没有替代品）的价格变动不会使社区经济需求产生变化。

3. 预期

对社区经济需求产生影响的是社区居民的整体预期，不论这种预期是否正确。如果社区居民普遍预期某一产品（往往是社区居民对该种产品的需求受价格因素的影响较大的产品）价格普遍上涨，就会出现现时的消费增长。有时候，预期效应会导致价格普遍升高、需求量增大的反常现象。

4. 社区居民的偏好

偏好是指消费者按照自己的意愿对可供选择的商品组合进行的排列。偏好实际是潜藏在人们内心的一种情感和倾向，它是非直观的，引起偏好的感性因素多于理性因素。一般情况下，在价格不变时，对商品偏好的上升会增加该商品的需求量。偏好既与个人爱好有关，又与整个社会风俗、时尚有关。有时即使价格不变，时尚流行的变化也会引起需求量的改变。在社区经济中，社区居民的偏好会影响对社区产品和服务的需求。比如，有些社区居民喜欢体育运动，对社区健身器材等的需求明显，而有些人喜欢养宠物，对社区提供的宠物服务的需求量就会增加。

5. 年龄

社区居民年龄的差异会造成对社区产品和服务需求的明显不同。在社区中，老年人偏多，对医疗设施的需求会增加；而儿童在社区人口占的比重较大，可能对婴幼儿照料、少儿上下学接送、午餐制作与配送等的需求就明显。

6. 受教育水平

社区居民的受教育水平也会对社区经济需求产生影响。一个社区居民受教育水平高，社区经济更易产生更高层次的需求，也就是说，除了对生存资料方面的经济需求，发展和享受性方面的经济需求也会增加。

7. 社区禀赋

埃莉诺·奥斯特罗姆认为："公民们对城市工艺物品和服务的偏好不同。生活在相对贫困小区的公民的偏好截然不同于生活在较富裕小区的公民。请想一下娱乐服务需要方面的差异。在私人居住空间比较拥挤的小区里，就有强烈的偏好把城市街道和公园等公共空间当作聚集场所，或从事体育锻炼的场所……而居住在富裕小区的公民却对安静的公共空间有强烈的偏好，他们把私人空间当作娱乐场所。"在公益物品和服务方面具有类似偏好的人，倾向于聚居在一起。在居住小区里人们偏好的类似程度大于整个大城市地区。社区禀赋是产生社区公共问题和影响社区需要结构的自变量。由于社区禀赋差异，不同类型社区对社区公共产品有不同的需要。例如，以老式住房为主的低收入社区，居民们的住房面积狭小，可能希望缩小绿化面积、扩大休闲活动场所面积；而以商品房为主的高收入社区，由于居民们住房面积较大，因此可能更希望扩大绿化面积、缩小公共场所面积。

（三）社区经济需求函数

出于理论研究的需要，为形象表示社区经济需求，综合以上多种影响因素，社区经济需求函数可以表达为：

$$Q_D = f\,(I,\ P,\ P_e,\ F,\ A,\ E)$$

其中，Q_D 代表需求量，I 代表社区居民的支付能力，P 代表产品和服务的价格，P_e 代表预期价格，F 代表社区居民的偏好，A 代表年龄，E 代表教育水平。

在特定社会条件下，影响社区经济需求的主要因素很显然是价格。假设只考虑需求量与价格之间的关系，在其他因素是既定不变的情况下，需求曲线如图 5－1 所示。

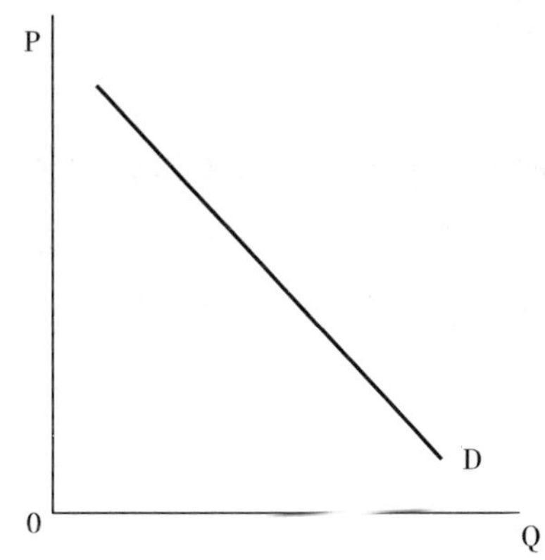

图 5－1　其他因素不变时的社区经济需求曲线

该曲线的斜率体现了人们对社区经济价格变动的敏感性，特殊情况下，如：产品是垄断性社会公共产品时，需求曲线会发生变化，可能会出现以下两种极端情况。

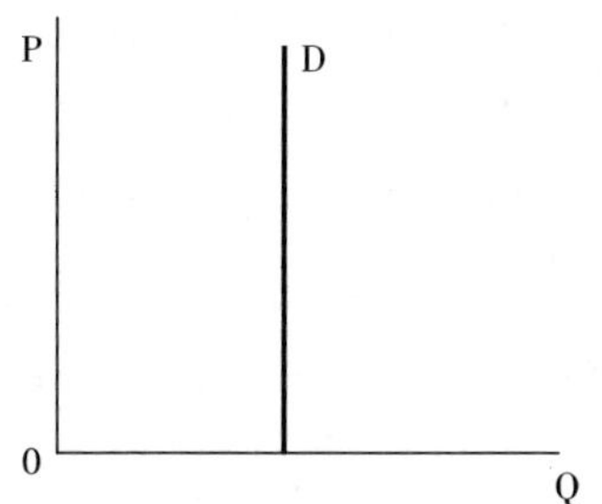

图 5－2　需求完全缺乏弹性

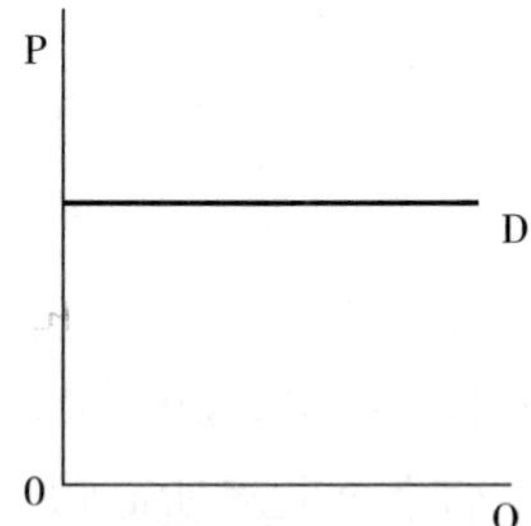

图 5－3　需求完全富于弹性

需求的价格弹性表示需求量对价格变动反应程度的指标。一般来讲，需求曲线越陡峭，需求弹性就越小；需求曲线越平坦，需求弹性就会越大。图 5－2 表示了需求完全缺乏弹性的情况，即无论价格如何变化，对该种产品的需求量都是不改变的。图 5－3 是完全富于弹性的需求曲线，表明在价格水平上稍微提高一点点，需求量就会降至零。例如，对于社区的一些福利产品，如果是免费发放，社区居民对无偿所得必然是有需求量的，但是一旦收取费用哪怕是微乎其微的费用，社区居民对公共产品的需求就会降至零。

三、社区经济需求的变动

以上各个因素不是固定不变的，当这些因素发生变化时，需求曲线会发生变化。根据需求曲线变化的路径，可以分为以下两种情况。

（一）沿着社区经济需求曲线的移动

延续前面的假设，需求曲线只是考虑了价格这一因素对需求量的影响，因而当价格发生变化的时候，社区经济需求是沿着曲线移动。

假定在某一时刻，价格与需求量的关系位于 A 点；由于某种原因，价格下降，需求量就会上升，这时价格与需求量的关系位于 B 点。也就是说，价格下降，需求量的变化路径是从 A 到 B。举例来说，某社区加大对社区居民文化娱乐休闲的投入，如为居民举办健康讲座、开办社区合唱、舞蹈兴趣班等活动，社区居民所付出的成本越低，参加的人就越多，这个社区的文化娱乐需求也就越大。

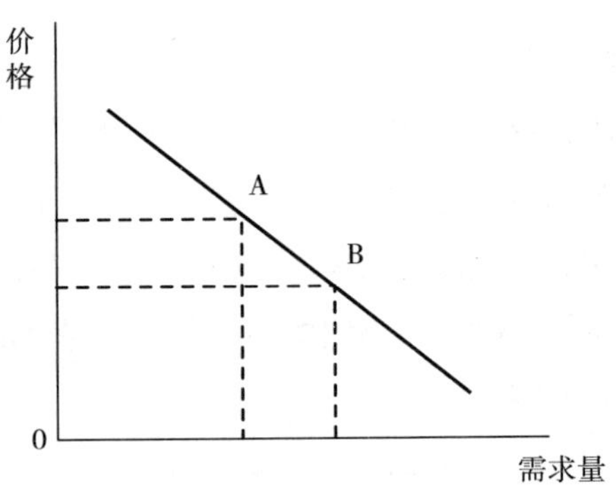

图 5－4　沿着社区经济需求曲线的移动

（二）社区经济需求曲线的移动

当非价格因素变化时，社区经济需求曲线本身会发生移动。如图 5－5 所示，假定社区经济需求曲线 D1 代表了社区居民人均月收入 3000

元下的需求状况，现在如果社区居民的人均月收入上升到5000元，那么一般情况下，在每一个价格下，社区居民愿意购买比以前更多的该种产品，于是整条社区经济需求曲线由D1平行移动到D2，表示需求上升了。反之，社区居民的人均月收入下降，需求下降，社区经济需求曲线平行向左移动。即非价格因素发生变化时，该需求曲线的移动路径是D1到D2或者D2到D1。

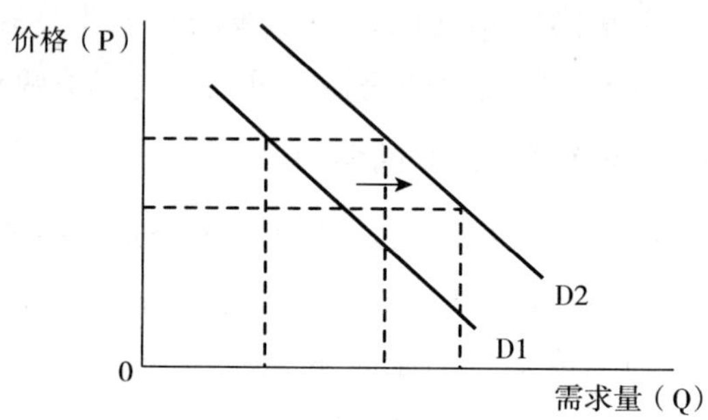

图5－5　社区经济需求曲线的移动

四、社区经济需求与国民经济总需求

（一）国民经济总需求

国民经济总需求是指，社会在一定价格水平下所愿意并有支付能力购买的产品和服务的总量。在宏观经济学中，可以用总支出的方法来衡量国民收入，GDP可以分为四大部分：消费支出（C）、投资支出（I）、政府购买（G）、净出口（NX）。用国民收入Y代表GDP，则可以用下式表示用支出法计算的GDP：

$$Y = C + I + G + NX$$

国民经济总需求是由以下四部分构成。

1. 消费支出

消费支出指的是本国居民对最终产品和服务的购买，是一个国家总支出中最主要的一个部分。消费支出又可以分为三类：耐用消费品支出、非耐用消费品和对服务的支出。

2. 投资支出

投资支出由企业固定投资、住房投资和存货投资三个部分组成。企业固定投资是指企业购买新增资本品的支出；住房投资是购买新居民住宅的支出；存货投资是指对企业中没有卖掉的产品、半成品和原材料的投资，是否将存货计入 GDP 主要取决于作为存货的产品的品质是否发生了变化。

3. 政府购买

政府购买是指各级政府购买产品和服务的支出，包括政府在国防、修建公共设施上的支出，提供警察、法院服务的支出等。政府购买只是政府支出的一部分，政府财政支出中对个人的转移支付不计入国民经济总需求。

4. 净出口

净出口指的是出口额减去进口额的差额。出口是外国居民和企业对本国产品和服务的支出；进口是本国居民和企业对外国产品和服务的支出。净出口代表了外国购买本国当期生产的最终产品和服务的净支出。

（二）社区经济需求与国民经济总需求的关系

衡量国民经济总需求的方法思想，也可以应用于衡量和表示社区经济需求。一个社区的经济需求也可以由前文四部分组成，即社区经济需求是由社区的消费需求、社区的投资需求、社区政府购买、该社区与其他社区的经济需求之差四个方面构成。

将社区经济需求与国民经济总需求联系起来，并且假设一个社区经济高度发达完善，国民经济总需求中的消费投资是该国所有社区消费需求的总和，投资需求是该国所有社区投资需求的总和，政府购买中的一部分是社区政府购买之和。国民经济总需求描述的是一个国家的经济需求，是宏观上的概念；而社区经济需求描述的是一个社区的经济需求，相对于一个国家是微观上的概念。两者既有很大区别又有联系。

一方面，国民经济总需求指导着社区经济需求的方向。从总体来看，社区经济需求与国民经济的需求有着共通性、一致性。如今，我国国民的需求热点集中在住房、教育、医疗、卫生等方面，而这也正是社区居民关注的重点。可以说，国民经济总需求指导社区经济需求，社区经济需求体现国民经济总需求。

另一方面，社区经济需求是在国民经济的市场中形成的需求。社区是社会中的社会基层组织，一个个社区经济的总和构成了国民经济，社区经济是在社会这个大市场中成长和发展起来的，故而社区经济需求也是在国民经济的市场中形成的需求。但是，从发展的眼光看，社区经济的成长不应完全依托于国民经济的市场，也不应仅仅依靠政府的资金和政策，而应当主要依靠自身服务公众的能力和互惠性的社会机制。

第六章　社区经济供给

供给是构建社区经济的关键因素。前一章社区经济需求理论的研究，是建立需要导向的社区经济供给的起点。本章根据微观经济学中的供给理论建立社区经济供给的分析框架，以了解社区供给的基本内涵、影响因素、供给规律、供给函数等，从而为研究社区经济供给的结构和供给机制提供良好的借鉴和理论基础。

一、社区经济供给的内涵

（一）供给

“供给”由“供”和“给”二字合并组成，前者指“准备着东西给需要的人应用”。在古汉语中，供给有以下三种意思。

一是以物资、钱财等给人而供其所需。《管子·地图》中曰：“论功劳，行赏罚，不敢蔽贤有私，供给军之求索。”《史记·封禅书》中曰：“使者存问供给，相属于道。”老舍在《骆驼祥子》里写道：“他的家庭是沙漠中的一个小绿洲，只能供给来到此地的一些清水与食物。”

二是指生活所需之钱物。唐代诗人杜甫《有客》诗云：“不嫌野外无供给，乘兴还来看药栏。”《二刻拍案惊奇》卷十一：“［焦大郎］吩咐店小二道：‘满大哥官人供给，只管照常支应。’”清焦循《忆书》六：“自备供给，而以应用之费分给诸生饭食。”

三是指奉祠、祭祀。《国语·周语中》：“内官不过九御，外官不过九品，足以供给神祇而已，岂敢猒纵其耳目心腹以乱百度？”《礼记·曲礼上》：“祷祠，祭祀，供给鬼神，非礼不诚不庄。”唐韩愈《潮州祭神文》之四：“间者以淫雨将为人灾，无以应贡赋，供给神明。”

（二）经济供给

经济学中的供给是指，在一定的时期，在某一既定的价格水平下，生产者愿意并且能够提供的商品数量。这包含了两层含义：供给一方面取决于厂商的生产能力，与其技术水平相关；另一方面受到厂商成本等经济因素的约束，是在一定经济条件下的供给。因而，厂商的供给是技术水平和经济条件的统一。

在经济分析中，与需求一样，供给显示了不同价格水平下商品的供给量。在某一价格水平下，厂商愿意向市场提供的某一商品或服务的总数量被称为供给量。不同价格下供给量不同，供给反映的就是价格和供给量的关系。若以图形表示，便称为供给曲线。

供给可以分为微观的单个供给和宏观的市场总供给（或者说是国民经济总供给）。单个供给是指单个厂商对某种商品的供给。市场供给是指生产者全体对某种商品供给的总和。经济供给主要包括公共产品供给和私人产品供给。经济学根据消费的排他性和竞争性来定义公共产品，认为同时不具有排他性和竞争性的经济产品是公共产品，同时具有排他性和竞争性的经济产品是私人产品。广义的公共产品包括：政府通过微观参与所提供的生产性、福利性基础设施。实现社会公正和宏观调控的公共政策，推动社会经济发展和改革创新的各项制度安排，有利于科学文化发展的精神产品等。

（三）社区经济供给

顾名思义，社区经济供给的前提是社区供给。综合各国社区供给的现状，社区经济供给一般指的是社区公共产品的供给。鉴于此，我们应理清社区经济供给的各种基本概念。

1. 社区供给

社区供给是社区经济供给的前提，它指的是一个国家或地区居民对于社区这种建制模式的供给，取决于社会发展水平、行政管理方式、社会文化等多种因素。简单地说，就是在特定的社会经济背景下，某国或某地区居民愿意而且能够提供的社区数量和规模，对于那些人口密度较大、经济发展水平和城市化率较高、具有群居文化的民族来讲，对社区的供给往往较大；而人口稀少、经济较为落后、习惯于分散居住的民族，则很难提供出数量较多和规模较大的社区。

2. 社区经济供给

社区经济供给指的是社区对社区居民提供的产品和服务，其中最重要的是社区公共产品供给。社区公共产品是指在社区这一地域范围内、与居民生活密切相关的公共产品，即居民在社区生活中所需要的公共产品的总和。研究社区公共产品供给，需要细分社区公共产品。根据收益对象，社区公共产品可分为社区福利产品、便民利民产品。社区福利产品的受益对象主要是社区特殊群体，包括老年人、残疾人、优抚对象、特困家庭等；便民利民产品的受益对象是全体社区居民。根据社区公共产品的竞争性和排他性，可分为收费物品、共用资源、集体产品。根据社区公共产品的技术属性，可分为资金密集型产品、技术密集型产品、劳动密集型产品。根据供给主体数量，分为垄断性、非垄断性社区公共产品。垄断性社区公共产品只能由一个主体供给，非垄断性社区公共产品可以由多个主体供给。根据社区对公共产品是否拥有独占使用权，分为独占性、共用性社区公共产品。依据不同供给主体及其职责，分为由特定的执法主体和法定的行政主管部门供给的社区公共产品、由各类公营事业部门供给的公共产品、商品房住宅小区物业管理公司供给的公共产品、非商品房小区的公共产品、社区居民邻里产品、社区组织供给的社区公共产品。①

3. 社区公共产品供给

社区公共产品供给是指供应、生产、消费整个过程，是供应者、生产者、消费者三个类型化角色，分开、连接、合作生产的过程。社区公共产品供应是指一系列集体选择行为的总称，即“对服务活动的授权、资助、获得和监督”②。社区公共产品生产是指制造某一种产品或提供某种服务，是“公共物品或服务得以成为存在物”的过程，是将资源投入

① 李雪萍：《城市社区公共产品供给研究》，中国社会科学出版社 2008 年版，第 148 ~ 156 页。

② ［美］奥斯特罗姆，帕克斯，惠特克：《公共服务的制度建构》，毛寿龙译，上海三联书店 2000 年版，第 16 页。

转化为价值产出的技术过程。①

4. 社区公共产品供给主体

社区公共产品供给主体是指社区的利益相关者，具体包括基层政府、非营利组织、社区组织、驻社区单位、社区居民等。

5. 社区公共产品供给机制

社区公共产品供给机制是指消费者、供应者、生产者通过什么样的方式连接起来，实现消费、供应、生产环节的有机结合。社区公共产品供给机制主要包括行政机制、准市场机制、志愿机制、自治机制等，它们可以单独使用，现实中多种机制中常常复合使用。

二、社区经济供给的影响因素

（一）社区供给影响因素

1. 国家的社区发展模式

政治体制和社会文化不同的国家会选择不同的社区发展模式。根据一般的比较分类法，大致可以分为三种：自由主义福利国家、社会民主主义福利国家和保守主义福利国家。在自由主义福利国家的社区福利中，主张对在市场经济竞争中被边缘化的弱势群体提供最基本的公共救助和民间的相互救助，而不是对所有居民提供平等的福利服务。因此，民间非营利组织发达，并构成社区供给体系的主要支撑力量。美国是比较典型的自由主义福利模式。而在社会民主主义福利国家，是由政府直接承担福利供给的财政责任，以及具体的福利服务，即使是委托民间非营利团体经营，其财政的大部分也由政府承担。最后，在保守主义福利国家，社区福利供给主要依靠社会保险的财源和民间团体运作，政府起补充和协助的作用。

2. 国家的经济发展水平

国家处在不同的经济社会发展阶段、发展程度决定了该社会特定的

---

① 杨团：《社区公共服务论析》，华夏出版社 2002 年版，第 91 页；［美］奥斯特罗姆，帕克斯，惠特克：《公共服务的制度建构》，毛寿龙译，上海三联书店 2000 年版，第 16 页；［美］罗纳德·J. 奥克森：《治理地方公共经济》，万鹏飞译，北京大学出版社 2005 年版，第 10 页。

结构和水平，从而规定了社会的需要和供给水平。美国学者罗斯托的理论，一方面提出了政府在公共产品方面的支出会不断增长，其原因是经济发展会对公共产品提出更多要求，即经济越发展，它对公共产品需要层次会越高；另一方面指出，一个国家应该由不同的供给结构来适应不同经济发展阶段的需要。当国家处于经济发展不足和资源短缺时，会选择以发展经济为目标，国家对社区的供给是有限的，必然不能最大限度地满足社区的需求，这正如我国在建国到 20 世纪 90 年代中期这段时间，我国对百姓几乎一切生活消费品都实行定量供给和计划分配；就生产方面，为满足人们的生活需要，国家采用了以经济建设为中心的发展战略。当一国的经济发展水平较高，技术较为先进，生活水平较高时，国家会不断提高社区公共产品的数量，拓宽社区供给的领域，提升社区供给的质量等，这体现在诸如美国、日本、英国等发达资本主义国家，政府投资已从基础设施转向不断增加的教育、医疗、卫生、社会保障等福利服务，它们重点发展社区资源，提供社区服务，并加快组织化建设以更多、更好地增加社区供给。

3. 人口数量和结构

人是社区供给的对象，有多少人口，相应地就应有多少供给。人口数量与社区供给的关系显而易见成正比关系。而人口结构不仅包括人口的年龄结构，也包括人口素质结构。比如，当一国的老龄化人口不断增多，必然要相应地增加老年人的社区福利供给；如一国的失业人口增多，应针对失业人群考虑社区供给；再如针对社区丁克家庭、单身家庭、空巢家庭等，所有这些家庭的变化都意味着家庭传统功能的萎缩，意味着新的需求和供给的产生，特别是家务、老人赡养和儿童照看等社会化问题。

4. 城市化水平

一个国家的社区供给机制并不是普遍的万能机制，城市和农村不同的地域和主体结构以及经济发展水平表现出不同的社区供给。例如，我国农村基本公共物品的供给方式呈现一种“国家主导性的社区供给模式”，即强调大多数供给由社区自给来实现。在这种模式下，国家没有直接供给基本的公共物品或社会服务，而是通过行政指令和政策倡导使村庄基本公共物品供给主要通过自己来实现，即通过社区组织和农户所筹集的资源（人、财、物）进行供给。而我国城市社区的供给主要由政府主办并主管一直贯穿到社区居委会，政府真正成为社区的主要供给者，如社区治安、环境卫生、社会保障、公共设施、人口管理等。可以说，城市社区的社区供给比农村的供给更为成熟和完善。从这个层次而言，城市和农村是一个国家的供给结构和水平的分水岭和分界。

5. 民族文化

社会意识形态、文化政策、传统观念和习俗等是一个国家、一个民族的精神文化源泉，这些都是影响社区供给和社区分配的不可忽略的因素。如北欧人素有热爱公益事业、投身社区服务和志愿服务的传统，他们的奉献意识和人文关怀也是塑造了北欧这样一个福利国家的重要因素。[①]

（二）社区经济供给影响因素

1. 社区禀赋

社区禀赋是经济生产能力的重要基础，包括自身的区位条件、自然资源、人才资源、技术资源、资本资源、基础设施、政策环境以及传统的技术和工艺基础等条件，其中技术进步通常会带来生产成本的降低或成本不变的条件下产量的提高，从而同一价格下生产者愿意供给更多的数量。自然资源、资本资源等的丰裕会使生产要素的价格包括工资、原材料、租金和利息等相对较低，从而生产成本较低，有比较优势。因此，社区资源的丰裕对社区供给起着重要的作用。社区禀赋是影响社区供给结构的自变量。社区自有资源越多越丰富，社区供给也会更充分。所以在提供社区服务和社区产品时，要充分挖掘和利用社区的自有资源，使其转化成比较优势。

2. 社会异质性

由于种族、宗教、社会等级等存在差异，因而社区成员的偏好不同。因为社区供给的服务对象是全体居民，所以大体来说，社区异质性程度越低、成员偏好越相似，越容易协调。

---

① 江立华，沈洁等：《中国城市社区福利》，社会科学文献出版社 2008 年版，第 328 ~ 338 页。

3. 社区规模

按照奥尔森的理论，一方面，集体规模越大，集体合作越难成功。原因是规模小的情况下收益越不平等，从而更有可能一些个人愿意负担所有的公共品成本，而且小群体内监督更容易实施。另一方面，大规模会使每个成员分担的成本降低，所以社区规模对社区经济供给的影响理论上无法预测。①

4. 收入水平

一个社区整体的收入水平决定着社区供给和社区分配的方向。一般而言，老旧社区居住人群大多为老年人、低收入群体和外来流动人口。据此，此类社区更需要的是老年人服务、家政服务、流动人口服务和社会保障服务的提供。而高档社区一般居住的是高收入群体和年轻人，针对此类群体，社区供给应主要集中于社区环境、社区安全、社区卫生和社区文体活动服务等方面。人们的收入水平提高会促使社区供给层次提高。当人们的收入处于低水平时，人们只想满足自身的生存需要，即生活必需品的需要；当人们的收入水平提高，人们的生存需要得到满足时，人们就会提出更高层次的需求，这样也就需要更高层次的供给水平，如社区公共设施、社区娱乐活动、社区环境等社区福利的供给。

5. 社会性因素

在社区中如果存在大量劳动力外流的情况，如农村中大量农民进城务工，会使他们对社区发展的关注度降低，影响社区供给能力，同时造成留守儿童、空巢老人等问题，由此形成了社区亟待解决的新需求。

（三）社区经济供给函数

为形象展示社区经济供给，综合上述各种影响因素，社区经济供给函数可作如下表示：

$$Q = g(f, h, j, k, l, y, p)$$

其中，Q 代表供给量，f 代表社区资源特征，h 代表社区异质性，j 代表社区规模，k 代表集体收入，l 代表个人收入，y 代表劳动力流动，p 代

① 彭长生，孟令杰：农村社区公共品合作供给的影响因素：基于集体行动的视角——以安徽省“村村通”工程为例，载于《南京农业大学学报》，2007 年第 3 期。

表价格。假定价格以外的一切有关因素都是不变的，其他因素的变动表现为供给曲线的移动，如图 6 – 1 所示。

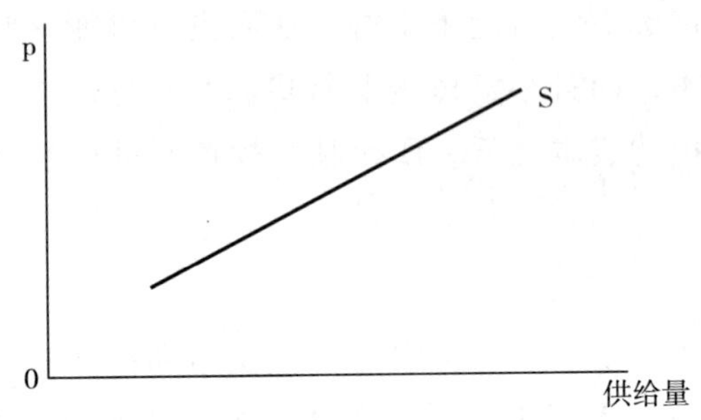

图 6 – 1　社区经济供给函数

（由于曲线 S 表示的是社区供给曲线，考虑到福利性等因素可能价格高还是要供给一定的数量，价格与供给量不是严格的正相关，即 S 曲线可能不是直线，特注明。）

三、社区经济供给的变动

（一）沿着社区经济供给曲线的移动

假定价格以外的一切有关因素都是不变的，考察此时价格与供给量的关系。当价格发生变化时，相应的供给量会发生变化。如下图 6 – 2 所示，当价格升高时，供给量相应升高，在图中表现为由 A 点到 B 点的运动。

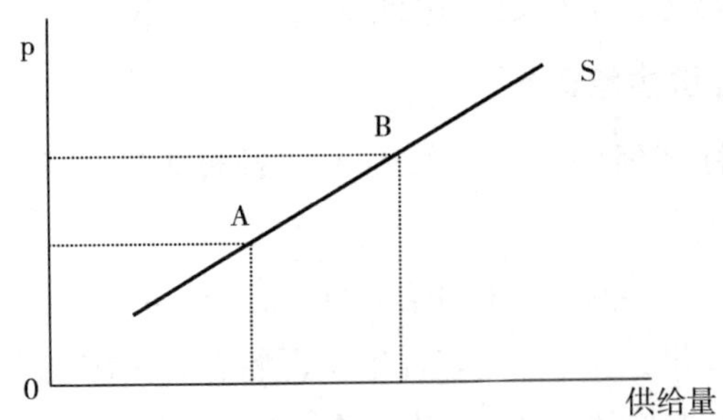

图 6 – 2　沿着社区经济供给曲线的移动

（二）社区经济供给曲线的移动

当非价格因素发生改变时，会发生供给曲线的移动。假设价格不变时，集体收入增加，则同一价格水平下，社区能够提供的供给量增加，在图中表现为S1曲线到S2曲线的移动。如图6－3所示。

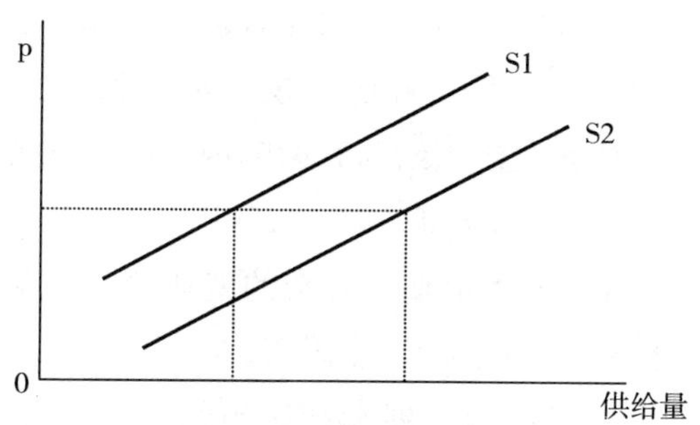

图6－3 社区经济供给曲线的移动

以社区公共产品为例，供给应尽可能与居民需要相一致，这就需要根据社区居民收入状况、社区禀赋等来选择供给哪些公共产品、供给多少、如何供给。当社区居民的整体收入上涨时，社区居民的消费水平和购买能力以及需求层次也会相应提升，在同一价格水平下，社区能够提供的供给也就相应增加，供给曲线向右移动。

四、社区经济供给与国民经济总供给

（一）国民经济总供给

国民经济总供给是指在一定时期、一定价格水平上，国民经济各个部门所提供的产品和服务总量。国民经济总供给有两种形态：价值形态和物质形态。价值形态是指在一定时期、一定价格水平上，国民经济各个部门所提供的产品和服务总价值量总和。物质形态是指在一定时期、一定价格水平上，国民经济各个部门所提供的产品和服务物资总量。决定国民经济总供给的因素包括：劳动力、生产性资本存量和技术。总供给与决定因素之间的函数关系是：

$$Y = Af(N, K)$$

这个函数叫做宏观生产函数，又称总量生产函数，表示总投入和总产出之间的关系。其中 Y 表示总产出，N 表示整个社会的就业量，K 表示整个社会的资本存量，A 表示技术水平。

（二）社区经济供给与国民经济供给的关系

对于一个社区的经济供给而言，决定社区经济供给的因素主要包括：社区劳动力、社区的资本存量、社区的技术水平和社区制度等因素。因而，也可以构建一个社区经济供给与其影响因素的函数关系：

$$y = af(n, k, s)$$

其中 y 表示总产出，n 表示整个社会的就业量，k 表示整个社会的资本存量，a 表示技术水平，s 表示制度因素。[①]

随着社会的进步、经济的发展和社区组织机构的完善，社区经济供给在国民经济总供给中占的比重将越来越大。甚至整个国家所有社区经济供给的总和近似等于国民经济总供给。因而，从这个角度上来说，国民经济总供给描述的是一个国家的经济供给，是宏观上的概念；而社区经济供给描述的是一个社区的经济供给，相对于一个国家是微观上的概念。两者既有很大区别又有联系。

1. 国民经济总供给指导着在社区经济供给的方向

从一个国家整体来看，增加公共产品供给是社会建设的必经之路。而从地方和社区发展来看，地方性公共产品、社区公告产品供给依然是地区发展、社区发展的现实路径。

2. 社区经济供给与国民经济总供给是个体与整体的关系

社区经济是在国民经济的市场中形成的，它与国民经济总供给是个体与整体的关系。从所占比重而言，随着社会的进步、经济的发展和社区组织机构的完善，社区经济供给在国民经济总供给中占的比重将越来越大。

从受益范围而言，一个国家的总供给必然大于单个社区的经济供给。诸多单个社区的经济供给反映了全国总供给，这也是政府管理社会职能

---

① 此处的社区经济供给的影响因素与第三节讲述的社区经济供给的影响因素并不冲突，这里是从宏观国民经济总供给的思想延伸而来。

的社区化。根据社区经济集中反映的指标，使得政府统一领导和宏观调控国民经济。政府管理职能的社区化是我国政府职能转变的诸多路径之一，这在西方国家包括东欧社会主义国家政府职能的剥离中都曾经是主要路径之一。[①] 政府管理职能社区化要求实现由纯粹发展经济转变为提供社区公共产品。

① 和经纬：对政府职能的社区化的探讨，载于《理论探索》2003 年第 4 期，第 69 ~ 70 页。

第七章　社区经济管理

社区管理主要是指在社区范围内，由社区内的基层政权组织、企事业单位和社区群众为维护社区整体利益、推进社区全方位发展而对社区的各项公共事务和公益事业进行的自我管理。它主要涵盖社区民主政治、社区环境、社区服务、社区卫生和体育、社区治安等方面的内容，具有区域性、群众性、综合性等特征，必须坚持共同利益、自治和互助、组织、教育以及协调性等原则。在一些国家，社区管理的过程也是对社会政策的目标、具体措施、实施结果进行跟踪、协调、干预的过程。从管理的形式上说，社区管理包含了在社区事务中，政府、社会组织（包括社区内部的社会组织）、居民以及企业的责任和义务。从各国的经验来看，政府主要制定法律法规，提供必要的财政支持，维护社区发展的宏观环境。社会组织是社区建设和社区事务的主体。居民通过社会组织或者以个体的方式参与社区事务，与社区建设和社区发展融为一体。企业在社区的活动有两种：一是承担社会责任，诸如保护所在社区的生态环境，鼓励员工参与社区志愿服务，参与社区捐赠钱物，支持社区建设；二是以购买服务的形式向社区提供公共服务。发展经济是社区建设不可缺少的重要任务，通过对社区经济进行有效管理不仅可以规范社区组织的行为，提高社区服务质量，而且还可以增加社区收入，为社区建设提供一笔稳定可靠的资金来源。更为重要的是，社区经济的有效管理可以优化社区现有资源的配置，提高资金和资源的使用效率，减少资源的浪费和闲置，实现社区建设的可持续发展，为此有必要提高和完善社区经济的管理水平。

一、社区经济总供求分析及管理要求

供求关系是现代经济学研究的出发点，供求平衡的市场具有相对稳定性，是资源配置的最合理状态。通过对社区这个市场的总供求分析，研究社区经济总供给均衡所需的条件，从而实现社区经济的高效、有序管理。

（一）社区经济总供求分析

社区生活本质是利益相关者之间的合作伙伴关系，社区供求平衡是社区生活本质的直接体现，是各个供需主体建立合作伙伴关系的关键，为此需要构建“多中心秩序”，即政府、企业、非营利组织、社区、居民共同参与的网络。换言之，要实现社区经济的总体供求平衡，需要达到以下条件。

1. 把握居民需要是有效供给的前提

需要是人类社会进步的动力，需求则是导致供求问题存在的基础，人们所不需要的供给是一种无效供给。把握社区居民的需要是研究社区供求关系的起点，也是有效供给的前提。和谐社区建设必须以满足社区居民需要为出发点。尽可能做到与不同利益群体的需要、不同禀赋社区的需要相适应，由此实现社区内部整合、社区整合。

2. 构建社区供给的多主体秩序

供给的主体结构直接制约社区供给的效果。学术界对社区供给主体的认识主要经历了三个发展阶段：“单一主体”供给、“双主体供给”以及政府、企业、非营利组织、居民等“多主体供给”。而多主体供给理论是在前人研究成果的基础上，提出的最理想的社区供给模型。即政府是社区供给中重要的供应者，政府不再包揽公共产品的供给，不再直接进行公共产品的生产，但仍要保证社会中有足够的公共产品并以公平的方式分配给所有公民。企业作为诸多社区产品的消费者，只要有制度的许可、有利可图、有技术的可行性，企业就会成为社区某些产品的生产者，即企业是社区产品供给的“利益相关者”，而不是“局外人”。非营利组织从其产生开始，便在公共产品供给中发挥重要作用。最后便是公民的行动，我们认为社会成员参与行动的实质就是供给公共产品，通过参与行动供给公共产品，无形中进一步培育了其公共精神。

（二）社区经济管理要求

实现社区经济的有效管理，需要建立完备的社区组织体系和服务体系。

1. 社区组织体系

社区生活和社区各项事务的良好运行需要有组织这个载体，可以说，社区组织是社区所有成员、所有关系融入社区的基本载体和运行细胞。总体来说，社区有了一个完整的有机的组织系统，社区的整体利益才能得到保障，社区成员的福祉才能得到提高，整个社区系统才能良好运转，实现特定的社会目标。

（1）组织机构组成

现实中，较为重要的、能够影响社区自治效果的、有明确组织建制与角色定位的社区组织机构包括社区党组织、社区成员代表大会、社区居民委员会、社区协商议事委员会。其中社区党组织是社区建设的领导核心，是其余三者关系的协调者。社区党组织的主要职能包括：认真贯彻党的路线、方针、政策和国家法律法规，组织管理区内党员和居民群众完成本社区的各项任务，发挥党员在社区建设中的先锋模范作用。社区成员代表大会是社区群众性民主决策机构，由社区居民代表、社区单位代表组成。凡涉及社区全体居民的公共事务，均由社区成员代表大会进行民主表决。社区居民委员会是社区居民实行自我管理、自我教育、自我服务的基层群众性自治组织，其职能主要包括实行“居民自治”和“协助政府工作”两个方面。社区协商议事委员会经社区成员代表大会选举产生，由社区内的知名人士、居民代表和驻区单位代表组成。社区协商议事委员会在社区成员代表大会闭幕之后，行使协商议事监督的职能，实行义务制。

（2）组织原则

社区组织的发展和完善需要把握好五项原则。①功能单一化原则。在社区的实际发展过程中，无论是“一站式”办公和服务，还是“四合一”的模式，都是为简化办事程序、提高办事效率而推出的。其实，只有社区各组织单位明确其自身的首要功能，明确工作重点，遵循功能单一化原则，才能有的放矢，使自身功能得到有效发挥。②组织类别的多样化原则。社区组织体系包含多种组织形式，有些组织是自治的，有些则处于半自治状态；有些可以独立生存，有些则需要政府的支持；有些是地区性的组织，有些则是全国性或国际性的机构。它们的区别是由工作性质决定的。例如计划生育工作，社区内的任何一个组织都不可能有效完成，它需要国家有关部门建立起全国性的协调网络，并提供足够的经费和人力资源。③把握组织工作的合作原则。与各政府机构合作、取得他们的支持，是发展的基本前提；此外自治组织的生存、发展必须为居民做事，与他们开展广泛合作是存在的基础。④与其他社区组织合作的原则。社区事务单靠某一个部门是做不好的，需要各部门通力合作。⑤满足居民利益需要的原则。社区是社会体系的构成部分，在满足社会功能的前提下，把居民利益放到至高无上的地位，否则社区组织就失去了存在的价值。

（3）社区组织职能

社区组织体系的完善需要明确社区组织的职能，社区组织需要发挥好五项职能。[①] ①发挥调动职能。社区组织给社区居民提供一个积极和自愿参与公共社会生活的氛围，那么居民通过社区认识到大家的共同需求和利益，也就能积极地参与社区的公共事务和活动，居民们可以以志愿者的身份参与社区的环保、助残扶贫等公益活动。这样，社区的许多公共问题在依靠居民的积极参与下就能得到解决。②发挥服务职能。一方面，社区组织可以为社区居民提供便利和完善的社会生活和物质服务设施；另一方面，又为社区居民中的弱势群体提供包括低保在内的各种福利服务。服务工作面向全体社区居民，无厚此薄彼之分。③发挥安全阀职能。社区组织成为中介后，把工作的方式改为“自下而上”，多了解社区居民的想法，多向有关部门反映社区居民的困难，或者干脆在资源允许的情况下直接给予解决，可以缓解社区居民的心理压力，可以使社区居民的不满情绪得到合理释放。同时，可以把社区成员内部的矛盾化解

---

① 卞国凤：社区组织角色、职能定位与和谐社区建设，载于《高等职业教育（天津职业大学学报）》，2006 年第 1 期。

在社区内部，避免问题激化。这时，社区组织就像一个安全阀，维护了社会的安定。④发挥公共治安职能。社区组织提供有效的社会安全和秩序，使社区范围内，人们确立一定的规则和制度，并且通过一定的交往和互动，形成相互信任的人际关系，从而促进社会安全和秩序。⑤发挥家的职能。社区组织培育人们的社区归属感，社区就是每个居民的家，他们在那里生活，大家都会有一种“自己人”的感觉和认同，回到社区有一种亲切感，相应地也会对社区和社区内的“家人”多一份责任心。

2. 社区服务体系

社区服务是指政府、社区居委会以及其他各方面力量直接为社区成员提供的公共服务和其他物质、文化、生活等方面的服务。社区服务体系中应包括的服务有：为全社区居民提供的部分公共服务，如图书馆、公园、安全卫生、救济福利等；为无购买能力的中下层居民提供的福利性服务，如免费的医疗、咨询、维修和政府买单的服务项目等；为有一定购买力的居民提供微利性质的服务，如健身房、家电维修、网络服务等。社区服务体系的建立和完善有利于提高社区经济的管理水平，进而促进社区居民生活质量的提高。为此需要建立和完善社区服务体系，做好以下几个方面工作。[①]

(1) 树立社区服务体系的整体观念意识

社区服务体系建设是一项系统的工程，它是保障和改善民生、提高居民生活水平的民心工程；是提高社区管理水平、促进经济发展、维护社会和谐的重大工程。因此建立和完善社区服务体系要有整体的观念意识，使社区服务体系更加合理。

首先，需要加强科学管理提高服务质量。社区服务体系的建立和完善作为一项社会实践活动，必须坚持从实践中来到实践中去，运用联系与发展的观点来处理碰到的具体问题。社区服务体系作为一个系统工程，它的建设要用系统论的观点来进行指导，把它作为一个整体来看待，要注意整体与部分的相互制约关系，使部分的功能符合整体的要求，从而

① 王啸飞：加强社会管理创新，促进社区服务体系建设，载于《商品与质量》，2011年第SC期。

达到整体的目标最优化。社区服务体系的建设本身是一个系统，自身存在着多层次的复杂关系，它又是提高社区经济管理水平这个大系统中的一个子系统，这就要求其不仅要处理好自身系统各要素的关系，更要使这个子系统与提高社区管理水平这个大系统相协调，促进这个大系统的发展与完善。要达到上面所说的目标，必须建立一个科学的管理体系，提高管理效率，促进系统内部各要素之间的整合优化。科学管理体系的建立，是整体观念意识的外在表现，更是建立社区服务体系的重要保证。

其次，要求社区服务体系建设与社区建设相结合。社区服务作为社区建设的核心，不是一个孤立的事业，而是对社区功能的全面强化和提升，社区服务体系的完善与否，要通过社区的功能来检验，社区服务体系建设与社区建设密不可分，是社区建设必不可少的一部分。为此社区服务体系的建设必须是在社区的全面建设和发展的基础上进行，进一步明确自身的定位，使自身建设与社区建设相协调，让二者成为一个有机的整体，为社区建设提供动力支持，成为促进社区建设不断发展的载体，只有这样，社区服务体系才能永葆活力，真正发挥它的核心作用。

（2）健全社区服务体系的保障机制

制度问题具有长期性、稳定性、全局性，因此，在社区服务体系建立和完善中，制度建设具有重要作用，是社区服务体系建设的保证。只有建立良好的制度和机制，促进各方面的协调与平衡，社区服务体系的建立和完善才能有根本保证。科学合理的机制与制度能够划分社区服务体系的职能，明确社区服务体系的任务，为社区服务体系的完善提供制度保障和支持。加强制度和机制建设，对制度进行创新，是完善社区服务体系的必然要求。

首先，需要构建多层次的社区服务体系。目前我国正处于全力构建社会主义和谐社会阶段，此刻社区居民的需求呈现多层化发展，要满足居民的各种需要就要求社区服务体系的多层化发展。构建多层次的社区服务体系，关键是要完善社区服务体系运行机制，主要包括建立完善的投资运行机制、健全社区服务的监督机制、加强社区服务的政策法规建设、发挥政府的主导作用等。建立健全的社区服务体系运行机制是构建均衡的多层次社区服务体系的重要保障。

其次，要加强社区服务人才队伍建设。社区服务工作人员对社区服务工作的影响至关重要。社区服务工作人员的水平直接决定了社区服务的发展水平，也决定了能否提供高质量、科学化的服务。社区服务工作人才队伍的建设，会直接影响社区服务体系的建立和完备，因此要完善社区服务体系必须加强社区服务人员队伍的建设。社区服务人才队伍的建设可以分为两个部分，一个是专业的社区服务队伍，一个是社区志愿者队伍。针对前一部分，主要是要加强队伍的专业知识，提高队伍的服务质量，使其知识化、专业化，从而更好的提供社区服务。而对于社区志愿者队伍，则要大力倡导和发展，动员社区居民积极参与，并对他们进行培训和引导，不断提高其业务素质和服务水平，为社区服务体系的建设贡献力量。

再次，要促进社区服务的产业化。社区服务的产业化，是运用经济效益来促进社区服务不断发展的一种手段。随着我国经济的不断发展，社区服务自身要适应市场经济，走产业化的发展道路，促进自身的可持续发展。社区服务的产业化，能够为社区服务体系的建设提供经济基础和物质条件，从而促进社区服务体系的良性发展。社区服务产业化，要按照市场机制运行，但有些非营利的社区服务，则不能使用这个机制，这就涉及社区服务的社会化功能。在当前的情况下，社区服务的产业化是经济发展的必然趋势，有着巨大的潜力，但是社会化是产业化的基础，因此，在促进社区服务产业化的同时，一定要处理好产业化与社会化的关系，只有这样，才能为社区服务体系建设提供保障，否则将会阻碍社区服务体系的完备。

（3）体现以人为本的社区服务精神

以人为本，就是要把人的全面发展作为根本，把人民的利益作为根本，始终将人民的利益作为党和国家工作的出发点，维护好人民群众的根本利益，满足人民群众日益增长的物质和文化需求，真正做到发展为了人民。社区服务体系的建设的根本目的是为了人的全面发展。社区服务体系建设不仅要把以人为本作为社区服务的精神，更要将以人为本作为社区服务的基本准则，真正促进社区成员的全面发展。

第一，要以社区居民的需求为出发点。社区服务体系的建设，是为了更好地满足社区居民物质文化的需要，社区服务就是要将社区居民的需要作为最根本的出发点和最终目的。为了更好地满足社区居民的需要，最主要的是做好以下几个方面。首先，针对社区居民的不同需求及发展变化，在社区内做详细周密的调查研究，根据这些数据来制定计划，做到有针对性地提供服务，乃至为社区居民提供个性化的服务。其次，社区需要决定了社区供给，要解决这个矛盾，可以在征求社区居民意见的基础上进行服务内容的改进，增加新的服务项目。再次，对社区居民的需求，要进行适当的指导和监督，对于一些不合理的要求应予以拒绝，将有限的资源发挥到最大效用。其次，要强调居民全面和自由的发展。在满足社区居民需要的基础上，要强调社区居民的全面和自由的发展，这也是以人为本社区服务精神的具体体现。为达到这一目的，就要求社区在提供优质物质生活的同时，更要注重精神生活的建设，使物质文明和精神文明同步发展、相互促进。强调社区居民全面和自由的发展，尤其要注意关注社区内困难群体，特别是下岗人员的全面发展问题。在为下岗人员提供服务的同时，更加侧重的是如何发挥他们自身的主观能动性，使他们重新树立信心，由单纯依靠社区转为自立自强，只有这样，才可以促进他们的全面和自由发展。

第二，要强化社区意识倡导居民参与。社区的发展，需要社区居民的广泛参与和支持。社区只有发展，才能更好地为社区居民提供服务，实现社区居民的全面发展。提高社区居民的参与最重要的是强化社区居民的社区意识。社区意识是居民对社区的一种认同归属感，当这种感觉不存在时，人们可能会陷入精神衰退或遭受其他问题。社区意识是一个社区和谐发展所必需的要素，失去社区意识，社区建设也就无从谈起。因此，要实现社区居民的全面发展，务必要提高居民的社区意识，增加居民的交流，融洽社区居民的关系，为构建和谐社区提供动力支持。

二、政府与社区经济管理

在社区经济发展的早期，政府在社区经济管理中的角色曾经是唯一的。但随着市场经济的发展、社会结构分化的发展以及政府职能的定位，对政府在社区经济管理中的角色分析、职能探究显得尤为重要。政府作为社区供给的主体，其角色应主要定位于供应者。只有进行一系列的制度创新，才能使政府更好地履行供应者职责，包括：建立多元利益表达机制，协商确定社区供给数量、质量，建立多元筹资机制，制定规划，实施目标管理，选择供给机制及生产者等。

（一）政府角色分析

自社区经济出现以来，政府对自身在社区经济管理中的角色定位不够清晰，有些仍然沿袭计划经济条件下的思维方式把自身作为社区经济管理的唯一主导者，继续给社区内的各类企业下达生产经营任务，定产值、利润等经济指标；有些则表现出无所作为的消极状态，对发展社区经济放任自流，观望等待，无所作为。这两种做法都导致政府角色的错位，都不利于社区经济管理水平的提高，不利于社区经济的长远发展。在新的条件下，提高社区经济的管理水平，需要正确定位政府的角色。具体来说，在社区经济管理过程中，政府是重要的参与者，但并不是唯一的参与者，社区经济的管理还需要社区中介组织、企业和居民的积极参与，政府在社区经济管理中主要是引导者和调控者。在社区经济管理中，政府作为重要的参与者、引导者和调控者，应该从过去的直接管理转变为间接调控，从原来的依靠行政手段的领导方式，转变为依靠示范、引导的方式，综合运用经济调节、政策调节和法律调节等方式，依法实施管理。具体说，就是根据市场经济的要求，从所在社区的实际出发制定社区经济的发展规划，协调作为微观经济主体的企业与税务、工商、金融等宏观管理部门的关系，监督企业在劳动用工、安全生产、环境保护、税收缴纳等方面守法经营，为企业在投资立项、产品开发、人才培养、市场销售等方面提供必要的服务；优化社区经济环境，提供必要的税收优惠和经济政策倾斜，搞好经济服务，积极吸引各种类型的企业来社区投资发展，提高社区经济的管理质量，服务社区经济。

（二）政府职能探究

对于社区经济的管理，我们一方面要求政府退出社区经济管理的主导地位，另一方面又需要政府积极地参与和支持社区经济的管理，以促进社区经济的可持续发展。具体来讲，在社区经济的管理进程中，政府需要履行好以下几方面的职能。[①]

第一，投入职能。政府作为公共利益的代表和收税人，在对社区经济管理中理所当然地有投入的责任。政府需要投入社区经济发展所需要的各种资源，并在需要的时候投入社区经济发展所需要的资金，资源和资金是社区经济发展不可或缺的。政府积极履行投入职能，才能改善社区经济的管理水平，促进社区经济的发展。

第二，引导职能。社区经济的管理一方面需要充分利用市场机制的作用，但我们知道市场机制也经常有失灵的时候，正确地管理社区经济就需要政府的调控和引导。首先，管理社区经济，政府需要进行市场信息引导、投资信息引导。在经济管理过程中，信息能够减少决策的失误，是社区经济管理的重要资源。政府的信息来源可靠、信息量大、综合性强、质量高，特别是宏观经济信息、产业政策信息、金融财政信息等，是其他信息咨询机构所无法提供的。政府要充分发挥自身所独有的优势，对社区经济的管理进行市场信息引导和投资信息引导。其次，是管理空间的引导。社区经济的管理需要有一定的空间。但空间利用的失范和管理空间的紧缺已成为社区经济发展的瓶颈。政府需要积极引导、提供和开辟管理空间。再者，是政策引导。要根据社区的资源优势和经济条件，确定产业发展的重点和顺序，把社区经济的发展引导到产业政策的轨道上来，把有限的资源充分利用好，避免发展中的盲目性，提高社区经济管理水平。

第三，整合职能。在社区经济的管理过程中，政府既要进行引导，又要在产权结构、利益结构等方面进行调整或重组，以增强适应市场的能力，这就是政府的整合职能。政府的整合职能主要体现在两个方面：一是产权整合，二是利益整合。在社区经济管理进程中，还需要非营利和公益性组织的积极参与。政府需要通过不同的制度安排进行利益整合，带动其他社区组织积极参与，否则非营利性和公益性的服务项目很难继续维持下去，社区经济管理水平不能有效提高以促进社区经济的繁荣。

总之，在社区经济的管理中，政府的作用没有减少，只是政府的职能发生了重大变化。对于社区经济的管理更多的是优化社区经济环境、

---

① 张超：社区经济及其管理体制创新，载于《学海》，2004 年第 2 期。

提供必要的税收优惠和政策倾斜、大力开展招商引资活动、鼓励各经济组织投身社区经济建设，从而实现“你办企业，我服务，你获利润，我得税”的社区经济管理的新局面。

（三）政府职能的实现

政府要实现在社区经济管理过程中所承担的职能，需要做好以下几个方面的工作，努力提高自身的管理水平，从而更好地履行自身的职责。

一是努力打造科学的管理方式。新的时代条件不同于计划经济时代。在计划经济条件下，政府在经济管理上没有任何的约束，无论该管的还是不该管的，能不能管好，都会去管，这样严重阻碍了经济的长远发展。为此，在社区经济管理中，政府要解除以往思维的束缚，打造科学的管理方式，为社区经济管理提供正确的信息，转变管理理念，和社会中介组织、企业和居民共同管理社区经济，促进社区经济的繁荣发展。

二是大力加强法制建设，实现社区经济的法制化管理。制度为社区的经济管理提供必要的保障，政府职能的整合需要政府运用不同的制度安排进行利益整合，为此需要加强法制建设。

三是保证稳定的经济收入。政府实现投入职能，需要投入社区经济管理所需要的资金和资源，这需要政府有足够和稳定的经济收入作保证。市场经济条件下，政府收入主要来源于税收，并以政府行政性收费、国有企业上缴红利等作为补充。

三、社会中介组织与社区经济管理

社会中介组织主要是非营利组织。从其产生开始，便在公共产品供给中发挥了重要作用。随着市场经济的发展，社会资源的占有和支配呈现多元化的特点，社会中介组织还将继续发挥更大的作用，为社会成员的生存和发展贡献力量。

（一）社会中介组织角色分析

社会中介组织是介于政府、企业、社会团体及其个人相互之间的从事协调、评价、联系等专业性服务活动的社会组织，是沟通政府、社会企业、个人之间的桥梁和纽带。社会中介组织又称非政府组织、非营利机构、民间组织、慈善组织、公益组织等。其在社区经济管理过程中，主要担当联结政府与企业、政府与居民之间的桥梁的角色。

（二）社会中介组织的职责探究

随着社区经济的发展，在社区经济的管理进程中，社会中介组织承担着越来越重要的职责。社会中介组织者的职责主要包括以下几个方面。

1. 协调、沟通职能

社会中介组织作为联结政府和企业、政府和居民之间的桥梁，要承担起协调和沟通的职责，努力协调政府、企业和居民之间的利益冲突，在各方之间进行良好的沟通，努力实现各方的需求。

2. 必要的经济投入职能

我国社区经济目前处于快速发展时期，居民的需求日益多样化。在我国社区经济的管理过程中，单靠政府的投入难以满足居民日益增长的需求。这就需要社区中介组织进行必要的经济投入，来满足居民需要，促进社区经济的发展。

3. 弥补政府和市场失灵的职能①

由于市场失灵的存在，需要政府进行干预，但政府的干预有时候也是无济于事。因此，社会中介组织作为社区经济重要的参与者，需要弥补政府功能的不足，实现社区经济的稳定发展。

4. 社区经济的监督职能

随着社区经济的迅速发展，市场主体的竞争会日益激烈，少数的恶性竞争将会扰乱社区经济秩序，进而阻碍社区经济的可持续发展。为此，社会中介组织需要承担社会监督的职能，在提供社区经济服务的同时，坚持独立、客观的原则对市场主体进行监督，维护正常的经济秩序。

（三）社会中介组织职能实现的途径

社会中介组织在社区经济管理中承担的职能越来越重要，为此有必要做好以下几个方面的工作，促进社会中介组织职能的实现。②

---

① 司林波，黄钦：社会中介组织：作用、问题与对策，载于《学会》，2007 年第 11 期。

② 李姗：试论我国社会中介组织发展及改革，载于《经营管理者》，2010 年第 22 期。

建立健全社会中介组织管理政策和法规。社会中介组织作为联结政府和企业、政府和居民的桥梁，应该维持中立的立场。然而，现实中中介机构难免受到物质利益的诱导，从而中介执业过程中的寻租行为难以避免。这种行为严重影响了中介机构职责的正常实现。为此，政府部门应该从我国现阶段的实际情况出发，逐步制定和形成适应中介组织健康发展的监督机构和执法机构，使中介组织的活动真正做到有法可依。同时，建立社会中介组织的自我治理和监督机制，对于不符合中介组织条件或在运行中有违法行为的中介组织进行切实整顿，认真清理。从而使社会中介组织更好地平衡和协调各方的利益，履行其协调和沟通的职能。

提高从业人员的素质，规范中介组织的行为。社会中介组织在社区经济管理中担任的角色越来越重要，面临的考验也越来越多，因此从中介组织自身出发，首先有必要明确从业人员任职资格制度，实行严格的资格考试准入制度，从入口把好质量关。其次，政府还应制订中介组织统一的行为规范准则，实行执业资格审查和登记备案管理制度，从制度上统一中介组织的行为规范，再次应该加强对从业人员的培训。总之，要努力提高从业人员的素质，为实现其职能提供有利条件。

改变政府对社会中介组织的管理模式，增强其独立性。社会中介组织职能的实现必须要求实现自身的独立性，能够独立地行使经济监督职能。因此，政府有关管理部门必须转变观念，注重监管，培养其独立性，保证其职能的顺利实现。

树立良好形象，加大宣传力度，强化公众对中介组织的认识。社会中介组织作为政府、企业和居民利益的协调者，要树立良好形象，提高各方对自己的认可和信心，以便更好地履行自身的职责。

四、企业与社区经济管理

企业是诸多公共产品的消费者。而且只要有制度的许可、有利可图、有技术的可行性，企业就会成为公共产品生产者，即企业是社区经济中的“利益相关者”。正是基于此，实践中提出了“企业公民”理念并被广泛运用。

（一）企业角色分析

社区经济的管理是社区各主体相互协调合作的过程。企业作为国民经济的细胞，是我国市场活动的主要参加者；企业是社会生产和流通的直接承担者；企业是推动社会技术进步的主要力量。企业经营管理过程中所积累的资源，如资金、人才、先进的管理方法等，都可用于社区经济的管理。企业是参与社区经济管理的重要主体，在社区经济管理过程中，企业不仅要充当社区居民的一般角色，还要承担起经济管理的主角。

“企业公民”就是企业在创造利润的过程中，利用自身的资源，以合作的方式处理企业与社会、政府、环境以及利益相关者的关系，以此赢得广泛的社会支持，促进企业长期发展的一种理念和策略。欧洲、北美和澳大利亚的“企业公民”实践表明，企业在促进环境保护、社区发展和解决贫困等方面发挥越来越大的作用，并成为推动社会全面可持续发展的重要力量。同时，也促进企业自身竞争力的提高和长期发展。应该说，探究“企业公民”理念产生的根源，就是因为企业不仅是私人产品的生产者，也是公共产品供给的利益相关者。

（二）企业职责

企业作为社区经济管理的重要角色要承担起社会责任。企业要积极协调好与社区居民和政府的关系，努力构建和谐社区；企业必须要严格规范自身的经济行为，所提供的商品必须是高质量的，满足社区居民的经济需求；企业要把自身先进的经营管理水平运用于对社区经济的管理中去，提高社区经济的管理水平。随着企业的发展壮大，企业在社区经济管理过程中要负担起更重要的职责。

（三）企业职能的实现

在社区经济管理过程中，企业要努力履行自身的职责，可以从以下三个方面着手，帮助企业实现其自身的职能。

一是企业要从创新入手，提高自身的管理水平，加强自身的发展。企业能够参与社区经济的管理，一方面就在于其先进的经营管理水平能够为社区经济的管理带来先进的经验，因此就需要企业加强自身的管理；而创新对于企业的管理至关重要，因此企业要从创新着手，提高管理质量，更好地履行自身的职责。

二是加强法制建设，约束企业经济行为。企业要承担其自身的社会责任，协调好与政府和居民的关系。从国家来说，要加强法制建设，约束企业的经济行为，使企业能够严格遵守经济秩序，为社区提供高质量的商品，为社区经济管理提供良好的经济环境。

三是企业需要树立自身良好的形象。企业作为社区经济管理的参与者，要树立自身的良好形象，注重保护环境，做一些慈善公益事业，增强社区居民和政府对企业的信心，这样方便企业参与社区经济管理，实现自身的职能。

五、居民与社区经济管理

（一）居民角色分析

社区经济管理的目的是完善社区经济管理体制，促进社区经济发展，进而提高社区居民的生活水平。从这一方面讲，居民是社区经济管理的客体。另一方面，社区经济管理是一个由全体社区居民参与、充分发挥社区居民的创造力、整合社区经济资源、提高社区经济发展的过程。因此，又可以说，居民在社区经济管理过程中担当主体的角色。

（二）居民的职责探究

作为社区经济管理的客体，居民应该积极对社区经济管理水平进行实践验证，并对管理质量进行反馈，进而促进经济管理水平的及时改善和提高；而作为社区经济管理的主体，居民要承担起管理职责，发挥自身的作用，积极参与社区经济管理。

（三）居民职能实现途径探讨

从以往社区经济管理的实践来看，无论是作为客体的居民还是作为主体的居民，在社区经济管理中都没有充分发挥自身的作用、履行好自身的职能。为了改善这一局面，实现居民在社区经济管理中的职能，需要做好以下几个方面。[①]

积极培育居民的公民意识和主人翁意识。在我国社区经济管理过程中，政府以往总是处于支配和主动地位，而社区居民总是扮演被动接受角色，从而不能充分发挥其作用。所以需要政府转变其职能，将社区经济管理的主体地位逐步让步于社区居民，同时社区居民要积极参与，努力培养公民意识和主人翁意识，积极履行自身职能。

大力发展教育事业，提高居民素质。管理社区经济需要居民具备相应的思想道德素质和科学文化素质。然而，目前我国社区居民的整体素质不高，严重影响了自身职能的实现和对社区经济的管理。因此，需要大力发展教育事业，尤其要加快发展以社区全体居民为对象、以提高社区居民整体素质和管理质量为宗旨的社区教育，为社区居民积极参与和管理社区经济，实现自身职能，奠定必要的思想基础和文化基础。

畅通居民社区经济管理渠道。积极培育居民的公民意识和主人翁意识，是为了使社区居民有参与和管理社区经济的意愿；而畅通居民参与社区经济的管理渠道是为了使居民参与和管理社区经济的意愿变为现实。目前，我国社区经济管理体制不够成熟，居民参与社区经济管理的制度不够完善，为此促进居民参与和管理社区经济、履行好自身职责，首先需要加强制度建设，解决社区参与中的法律盲点和制度缺位问题。另外，需完善居民自治制度，为居民参与和管理社区经济、实现其自身职能，提供充分的参与和管理渠道和平台。

---

① 王连巧：我国城乡居民社区参与的现状与对策，载于《中学政治教学参考》，2012 年第 9 期。

第三部分
理论拓展

第八章　社区规划

社区经济大多时候是一个中观层面的概念，与国家宏观政策和微观个体活动都有一定关系，很难依托纯粹的市场竞争行为解决供求平衡问题。良好的社区经济运行效果的产生必须建立在科学、合理的社区经济规划基础之上，而社区经济规划又是整个社区规划的重要组成部分，因此，社区规划自然地应该纳入社区经济的理论拓展部分。本章讨论的社区规划包括社区规划的含义、内容、分类、特征、原则和方法等几个方面内容。

一、社区规划的含义、内容及分类

准确把握社区规划的基本含义，区分社区规划与其他形式规划尤其是城市规划的区别，了解社区规划的基本内容，这些都是探讨社区规划理论的起点，能够帮助我们更好地理解社区经济的基础理论，同时也是准确掌握社区规划意义和基本原则的前提。

（一）社区规划的含义

概括地讲，社区规划是指对一定时期内社区发展和社区建设的目标、框架、主要项目等进行总体性的策划与决策，并编制出科学、合理实用的规划方案。在国外，对建成的社区的规划称为“社区发展规划”；新建社区的规划称为“社区规划与设计”。西方还有“社区更新”的概念，其更加关注社区的物质更新以及社区的繁荣与发展。在我国，新建社区的规划类似于所谓的“居民区规划”、“住宅规划”，得到落实的社区规划有时也被称作社区建设。

社区规划是以社区为单位进行编制的，它主要是基于社区的发展现状，对社区的未来进行整体部署与设计，所以社区规划通常亦被称为社区设计。一般情况下，社区规划包括社区的发展原则、社区的功能定位、社区的发展目标、社区的空间布局、社区的产业结构以及保障措施等。《中国社会工作百科全书》这样定义社区规划：社区规划是对社区建设的总体部署，其目的是有效利用社区资源，协调社区各种社会关系，合理配置生产力，有计划地发展居民的生活服务设施，提高社区规划的合理性，从而提高社区整体建设的经济与社会效益，保护生态环境，促进社区经济、社会的协调发展。[①] 社区规划的目标是维持社区生存与发展的物质体系、精神文化体系和社区内外部各方面的相互关系。

（二）社区规划的基本内容

2000 年国务院出台了《在全国推进城市社区建设的意见》，文件要求社区规划要坚持以不断满足社区居民的社会需求、提高居民生活质量和文明程度为宗旨，把服务社区居民作为社区建设的根本出发点和归宿，同时坚持实事求是，一切从实际出发，突出地方特色，从居民群众迫切要求解决和热切关注的问题入手。社区规划基本内容的制定需要参考现实社会发展的总体目标，结合社区的实际情况，运用专业的统筹分析方法，选出最优的规划方案，实现预期的社区规划目标，促进社区的健康发展。可以说，社区规划的内容是多方面、多层次的，但其基本内容主要由以下几个方面构成。

1. 社区现状分析

社区现状分析作为社区规划的基本组成部分，是实现社区规划从实际出发的重要途径。首先，社区现状分析要从社区空间区位环境入手，分析社区的国民经济和社会事业发展现状，并针对社区的经济、人口、教育、科技、文化、卫生、体育等各项具体数据指标进行可比性分析，以便对社区经济以及社区各项事业发展水平、结构、阶段形成科学、全面的认识。其次，社区现状分析必须采用科学的调查研究与统计的方法，获取科学、准确的调查统计数据，并基于此数据展开相关分析。此外，社区现状分析还要分析社区自身的发展优势与劣势，社区发展外在的机

---

① 陈良瑾主编：《中国社会工作百科全书》，中国社会出版社 1994 年版。

遇与挑战，并选择社区的发展战略，使社区能发挥自身优势，避开自身的不足，抓住发展机遇，迎接挑战。

2. 社区发展目标

社区发展目标的制定，主要依据的是科学的社区发展现状分析和准确的社区发展趋势预测。社区发展目标具有全面性、长远性、概括性和战略性的特点。全面性是指社区发展目标涉及社区发展的各项事业，其所展示的是社区规划对社区各项事业发展的最基本要求，这些目标对整个社区规划的实施起着重要的引导与制约作用。长远性是指社区发展目标所规划的是未来一定时间内社区发展的目标，是社区发展的趋势与结果。概括性是指社区发展目标高度集中地反映了整个社区规划的本质以及未来社区发展的雏形。战略性是指社区发展目标能够超越普通人的思维逻辑方式，在综合考虑影响社区发展的各项因素的基础性上，科学地制定社区发展目标，实现人和社区的协调发展。

3. 社区发展要素

社区发展要素规划是社区规划的核心组成部分。社区发展要素规划是指对社区发展的基本要素发展做出规划，或者说是对社区发展的各项事业做出规划，这其中包括社区的经济、人口、教育、科技、文化、卫生、体育、环境、居民生活质量等诸多方面。

社区经济：社区经济是社区各项要素发展的物质基础，社区经济的发展程度决定了社区其他各项事业的发展程度。其主要内容包括：社区经济的总量、空间布局结构、产业结构、产品结构、技术结构、资源禀赋等。

社区人口：衡量社区发展规模的一个重要指标就是社区人口数量，社区人口结构在一定程度上也决定了社区的特点。

社区教育：社区教育是运用社区的教育资源以促进本社区居民的发展和社区和睦为目标的一项社区事业，主要包括社区学前教育、初等教育、成人教育、职业技术教育、高等教育等。

社区文化：社区文化是指在一定的区域范围内，在一定的社会历史条件下，社区成员在社区社会实践中共同创造的具有社区特色的精神财富及其物质形态。社区文化本质上是一种家园文化，具有社会性、开放性和群众性的特点。发展社区文化，可以强化社区群众的主人翁意识，倡导特有的健康的民风民俗，增强社区居民的归属感，维系社区良好的人际关系，提高居民的生活质量。

社区卫生：社区卫生是指以社区卫生组织机构为主体，社区医师为骨干，合理使用社区卫生医疗资源，以社区成员的健康为中心、家庭为单位、社区为范围、需求为导向，以妇女、儿童、老年人、慢性病人、残疾人、贫困居民等为服务重点，以解决社区主要卫生问题、满足基本卫生服务需求为目的，融预防、医疗、保健、康复、健康教育、计划生育技术服务功能等为一体的，有效、经济、方便、综合、连续的基层卫生服务。

社区体育：社区体育是由社区居民自主进行的简便易行、广大群众喜闻乐见的多种多样的身体锻炼活动。具有自主性、公益性、多样性、有趣性、服务性等特点，是社会体育的组成部分。

社区环境：社区环境是相对于作为社区主体的社区居民而言的，它是社区主体赖以生存及社区活动得以产生的自然条件、社会条件、人文条件和经济条件的总和。它可理解为承载社区主体赖以生存及社会活动得以产生的各种条件的空间场所的总和，它属于物质空间的范畴。

社区居民生活质量：社区居民生活质量是指社区居民物质生活和精神生活的总体发展水平。社区居民生活质量指标包括家庭人均生活费年收入、居民家庭人均生活费用支出、人均食品消费支出的比重、人均居住面积、住房成套率、人均月生活用水量等。

4. 社区发展条件

社区发展条件主要是指社区的运行机制和管理机制，大致可分为行政调控管理系统、中介执行系统、经费运筹和价值管理系统、经营服务系统、公益服务系统五个部分，它是社区规划的支持和保障系统。[①] 行政调控系统是指政府组织在社区管理中所承担的职责和功能。中介执行系统是开展社区管理、社区活动的具体经办机构，其宗旨是为社区服务，一般这类中介经办机构不仅与政府组织保持着密切联系，而且与社会和

① 张兴杰主编：《社区管理》，华南理工大学出版社 2007 年版，第 106 页。

社会群体也存在着密不可分的关系。经费运筹和价值管理系统主要包括金融服务机构、基金组织、资产管理公司以及其他集资和其投资机构。经营服务系统是指在社区中以营利为目的的，从事社区服务的经营机构，其应尽量做到面向市场，有效地服务社区。公益服务系统是指在社区中不以营利为目的的，从事社区服务的经营机构，这个系统面向全体社区成员，贯彻落实国家的各项社会保障制度，承担了为社区成员提供最基本的社会生活保障的职能，以及为社区居民提供各种便民利民的社区服务。

5. 社区规划的主体构成

社区规划的主体即社区规划活动的主导者、承担者、参与者。社区规划主体的构成不同，社区规划就会有不同的实施方式，规划成果也各异。因此，明确社区规划主体，合理安排社区规划的队伍，是社区规划达到预期效果的重要步骤。社区规划的主体有以下三部分人员组成。

社区规划的主导者。社区规划的主导者即社区规划的主持者、倡导者。社区规划作为社区发展和社区建设的先遣过程，必然需要主导者。社区规划的主导者是社区规划能否启动的关键因素。通常由社区管理者和社会工作者来主持社区规划的活动，确立社区规划的基本目标，把握社区社区规划的总体方向，同时还要对社区规划活动进行总体安排，对社区各类资源进行全面动员，争取社区内外公众的广泛支持。在基层社区中，社区规划的主导者通常是由上级民政部门、街道办事处、本社区的负责人和社会工作者组成的一个集体班子。

社区规划的承担者。社区规划的承担者即社区规划的策划者、设计者。社区规划作为对社区未来发展和社区建设的一种运筹、谋划和设计活动，除主导者外，还必须有承担者，即具体从事运筹、谋划和设计的人员。目前，我国社区规划承担者的专业化队伍还未形成，一般的社区规划活动主要由城市规划专家、社会学家和社区管理者组成规划班子来临时担任。

社区规划的参与者。社区规划的参与者，实际上就是社区的驻区单位、社会组织和社区居民。近些年，我国各地社区规划活动都设法让广大公众参与其中，使之成为社区规划主体的重要组成部分，为社区规划贡献自己的智慧，使规划效果达到最佳。

（三）社区规划的分类

社区规划以社区为主体，从社区客观实际出发，以社区和社区内各部门为对象，制定比较科学、全面的发展计划，对社区未来发展进行基本性、整体性、可行性的考量、分析，力求设计出一套科学有效的社区发展行动方案。

社区规划可以按照时间跨度划分为：近期规划、中期规划、长期规划。近期规划是指，时间跨度为一年及一年以上至三年以下的国民经济或社会事业发展规划。这种时间跨度比较短的规划比较少，与其说是规划，不如说是计划。例如，社区每年制定的重点工程、重点项目就属于这种类型，其主要内容是单个年度或短时期内社区拟为推进国民经济和社会事业发展计划要完成的任务与目标。中期规划是指，时间跨度为三年及三年以上至五年以下的国民经济或社会事业发展规划。例如，社区针对国家“十二五”期间制定的国民经济和社会发展第十二个五年规划纲要就属于中期规划。远期规划是指，时间跨度为五年及五年以上的国民经济或社会事业发展规划。

社区规划可以按照规划范围分为：总体性规划和区域性规划。总体性规划是指社区以社区整体为规划着眼点，科学统筹社区内的多部门或单一部门，为社区的全面发展或单一方面的健康发展进行谋篇布局。例如，社区服务业发展规划（生产性服务业、生活性服务业）就属于多部门的总体性规划，社区土地利用总体规划就属于单个部门的总体性规划。

社区规划还可以按照规划内容的不同分为：基础设施发展规划、公共服务发展规划、经济产业发展规划。基础设施发展规划主要涉及交通、电力、燃气、供水、排水、生态环境保护等方面。公共服务发展规划主要涉及卫生、医疗、养老、教育、文化、体育等社会事业。经济产业发展规划主要涉及农业（第一产业）、工业和建筑（第二产业）、服务业（第三产业）。

二、社区规划的特征、原则和意义

伴随人类社会的发展与进步，社区在国家、地区发展中的地位逐步提升，科学制定社区规划的显得越发重要，也越来越被人们所关注。社区规划作为社会规划的重要组成部分，其含义、内容、分类都具有自身的特殊性，在制定社区规划的过程中除了必须遵循传统的规划原则，还必须充分考虑社区的实际情况，结合社区特征、特色努力做好社区发展规划，促进社区的全面发展。

（一）社区规划的一般特征

社区规划是以社区为规划对象，对社区的发展进行全方位规划和部署，其内涵就决定社区规划特殊性。

1. 规划结构的整体性

社区规划不是仅仅针对社区某一局部或某项事业的发展进行安排与部署，而是对社区发展的全方位建设做出的具有全局性、前瞻性、战略性的安排与部署，其内容涵盖社区发展的方方面面，是一个完备的社区发展规划体系。它区别于社区单项发展和社区建设的地方还在于，社区规划并非社区各主要部分发展规划或社区建设各项计划的简单相加，而是具有自身的结构性和系统性的整体规划框架。社区规划结构的整体性特征是社区规划功能的集中体现，也是社区作为相对完整的社会实体的一种反映。

2. 规划地域的特殊性

不同的社区具有不同的地域特征和资源条件，不同社区的社区规划当然也就具有不同的目标定位，因而，不同社区应该依据本社区的具体情况确定各自不同的重点内容，选择适合本社区的落实方案。

3. 规划方案的预设性

社区规划是对社区未来发展的一种设想、设计和设定，社区规划方案具有预设性特征。社区规划方案的预设性表明：首先，社区规划是在对社区未来发展进行预测的基础上而预设的一种发展目标，它的实现需要以规划的落实为保障；其次，社区规划的成果分为社区规划、实施两种，不能以规划方案本身替代规划实施成效；最后，社区规划必须为社区的未来发展指明方向，要预见到可能影响社区发展的有利条件和不利因素。

4. 规划体系的开放性

规划体系的开放性是指社区规划的体系应该是一个开放的体系，而不是一个封闭老化的体系。原因在于：第一，社区规划所涉及的各项社区要素均处于动态发展之中，在社会快速转型期表现得更为明显；第二，社区规划需要吸收各种外部资源和外部力量，才能使规划更加科学合理和适用。正因为如此，在社区规划中，一方面，要注意到对多种社区发展影响因素的考虑；另一方面，应充分吸收各种社会力量，利用各种外部资源，全面提升社区规划品味。

5. 规划过程的动态性

规划过程的动态特征是指社区规划与时俱进的特征。当代社会发展十分迅速，社会规划若想一次性完成并且“一劳永逸”并不现实。在日新月异的现代社会中，只有紧跟社会发展的脚步，不断更新和完善社区规划，才能做到完美的社区规划。为此，在社区中，不仅要编制整体性规划，而且要编制阶段性规划。阶段性规划得到良好实施后，还要继续编制下一阶段的社区规划。此外，对于已经完成的社区规划，也要根据社会发展和社区发展的需要适时进行调整和完善。

（二）社区规划的原则

在制定社区规划时，必须注重社区规划的科学性与便利性，这就要求人们在为社区发展进行安排与部署时必须遵循一定的原则。而关于制定社区规划的原则，国内外专家、学者也进行了大量积极的探索和研究，如当前国际上颇具代表性的“阿瓦尼原则”，要求在编制社区规划时必须从社区的建筑设计、空间布局、市政基础设施、公共服务设施及生态环境建设等多个方面考虑，进行严格的指标控制。我国当前使用较多的原则有：以人为本原则、因地制宜原则、可操作性原则、动态性原则、规模效益原则、系统性原则等。根据我国社区建设与发展已有的经验和未来目标，结合国内外学者的意见，本书认为社区规划应遵循以下原则。

1. 以人为本原则

以人为本原则，也称人本性原则，是指以人的需要、人的利益、人的发展作为社区规划的出发点和归宿点的原则。人本性原则，不仅是指导社区规划的准则，更是对社区规划工作进行效果评估的依据。社区规划的根本目的就是要有计划、有重点、有保障地改善居民生产、生活外部物质环境，充实居民的内在精神文明生活，为居民营造一个良好的社区生活、生产环境。只有把以人为本作为社区规划的根本原则，一切从社区居民的利益出发，正确、科学地制定好社区发展规划，才能有助于社区居民生活水平的提高和质量的改善，才能充分体现社区居民的民主与自由，才能真正体现社区规划的最大价值和效益。

2. 系统性原则

社区是社会的基本单元，是社会形态的微观表现形式。在制定社区规划的过程中必须立足于整个社会发展的大环境，充分考虑社会环境对社区的影响。社区规划是一个微型社会系统的综合类规划，不仅仅是社区的经济规划，还涉及许多社区事业的规划。因此，必须从系统性的角度出发，对社区的现状与未来进行全方位的系统谋划，这也是社区的社会特征对社区规划的必然要求。只有在社区规划中坚持系统性原则，才能避免过分规划某一项事业，形成全面完整的社区规划。

3. 协调性原则

社区规划的协调性原则是指社区规划要重视各种关系的有效处理和矛盾的有效化解。社区规划需要面对各种复杂的矛盾关系，并且这些矛盾关系都需要认真地协调处理。在实际的社区规划工作中，一方面要特别重视社区发展与其他各项事业发展相协调；另一方面要重视社区规划的管理工作，在社区建设需要综合考虑、协调社区整体与局部、现在与未来、开发与保护、生活与生产等各方面的关系。在制定社区规划的时候，必须懂得利用社区拥有的各种优势资源，正确、科学地推进中国特色社会主义社区的建设。此外，还要注意协调社区内的群众关系，积极推进和谐友善的社区建设。

4. 前瞻性原则

社区规划是对社区发展现在和未来的安排与部署，重点是对社区未来的安排与部署，但也不能忽视目前社区发展的现实基础。因此，在编制社区规划的过程中，必须注重规划的前瞻性，否则社区规划就失去了其本身的价值。同时，社区规划要立足现实的发展基础来规划社区的未来发展，有针对性地提出社区发展目标与要求，积极为社区发展创造有利条件，制定有利于社区发展的具体举措。前瞻性要有可比较、可衡量的指标，该指标要高于实际，引导社区发展与建设。

5. 发展性原则

社区规划虽然具有相对的阶段性和稳定性，但发展性也十分明显。当今社会发展迅速，社区规划所规范的各项社区事业均处于发展变化之中。我国的社会结构和社会功能都在发生巨大变化，整个社会正在由传统社会向现代社会转变，社区及社区内的各项事业实际均处于动态变化的过程中，具有显著的临时性、可变性特征。社区及社区各项事业的这种特征要求在制定社区规划时必须充分考虑社区的发展性，社区规划的各项具体内容要结合事物发展的整个动态过程加以分析和控制，要善于发现、研究社区及社区各项事业的最新发展趋势，用发展的眼光来制定社区规划。

6. 可行性原则

可行性原则，即社区规划能够付诸实施，从而有效实现规划目标的特性。可行性不仅仅是针对社区规划的要求，也是所有类型的规划必须遵循的一个原则。可行性强的社区规划对人们开展具体的社区建设活动具有显著的指导意义，有助于增强人们对社区规划的主观认同感，减少人们对社区规划的错误解读，加快推进社区规划的建设进程。一方面，可行性原则要求社区规划必须制定详细的指标体系，制定便于人们测量、采集的现实数据，从而作为政府、社会、第三方机构监督、检查、评判的依据。另一方面，可行性原则又要求社区规划不能过于详细，社区规划只是提出社区发展与建设的一个阶段性目标，目标的具体落实是实施方案中的内容，并且社区规划是一个相对全面性的规划，不同意各项事业的专项规划，不能过于繁琐。

7. 参与性原则

参与性原则也就是社会参与原则。社区规划从社会角度看属于一种社会建设行动。社会规划的编制和实施过程不是政府独家可以包揽的，它需要社区居民与社会第三方机构的积极参与。一方面，社区是居民生活的空间要素，是居民开展社会活动的载体，居民作为社区的主体，拥有对社区现在、未来发展与建设的发言权和知情权。另一方面，社区规划在制定过程中，不能单纯依靠政府行政手段或者居民自主决定，还必须尽量参考专业从事规划工作的第三方机构的意见，充分保障社区规划的科学性与可行性。社区居民与社会第三方机构是社区发展的根本动力，正是它们的参与使得社区规划不断完善、不断发展。可以说，在社区规划中引入社会参与机制，使得社区规划变得更加富有多样性、竞争性、层次性，更好地促进了社区的建设。

（三）社区规划的作用

社区规划的工作任务是制定社区发展的总目标和社区建设的具体行动计划，并根据确定的目标、计划在社区进行一系列的社区工作。各地的实践证明，社区规划在实现社会全面进步、实现人的全面发展、实现经济社会的可持续发展等方面起着巨大的作用。

推进社区协调发展，促进社区良性的运行机制。社区规划注重充分利用社区内的各项资源，实现社区内各项事业的协调发展，努力形成结构合理、层次分明、联系紧密的社区空间布局和发展体系。社区规划主要致力于促进社区内的经济、人口、教育、科技、文化、卫生、体育、生态环境等各项事业的协调发展，努力发挥社区独特的运行机制和管理体制优势，促使社区行政调控系统、中介执行操作系统、经费运筹和价值管理系统、经营服务系统、公益服务系统等内部机能进行有机联系、优势互补，达到社区良性运转的目的。

创造完善的社区生活条件，促进居民的全面发展。社区规划固然要重视社区物质文明方面的规划，但也不能忽略社区精神文明方面的建设与发展。在居民融入社会活动的过程中，社区起着至关重要的作用，社区的软硬件设施条件都会对居民的人格、个性的发展产生深远的影响。良好的社区环境，能够为社区居民提供良好的生产、生活环境，引导社区居民树立正确的人生观、世界观，以积极的态度去适应社会的发展与变革。客观来说，社区规划致力于为社区居民提供一个最佳的成长环境，使居民的物质和精神需求得到合理满足，从而有助于居民的全面发展。

营造良好的经济发展环境，获取更好的经济效益。经济发展为社会事业发展创造条件，社会事业的发展则为经济的发展提出新的需求，并对经济的发展提供社会支持。社区规划也可加强这种关联效应。它努力为社会事业的发展进行安排与部署，积极为社区经济的发展创造一个更好的社区环境，以期望社区经济取得更高的效益。社区规划对社区经济发展的作用主要体现在以下三个方面。一是直接的经济效益。社区规划对人口、教育、科技、文化、卫生、体育、社会保障等社会事业的投入，促进了劳动力综合能力的全方位提升，提高了经济效益。二是间接的经济效益。社会事业发展为居民的生活提供了全方位的保障，解决了居民消费的后顾之忧，刺激了居民的消费，创造了新的市场需求，拉动了社会经济的增长。三是潜在的经济效益。社区各项事业的发展为经济增长创造良好环境基础，最大程度上降低了经济不景气可能带来的风险，减少了社会负面效应，这些均可视为潜在经济效益。

三、社区规划的程序与方法

断定一份适合本社区发展、科学实用并具有社区特色的社区规划方案，不仅需要运用一定的方法，而且需要遵循社区规划的程序。

（一）社区规划的程序设置

社区规划作为对社区发展和社区建设进行设计的社会实践活动，应该是一种有系统、按逻辑、讲秩序、求合作的科学活动。因此，在编制社区规划时，必须遵循一定的程序与规则。社区规划的程序流程，可能会因为各社区地区位置、资源条件、发展重点的不同存在一定的差别，但它们之间往往存在一些普遍性的东西，主要表现在以下几个方面。

1. 社区发展的现状调查

社区发展的现状调查是认知社区发展现状、判断社区未来发展趋势的基础，更是科学编制社区规划的关键。社区发展现状调查是社区规划的第一项工作，也是整个社区规划中最基础、最重要的工作。社区发展的现状调查主要包括以下几项内容：一是初步交流信息，即对社区各项事业发展的情况组织社区内的主体部门进行信息交流，了解社区现在的发展情况以及未来的发展愿景；二是确定调查目标，针对当前社区发展中存在的具体问题提出相应的调查目标，为确定社区发展的重点任务和实施计划打下基础；三是拟定调查计划，调查计划涉及对整个调查工作任务的分解和分配，调查工作的阶段设定和时间安排；四是设计调查工具，主要设计各种调查内容、调查指标以及调查问卷；五是实地进行调查，根据拟定的调查计划，深入社区开展实地调查工作，主要的调查任务是全面了解社区的经济、人口、教育、科技、文化、卫生、体育、生态环境等方面的现状，并且掌握社区各项资源的具体分布情况。

2. 资料整理与分析研究

资料整理与分析研究的主要内容是对社区发展现状调查中获得的各类数据、资料、信息进行分类、汇总、加工与分析，试图掌握社区发展的特征与规律，发现社区发展中存在的不足，为科学制定社区规划夯实基础。资料整理与分析研究阶段又可以分为两个环节：一是整理加工，二是分析研究。整理加工，就是依据一定方法，对社区发展现状调查中获得的原始资料进行有序化、系统化的处理，以使调查资料发挥更大的作用。所谓分析研究，就是对经过整理加工的调查资料进行深度加工，从而提炼理论观点、建立数学模型等。

3. 拟定初步的规划方案

一旦社区规划者完成了社区发展的现状调查与资料整理、分析研究工作，对社区已经有了基本全面的了解，社区规划者就可以开始着手准备初步的社区规划方案。所谓社区规划方案，是社区规划者通过对社区发展的社区建设相关事务的运筹谋划所产生的各种创意、思考的各种办法、提出的各种设计等而获得的一个组装性成果。在该过程中，关键工作有两项。一是运筹谋划，即充分吸收社会学、城市规划和社区管理等学科专家学者、社区管理实际工作者、社区重要公众参与其中，畅想社区发展，通过学科协同来达成共识，形成初步的社区规划方案。二是书面表达，即按照通常的规划方案撰写格式将社区方案以书面形式编制出来，以作为征询社区驻区单位、区内社会组织、广大社区居民和相关社会公众意见的依据。

4. 修订并确定规划方案

初步的社区规划方案编制完成以后，必须按照法定的程序进行社会意见的征求，并对征求回来的信息进行可续论证，对规划方案进行进一步的修改，从而形成完善的社区规划方案，这就是修订并确定社区规划方案的阶段。该阶段的具体工作包括三项。一是要广泛征询意见，即广泛征询社区规划相关者的意见。社区规划者要尽量通过各种受众比较广泛的信息传播途径征求社区居民、社区政府机关、社区事业单位、社区企业（国有、民营）、社区非营利性组织以及相关领导部门的意见。二是修订规划方案。依据各方意见对社区规划方案进行反复修改。在此过程中，需要坚持确保多数人的利益。三是确定规划方案。社区规划方案经过征询意见反复修改后，要召开规划领导小组会议进行最后审定，最终确定正式的社区规划方案。

（二）社区规划的具体方法

开展社区规划需要选取具体规划方法，选取社区规划方法的正确与否，与社区规划编制的科学性、实用性有着直接必然联系。社区规划是一项复杂的系统工程，其包含的内容十分宽泛，涉及诸多不同的专业领域，不同的领域自然需要不同的方法，因此，社区规划的编制实际上是综合应用多种具体方法解决现实问题的过程。社区规划的方法既有定性方法，又有定量方法。定性方法主要有社会心态分析法、社区发展比较分析法。定量分析法主要有数学模型分析法、社会指标法等。

社会心态分析法是分析一定条件下社会普遍存在的心理特征的一种社区规划方法，在制定社区规划的过程中具有重要的指导意义。按照以人为本的原则，社区规划立足于社区居民的发展需求，而要了解社区居民的发展需求就必须掌握社区居民的共同心理特征，也就是社区居民的社会心态。换句话说，就是要全面调查统计社区居民对社区规划中的各项内容普遍持哪一种态度（赞成、质疑、反对），并根据收集回来的真实数据做出客观的分析，作为社区规划编制的依据。社会心态分析是一个复杂的调查研究过程，必须正确、科学地选择能够反映群众共同心理特征的问题，确保所选问题具有强烈的针对性与启发性，能够以它为依据说明、论证客观、真实的现象。分析社会心态必须基于客观的现实调查数据，并且在分析社会心态的过程中始终坚持实事求是的原则，避免主观诱导，否则无法正确地把握社会心态。

社区发展比较分析法又称为社区发展对比分析法，是通过对比对象与参照对象的对比来研究实际数与基数之间的差异，借以了解社区建设中取得的成绩以及存在的问题的一种分析方法。社区发展比较分析是基于社区现在与未来的定位展开的，而社区定位是社区规划编制工作中的重要组成部分。首先，社区现在的定位来源于社区发展现状的分析，而社区未来的定位则基于社区发展的长期规划与战略思考。既然要对社区发展进行定位，就必须针对社区发展开展比较分析，它包括历史的纵向比较分析，以确定社区在时间发展进程中的位置；还包括同一时间节点上的横向比较分析，以确定社区发展在整体社会环境中的位置。无论横队对比还是纵向对比，其所涉及的领域都十分宽泛，近代的、现代的、未来的、国内的、国外的都可以是对比的参照对象，但我们在选择参照对象是应该注重参照对象的可比性。可以说，缺乏深入的横纵对比，就不能够对社区的发展进行正确的定位，也就无法有效地开展社区规划活动。

社区规划的数学模型法就是建立起综合反映社区发展历史与现状，并对社区未来发展可能的趋势进行预测的数学模型，进而服务于社区规划的一种科学方法。社区规划的数学模型立足于各项评价指标，并对各项指标实施定量分析，然后再根据各项评价指标之间的包含与被包含关系确定它们之间的上下层关系，同时根据各项评价指标的特性进行分类，根据它们的重要程度设置权重，从而建立起来的一种数学表达式。该方法的准确性取决于指标的设置和相应的科学数据的取得。采取这种定量分析方法编制社区规划，通常可以使社区发展的综合评价和社区发展的趋势预测更加科学。

社会指标法是社会调查统计、比较分析中需要采取的一种分析工具。社会指标法包含三项内容：一是构建社会评价指标并形成较为完善的指标评价体系，二是汇总和分析评价指标数据，三是根据数据汇总、分析的结果针对社会现象做出客观的解释并做出结论。社会指标法是在社区规划编制中经常需要用到的一种重要方法，但需要注意的是，任何评价指标的设计和指标评价体系的建立都要有根据，并且这些评价指标还要具有良好的可操作性。

在制定社区规划的过程中，一般要采用定性分析与定量分析相结合的方法。可以说，一个目标清晰、定位明确、内容全面、可行性强的社区规划，是采用定性分析和定量分析相结合的结果。社区规划的定性分析包括社区规划的指导思想、基本原则、战略定位等，这些都属于理论性、方向性的东西，主要是给社区规划定性，避免社区规划出现方向性、原则性的错误。而社区规划的定量分析包括社区规划的具体目标以及各种监控指标，主要是对各种指标进行量化，一方面其有利于各个阶段各个目标的具体实施，另一方面也有利于社区规划者对社区规划整体进行实施监控。可以说，在社区规划中定性分析与定量分析缺一不可，社区规划不是简单的方向性指引，也不是简单的数据与指标的堆积，仅有定性分析或定量分析都不可能构成完整的社区规划，编制社区规划必须兼顾定性分析与定量分析，做到有方向、有量化。

（三）社区规划的实践

社区规划制定出来后，无论是近期规划，还是中期、远期规划，也无论是总体规划，还是专业规划，都需要一个连续实施的过程。制定规划的最终效果取决于它的实施，所以社区规划需要强有力的保障条件使其顺利实施。这些条件可以概括为以下几点。

1. 广泛宣传和引导社区成员共同参与

在规划制定之后，应该对社区工作规划的总体目标、各项具体目标及实现目标的意义在社区成员中宣传，使这些目标为社区居民所了解和关心，使社区居民最终成为实施社区规划的监督者与参与者，从而促进规划目标的实现成为整个社区的奋斗方向。

2. 整合社区各种力量形成建设社区建设与管理的合力

社区规划的实施是个系统工程，单靠一方面的力量是不可能顺利实施的。它涉及各个方面，牵扯到社区内所有职能部门和企事业单位，需要动员这些方面的力量，才能形成系统的行动。

3. 发挥社区资源的整体优势

在实施社区规划时，要将社区的所有资源置于社区整体中来考虑，强调在整个社区范围内的资源优化配置。在解决城市社区各种巨大社会需求时，也应该注重利用社区各种社会力量，发掘所有社会资源，为社区建设提供便利，达到资源配置最优化、最大化。

4. 制定实施计划，加强监督检查

社区发展规划的实施，需要强有力的组织保障。应根据总体规划和各项规划的目标与任务，组织力量，分工负责，落实到有关部门的具体成员，使人员到位、责任到人。每年定期对规划实施情况进行监督，协助解决困难。在规划实施过程中可根据具体情况，对规划的实施提出必要的调整和修改意见。

四、社区规划与城市规划

（一）社区规划

社区规划不仅仅是社区本身在一定时期内对社区内各项事业发展与建设的整体安排与部署，它还体现了国家、地区对社区发展的具体要求。社区规划作为指导社区发展与建设的实施依据，是社区发展的重要凭证。在制定社区规划的过程中必须根据社区发展的自身优势与劣势，科学、合理地制定社区发展的目标和规模，确定社区内各项事业的空间布局和结构，有步骤、有重点地推进社区建设项目的实施，并且要提供保障社区规划顺利实施的各种政策措施。社区规划除了会涉及社区发展的综合规划，还会涉及社区某一项事业发展的具体规划。前者主要对社区的内部各项事业进行科学统筹，依靠社区内部的基础设施与公共服务设施，实现社区内部的优势互补，推动社区内的各项事业综合协调发展；后者则根据社区规划的总体目标与要求，对社区内某一项事业进行安排与部署，两者相辅相成、缺一不可。社区规划应立足于自身的区位优势和资源禀赋有针对性地开展规划编制工作，其规划的内容应该有一定的倾斜和侧重点，其规划期限大部分在 5 ~ 10 年之间，并在时间上表现出延续性。

（二）城市规划

城市规划是城市发展规划的简称，是研究和规划城市的未来发展、探索和追求城市的合理布局、综合安排城市建设的总体性计划，是一定时期城市发展的蓝图，是城市建设和管理的前提与依据。城市规划的主要目标就是使城市保持可持续发展，为城市居民提供一个良好的外部环境。发达国家在制定城市规划的过程中往往会将城市的整体规划和社区规划紧密地联系起来，不仅使社区规划有机地融入城市整体规划中，而且是城市整体规划在社区规划中得到体现。发达国家编制城市规划往往保持着十分谨慎的态度，在编制城市规划时，政府会邀请各个相关领域的专家、学者来共同参与，有经济学家、社会学家、金融家、法律顾问等，并且让这些专家、学者自始至终得参与到城市规划工作中。以英国为例，英国的城乡规划法规定，各郡必须编写战略结构规划，并在战略结构规划的框架内编制局部规划，而局部规划又细化为地区规划、行政范围规划及专题规划等。同时，英国在编制城市规划的过程中会大量参考本地有雄厚技术实力的咨询服务公司和开发公司提供建议与措施。①

（三）社区规划和城市规划的联系与区别

社区规划和城市规划既有联系又有区别（详见表8－1）。搞清社区规划与城市规划的联系与区别，有助于加深人们对社区规划内涵的全面理解。

社区规划和城市规划的联系主要表现在：社区是城市的基本社会单元，社区规划是城市规划的基本内容之一，社区文化、社区个性等直接影响城市规划；同时社区规划也直接受到城市规划的制约，社区规划应该服从城市规划的全局。社区规划从整体上看，所涉及的内容与整个城市的城市规划所涉及的内容具有一致性，只不过由于所涉及范围和层次不同而在内容深度、其所发挥的作用以及规划的思想和方法等方面会有不同而已。

社区规划和城市规划的区别主要表现在：城市规划作为城市公共政策之一，是城市的宏观发展战略，偏重于“物质”“经济”“整体”；而社区规划是一项基层社区社会政策，比较贴近社区居民的日常生活。社区规划的真正重点在于立足具体社区发展状况，广泛听取社区居民的日

① 丁元竹：《社区的基本理论与方法》，北京师范大学出版社2009年版。

常生活，明确社区整体协调的发展规划。正因为如此，社区规划偏向于“社会”、“中微观”、“局部”。

表8－1　社区规划与城市规划的联系与区别

事项	社区规划	城市规划
规划客体	城市中的社区	以城市为主
规划缘起	人文感生型	技术感生型
规划侧重	精神空间	物质空间
规划地域范围	最大不超过市镇	包括宏观、中观、微观三大层次
规划主体	政府、社会集团或社区成员	指定主体、批准主体、实施主体在于各级政府
操作强制性	不具备明显强制性	具有一定的法律效力，其操作和实施皆有一定的强制性
组织方式	基本自上而下部署开展，形成树枝状的规划体系	视实际需求自上而下开展，不存在完整体系
规划效用	重视规划成果及实施效果	关注规划成果的同时，重视公众参与和利益协调，关注规划制定过程
价值判断	更多从社会经济综合指标进行评判	最终评判指标是公众满意度

第九章　社区市场构建与管理

社区是一个小社会，自然而然这个小社会中也有市场。社区市场是一个过程，社区市场的主体中同样有政府、企业和个人，不同成员行为为适应互惠合作的要求而做出调整。政府为社区居民提供公共产品和服务，企业和小生产者为社区居民提供生活服务，如便民商店、家政、家电维修、服装加工、理发等日常生活所需。由此可见，社区市场的基本构成要素包括社区的基础设施服务、公共设施服务以及其他形式丰富、主体多样的社区生产、生活服务业等。社区市场的存在和发展，形成了社区之间、人与人之间、政府与居民、买方和卖方的互动关系，而通过社区市场构建和有效管理，不仅提高社区生活的效率，又推动社区的发展，使大家生活在良好的社区环境中。

一、社区基础设施的构建

基础设施建设是指为社区居民生产和生活提供公共服务的物质工程设施，是用于保证社区居民社会活动正常开展的公共服务系统，它是社区赖以生存发展的物质条件。社区基础设施建设并不属于第二产业（工业与建造业），而属于第三产业（服务业），但其一般的商业、贸易等传统服务业又有区别，它同时具备生产性、生活性服务业的特征。加大社区基础设施建设的力度，尤其是加大社区教育、社区科技、社区文化、社区卫生、社区体育以及社区生态环境等社区基础设施的投资，对社区的发展有着十分重要的意义：一方面，能保证社区市场的顺畅运行和社区居民生活的便利；另一方面，能吸引外来资本的进入，在社区内形成产业聚集效应，加快社区的市场化发展，并通过产业链条向周边地区辐射，带动周边社区的经济发展。因此，必须加大力度发展社区基础设施，重点提高社区基础设施项目的投入产出比，充分发挥社区基础设施的经济效益和社会效益。此外，在社区基础上设施的构建过程中，要尽可能地统筹考虑社区基础设施建设对社区发展的现实效益与未来效益、宏观效益与微观效益，高标准、严要求落实好社区基础设施的构建工作，造福于社区的居民。

（一）社区基础设施建设的内容

社区基础设施建设的内容形式多样，根据不同的标准有不同的分类，但其目的都是为了满足社区居民对教育、科技、文化、卫生、商业、交通、邮电等公共设施服务的需求。而为社区居民提供公共设施服务的不仅仅是政府，还包括企业、公益性社会组织等。在我国现阶段，公用设施包括社区服务中心、养老院、托儿所、残疾人托养所、治安联防站、社区组织用房和物业管理设施等。而在一些国家，公用设施还包括社区公园。在日本，公园已不再是单纯供人们参观游览的场所，与居民区融为一体的“社区公园”已经人们日常生活环境的一部分。近几年来，随着我国社区事业的发展，部分地区也出现了类似的小区公园和街心公园。

为贯彻落实中央关于积极发展社区服务业，千方百计扩大就业的要求，国家进一步加快了社区基础设施建设的步伐。2003 年国家安排国债资金 5 亿元，用于全国社区服务设施试点项目建设，其主要目标是加强社区基础设施建设，拓展社区服务领域和项目，规范社区公共服务机构管理，健全社区服务体系和功能，促进社区就业，推进社会福利和社会事务的管理服务社会化，提高社区居民的生活质量和社会服务水平。建设内容按服务功能划分可分为以下几个方面。一是社区服务信息系统，主要实现城乡最低生活保障群体、低收入群体、伤残人口、失业人口、社会保险等信息的录入、修改、删除、查询管理，并且借助目前的信息通信技术，建设社区服务信息平台或终端，实现社区服务信息的智能化管理，一方面降低了社区服务的成本，另一方面方便了社区居民的日常信息查询。二是基本公共服务设施。如果说社区服务信息系统是软件，那么公共服务设施就是硬件，其主要是指政府利用财政资金创设的公益性的公共服务设施，可以是社区服务信息系统的平台、终端，也可以是提供综合服务的社区服务中心、社区服务站，甚至包括专门从事社会保障、社区就业与培训、社区卫生、养老和残疾人服务的社区基础设施等。三是准公共以及其他社区服务设施，是指通过政府政策的引导和鼓励，以市场化供给形式开展的，不以营利为第一目的的，提供社区家政服务、后勤保障服务以及其他便民、利民、乐民服务的社区基础设施。需要注意的是，社区服务功能不同的软硬件设施之间不是完全独立，它们可以通过有机结合进行综合利用，比如社区服务信息平台或终端可以借助社区服务中心、社区服务站进行网点分布。

在构建社区基础设施的过程中，不仅要丰富和拓展社区基础设施的内容，还应在具体某项设施的基础上深化该设施的服务体系。如社区图书馆不仅仅是读书看报的地方，也应该为社区居民提供查询检阅、休闲娱乐、活动组织、小组讨论等多种项目的服务。

（二）社区基础设施市场化的方式

探索社区基础设施市场化的方式，首先要了解社区基础设施的有关特征。

一是基础性和非营利性。社区基础设施社区发展中不可缺少的重要组成部分，其伴随社区的产生而产生，为社区居民的社会生产、生活活动提供基础的物质保障，并且社区基础设施的投入主要来源于政府、社区自治组织的财政资金和自有发展资金，并不以营利为目的，带有一定的公共产品属性。

二是整体性和技术性。社区基础设施其所涵盖的内容十分宽泛，包括社区水利、电力、热力等系统，每个系统有机地联系在一起，相辅相成，形成一个统一的社区基础设施网络整体。但是，在社区基础设施整体下，每个子系统对社区的环境都有一定技术要求，每一个子系统都需要根据自身的客观规律进行空间布局，要结合社区环境条件开展社区基础设施建设。

三是阶段性和长期性。社区基础设施投入其根本目的并不是要实现自身利润的最大化，其作为一项基础性的投资，更主要的是要完善社区内的生产、生活设施，促进社区经济产业发展，改善社区居民生活居住质量，为社区国民经济与各项社会事业的发展提供物质支撑。随着人类社会的不断发展，社区基础设施的投入还要增加，这种投入不可能一步到位，它表现为一种长期持续性的投资，并且这种投资的效益不可能马上得到显现，它具有一定的滞后性与阶段性。

1. 利用行政手段，加大非营利性社区基础设施的投入

正是因为社区基础设施的基础性和非营利性特征，决定了社区基础设施建设必须由政府、社区自治组织主导。政府、社区自治组织在开展社区基础设施建设的过程中，必须充分保障社区基础设施的非营利性，在必要时可以加大政府财政资金和社区发展自有资金的投入力度，加大社区基础设施的建设力度，保障社区基础设施的公益性。尤其是，要将政府财政资金投入作为社区基础设施建设的稳定资金来源，优化政府资金投入，提高政府资金投资效率，事先对社区基础设施建设进行科学规划与合理布局，在投资建设过程中，加强政府资金使用的监管力度，最后严格按照规划设计的标准开展工程验收工作。坚决杜绝重复建设行为的发生，杜绝无效政绩工程的出现，杜绝资金浪费现象，提高资金使用效率。此外，把引进和使用社会民营资金作为社区基础设施建设改革与创新的重点，对于能产生适当经营利润的设施建设行为，要积极引导和鼓励社会资金力量的参与。

2. 强化科技意识，促进城市基础设施规划建设的技术进步

对重大基础设施工程在项目决策和规划设计上要坚持高起点、高标准，在项目实施过程中努力采用高新技术，建设高标准、高质量的现代化城市基础设施建设工程。社区基础设施建设项目要和社区的总体规划结合起来体现科学性、系统性和可持续发展要求，重视生态、环境质量，增强社区功能。要加快在社区供排水、交通、绿化和环境治理中利用高新技术的步伐。大力拓宽通信行业数据通信、移动通信、智能通信等新型业务。密切注视网络发展的新技术、新趋势，开发和建设高效、先进的电信网络。加强技术创新发挥后发优势，努力实现社区基础设施建设的跨越式发展，尤其是要提高人口密集社区的基础设施建设的技术含量，使社区基础设施建设跨过发达地区经历的某些渐进式技术淘汰更新阶段，直接从较高的技术起点起步发展。

3. 通过科学、严格的经营管理，保证非营利性基础设施和社区服务的健康发展

非营利性社区基础设施和社区服务由于其自身的特殊属性，决定了社区基础设施和社区服务没有稳定的资金收入，甚至是只有资金支出没有资金收入。因此，要维护社区基础设施和社区服务的正常运转，政府、社区自治组织需要源源不断地增加在社区基础设施和社区服务上的投入。然而，政府、社区自治组织的资金亦是有限的，长期保持社区基础设施和社区服务的供给，就必须科学、合理的社区基础设施和社区服务管理制度，减少社区基础设施的运营成本，提高社区基础设施建设资金的使用效率，从而为社区基础设施和社区服务的非营利性提供保障。

4. 根据社区本身的正确定位，制定提高社会效益的市场开发规划

发展社区基础设施的根本目的是促进社区经济产业发展，改善社区居民的生活质量，推动社区国民经济与各项社会事业向前发展。因此，在开展社区基础设施建设时，不仅要考虑是否可以促进社区经济产业发展，还要考虑其是否能带动社区其他各项社会事业的发展。社区基础设施建设，一方面可以满足社区经济增长、产业结构调整的需求，另一方面还可以为社区各项社会事业提供支持，满足社区居民对社会保障、社会福利等方面的需求。社区基础设施建设要统筹协调好经济需求与社会需求，立足于社区的自身实际，进行科学定位与战略规划，要充分体现出社区基础上设施建设的经济效益与社会效益。努力明确目标，做好社区规划，充分发挥规划在社区市场的构建和管理中的作用，以提高社区多样化的职能和经济发展水平为目标，搞好社区基础设施建设、社区公共产品供给和社区服务，按照规划严格管理和组织实施，保证社区市场在良好运行的基础上，不断取得进步。

（三）发展社区基础设施的空间和前景

发展社区基础设施建设，能够为满足社区居民日益增长的物质文化需要提供可能，能够促进社区经济的发展，使一个国家的社区体系更加完善。但是我国社区基础设施的发展空间不足，还需要做多方面的努力。

1. 整体空间格局需要进一步明晰

社区基础设施发展往往过分追求社区经济的发展而淡化了社区其他

社会事业的发展，主要表现在社区基础设施建设往往比较重视对经济产业的配套，而不重视对社区其他社会事业发展的配套，甚至社区在经济发展的同时，在社区的合理规划、社区的发展质量上难以统筹兼顾，导致社区市政、交通、生态环境等配套基础设施建设相对滞后。这不仅降低了社区经济发展的质量，也影响了社区各项社会事业的发展进程。以山东省烟台市福山区为例，随着福山区的社区发展与建设，福山区社区发展进程加快，福山区社区人口与社区建设用地规模也在不断增加，然而，在从村镇模式向社区、街道模式转变的过程中，福山区的社区内部存在着严重无序与不协调的发展问题。

2. 建有特色的社区基础设施

在准确把握本社区特色和发展趋势的前提下，结合实际，因地制宜，积极开发灵活、有效的社区基础设施以及相应的运营方式。社区所在范围属于居住区的应侧重于进一步完善基础设施和配套设施的规划，有意识地增加居住区的绿化、卫生、文化、体育、娱乐、休闲场所和停车场的建设；在旅游区的应侧重于如道路畅通、环境卫生整洁、增加绿色植被覆盖率、人文景观、自然景观以及为旅游者提供吃、住、购、玩等设施的建设。

3. 建立科学的管理机制

理顺社区管理体制，协调条块关系，在可持续发展、生态发展的思想下进行基础设施建设，使政府、社区基层自治组织、非营利组织以及社区居民有机地结合在一起，形成一股社区发展与建设的综合力量，共同组织与管理社区发展事务，使社区市场构建与管理走上科学、长效的发展轨道，使社区市场长期保持健康、和谐。

4. 树立建管并重的观念

构建与管理社区市场不仅要在社区市场基础设施建设上下工夫，还必须在提高社区市场组织管理水平上做出努力。如果要充分发挥社区市场基础设施的效益，就必须着力于提高社区市场基础设施的使用年限，其中，加强社区市场基础设施的管理显得尤为重要。当前在社区市场基础设施的构建与管理中，要重点做好以下两方面工作。一方面是要强化社区市场基础设施建设的投资效益，积极改革政府投资与项目管理方式、方法，以创新驱动社区市场基础设施发展，加强对社区市场基础设施建设与发展的监督力度，实施基础设施建设考评制度，将社区基础设施建设资金的拨付与社区基础设施的建设速度与建设质量挂钩，强化政府、社区自治组织、社区群众对社区市场基础设施建设的监督，提高社区基础设施建设的投入产出比。另一方面，要积极推进社区市场基础设施的维护管理工作，在社区经济建设与发展主体多元化的背景下，必须制定一套统一、有效的社区市场基础设施管理与维护制度，通过制度、规范化的程序来引导社区各个组织、部门开展社区市场构建与管理工作，要坚持所有权与管理权分离的现代化管理方法，将维护社区基础设施工作全面管理推向社区，发动社区内的所有人员力量，一同致力于提升社区市场基础设施的管控水平。

二、社区服务业的构建

国民经济的增长越来越倚重于服务业的带动，这是经济发展到一定阶段的客观规律。社区经济要以发展与壮大社区服务业为基本内容，着力优化社区服务业的资源配置方式，改善社区服务业产业空间布局结构，将社区的各种经济产业部门整合成一个利益共同体，实现社区内经济产业部门之间的良性互动，从而推动社区服务业的发展，推动社区整体经济的建设。社区服务通常面对社区内的居民及单位而开展，既丰富和方便了普通社区居民的日常生活，又有助于解决老年人、残疾人、事业人群等社会弱势群体的切身困难，同时还能较好地协助辖区单位开展工作。做好社区服务工作对于提高居民生活资料、扩大就业、化解社会矛盾、促进社会和谐都具有重要的意义。而社区居民多层次、多样化的服务需求，呼唤社区引入准市场机制，进而建立起公平对等、无偿和低偿相结合的服务平台。

（一）社区现有服务阵地

基础设施建设是提供良好社区服务的前提。我国城市社区的发展相对较为成熟，类型极为丰富和广泛。现行阶段，我国社区服务的类型大致可概括为：社区日常生活服务、社区环境综合治理服务、社区医疗卫生服务、社区文化娱乐服务、社区养老与就业服务等。其中，政府是这些服务最大的“股东”。改革开放以来，政府为社区发展不断充实人力、物力，建设了一批街道文化站，如党员电教室、党员服务站、社区警务室、星光老年之家、社区文化广场、社区宣传栏。建立了具有二十多个服务项目的社区服务中心，为社区居民群众提供包括社区保障服务、社会救助、劳动就业、司法调解、人口计生、信访接待、出租房屋和外来流动人员管理、退休干部管理服务、党员联络等在内的一站式服务。

（二）社区服务市场的拓展

随着社会的发展和人民生活水平的提高，人口老龄化、家庭小型化、居民消费多元化的趋势日益明显，社区居民对社区服务的需求也发生了新的变化。在新形势下，为了满足不同层次居民群众的需求，进一步加快社区服务业发展，就必须在社区服务的内涵上下工夫。社区服务要坚持以发展社区服务为切入点，从群众最现实、最直接的问题抓起，不断完善服务设施，拓宽服务领域，转变服务方式，提高服务质量。

社区服务业以满足居民公共服务和多样性生活需求为目标，以发展便民利民服务，拉动居民消费，优化社区商业结构布局，完善社区便民利民服务网络等多样性方式不断拓宽、发展和创新社区生活服务圈。社区现有的服务阵地和服务设施设备为完善社区服务功能奠定了基础，而相应地在经费方面难免会显得捉襟见肘。在近些年的社区发展中，无论是城市还是农村，都产生和融入了多样性服务以满足居民群众多样性的需求，而这些服务的提供者也由政府为主转向私人、社会组织和企业为主。对这些新型服务从服务项目上进行分类，可以反映社区经济的广度和深度。

1. 社区日常家居生活服务

社区日常家居生活服务主要围绕社区居民的日常家居生活展开。它包括日常生活服务和家务劳动两部分。具体可以开发的服务项目包括：日常生活用品的购置与配送、家用电器维修、卫生清理、服装拆洗与熨烫、代收公用事业费等。可以建立与之配套的服务设施包括：便民商店、早点铺、家电维修部、服装加工部、干洗店、理发室、钟点工介绍所等。

2. 社区环境综合治理服务

如绿化面积的维护和扩大、“四害”治理、环境噪声的控制、垃圾的袋装与分类、居民楼道及门前环境卫生的保护、违章搭建的控制、民事纠纷的调解、火灾隐患的消除、辖区内刑事案件的防范、外来人口的管理等。

3. 社区医疗卫生服务

具体可以开发的服务项目包括：疾病预防、医疗诊断，病人护理、健康咨询、卫生宣传和防疫等。可以建立与之相配套的服务设施有社区医疗诊所、便民医疗服务信箱、家庭病床、家庭医生全程服务、居民健康资料信息库等。

4. 社区文体娱乐服务

即文化、教育、科普、咨询、培训、体育、娱乐、健身服务等。相应需要的组织和设施包括：文化活动中心、市民学校、科普实践基地、各类知识讲座班、业余特长培训班、图书阅览室、法律咨询室、运动场、健身房等。

值得注意的是，目前一些现代化的手段越来越多地被引入到社区服务中来。96156 社区服务热线、社区服务信息网、社区微博等形式的出现，让居民足不出户即可获得服务和政策咨询，极大地便利了居民的需求。社区服务是一个巨大而丰富的体系，随着社会的不断发展，会有更多更新的服务项目不断出现，更好地为社区百姓造福。

（三）社区服务的发展空间和前景

社区服务对于满足社区居民的需求至关重要。因而，社区服务的发展前景广阔并且具有一定的特征。

1. 社区服务业走向产业化、系列化

社区服务产业化是由市场经济规律所决定的。随着社会生产力的发展和居民收入水平的提高，一方面需要社会救助的特困群体的人数将逐渐减少，对这部分人仍需提供无偿的、福利性服务；另一方面大多数居民对社区服务的需求也越来越多，而社区服务业要满足这一庞大的市场需求，就要在满足居民基本生活服务的基础上，大力发展经营性服务。

为有支付能力的居民提供有偿服务，这种有偿服务将成为社区服务的主要项目或内容。社区服务业通过采取有偿服务的方式，为居民提供不同档次、不同项目的全方位服务。在提供有偿服务的同时，社区服务业既可以形成投入产出的良性循环，为社区服务业的发展积累资金，又扩大了服务的规模，提高了服务质量，在更高层次上推进社区服务业的发展，逐步实现“以服务养服务”的产业化道路。社区服务业的特点之一是它的服务性，所以在产业化的过程中，满足居民日常生活需求的服务是不变的主题。

而在走向产业化、系列化的过程中，可以采取政府与私人、企业和社会组织互惠合作的运营方式，在开展社区服务项目时也会酌情适当收费。在服务中社区应遵循共建共享原则和互惠互利的原则，一方面配合企业和社会组织开展相应的服务，以达到其营利或者是宣传的目标；另一方面，努力借助社区党委的资源，为己所用来开展社区工作，最终实现双赢。在具体操作上，社区要为服务提供者创造良好的社区环境。既包括卫生、绿化、治安等硬环境，又包括与辖区内工商、税务、卫生、环保、计量等部门开展联合办公审批、联合执法巡查、代征代缴等合作项目的软环境。此外，社区应该积极寻求辖区内的单位与社区居民的共同需求，为辖区单位预案提供餐饮、娱乐、问题服务等社会后勤服务，这样也有助于解决社区就业问题。

2. 社区服务的形式、内容和范围更加多样化

社区直接面向居民，社区工作最重要的是贴近居民，及时了解居民需求并提供各项服务以满足居民需要，而居民的需求是多样化的、多层次的，因而相应的社区服务也应该多样化。首先，在服务形式上，由最初单纯的福利型服务对象扩展到全体居民，逐步实现了无偿、低偿、有偿服务的三结合，既帮助了社会上需要救助的特困群体，又为有支付能力的居民提供了必要的服务。其次，在服务内容上，由单纯的家政服务扩展到养老服务、家电维修、教育培训、医疗卫生、金融、储蓄、物业等等，遍及居民生活的方方面面。居民在社区不仅能享受到物质生活上的服务，还能享受到精神生活上的服务。第三，在服务范围上，由单纯的区域性服务扩展到区、街、居委会相互联系、相互支持的社区服务网

络。通过信息网络，可以将分布在不同地区的服务设施连接成实体网络，不仅提高了居民的生活质量，同时还能够灵活调配人力资源，使资源的利用率更加合理。北京市崇文区东花市南里社区成立了一个与众不同的公共服务组织——社区公共服务协会，这一协会的成立有利于整合社区各类资源，从而提供多元化、多层次的社区服务。

3. 社区服务水平将更加专业化

近年来，居民对社区服务的从业人员在技能和专业知识方面的要求越来越高。人们需要的不只是做家务、照顾老人孩子等基本的家务劳动，而是希望能够将简单的家务劳动变为科学的、高质量的生活服务。因此，社区服务也需要有一定素质的专业人员，所以对从业人员进行家庭教育、家电维修、看护病人、烹饪等专业培训是必不可少的。

4. 社区服务将依托信息化手段加速推进

在信息化社会，社区服务业发展到一定阶段，必然要向信息化、网络化方向迈进。近年来，越来越多的新居住区在建设之初就预留了宽带互联网络和入户接口，居民开始享用上网服务的诸多便利。但借助网络化的社区服务业务远不止于此，结合智能化社区的发展，网络将成为社区服务业组织、联系、运营、结算和业务推广的核心。每个社区都可能建立自己的社区网站，为居民提供全方位的信息化服务，居民可在网上查询、定购不同服务项目，享受上门服务。凭借现代科技手段，社区服务业将不断改进和发展至更高的水平。

三、社区市场的管理

社区市场管理是社区经济中的一项重要内容。社区市场管理直接影响社区经济的发展，也会对整个国家的经济发展产生影响。因而，在构建社区市场体系的同时，也应做好社区市场管理工作。

（一）构建诚信市场

建立社会主义市场经济的核心是构建诚信市场。社区经济作为社会主义市场经济下的有机个体，也必须要遵循社会主义市场经济的行为规范，以诚信为核心来规范社区市场行为，构建社区市场经济。从社区市场的发展程度来看，越是成熟的市场经济，市场内的竞争越是激烈，越是要求人们必须按照市场经济规律办事，遵守市场诚信规范，否则，社区市场经济的发展将是不规范、扭曲的，社区市场经济的资源优化配置只能亦难以得到有效发挥。从社区市场构建来看，诚信市场的构建不仅依赖于政府的参与，还需要社区内其他组织机构的参与，甚至是社区外组织机构的参与，多元主体参与的社区诚信市场构建，也是社区市场良好运行的重要保障。

1. 建立、完善社区市场规则，发展社区市场信用体系

对于现代的社区市场发展现状而言，社区信用体系是指社区以人与人之间的信用为基础，人与人之间无需立即付款结算即可获取劳务与服务的能力。发展社区信用体系是建立与完善社区市场规则的重要内容，社区信用体系着力于建立一个适合信用交易发展的社区市场环境，促进社区市场中信用经济的发展，即从以原始支付手段为主流的市场交易方式向以信用交易为主流的市场交易方式的健康转变。但是，社区市场信用亦需要一定的社区市场规则来约束与完善，通过制定一定的社区市场规范，来保障社区信用体系的健康发展，保障社区市场经济的健康发展。社区组织（包括社区居委会、社区服务站等）应充分调研，根据社区需求制订本社区一定时期内的市场计划，扩充社区市场的范围；并制订恰如其分的社区市场准入机制，如哪些服务是辖区居民必不可缺的，哪些服务项目的开发可以更加便民，总之应保证进驻社区的这些服务和小商户与社区签订服务协议，落实双方为守信还是失信应承担的责任和义务，从而保证社区市场的良好运行。

2. 建立科学的社区信用评价方式，实施相应的监督和奖惩措施

目前，社区信用评价方式主要有两种：一是以政府行政职能部门或银行类金融机构为主体，以社区居民、社区组织机构为评价对象，开展信用评价管理活动的信用评价管理机构；二是以社会第三方组织机构为主体，以社区居民、社区组织机构为评价对象，开展信用评价管理活动的信用评级管理机构。前者具有浓厚的行政化色彩，后者具有明显的市场化特征。在我国社区，信用评价方式的发展还比较有限，目前关于社区内社区居民、社区组织机构的信用评价主要以政府行政职能部门（如

中国人民银行）为主，社会化、市场化的第三方独立组织机构发展还比较有限。今后，社区信用评价方式要积极采取社会化、市场化的信用评价的方式，实现社区信用评价两条腿走路，增强社区信用评价的客观性与实用性。同时，无论是政府还是市场都需要重视社区信用评价的管理工作，加强行政与社区监督力度，避免虚假社区信用评价行为的发生，保障社区信用评价报告的真实性，控制社区信用评价信息外流，保证社区居民、社区组织机构的社区信用信息的安全。此外，还要采取适当的奖惩引导措施，对保持良好社区信用记录、获得良好社区信用评价的社区居民、社区组织机构给予褒奖，对存在社区信用污点、弄虚作假的社区居民、社区组织采取控制性措施，控制它们可能给社区信用体系带来的风险。

（二）探索模式，推进社区市场化、产业化及多元化管理

社区的发展必须坚持走市场化、产业化、多元化的道路，充分发挥市场经济资源优化配置的职能，创新社区经济发展模式，推动社区经济在数量和质量上取得新的突破。社区市场化是指积极推动社区经济实现由行政化向市场化转变，以市场为基础，政府为主导开展社区市场经济活动。社区产业化是指推动社区经济由分散型向规模型转变，充分发挥经济发展的规模效应，增强社区经济综合实力。社区多元化是指社区经济主体的多元化，主要表现为社区经济活动参与主体多元化，社区经济发展资金来源渠道多元化，社区经济活动多元化等。创新社区发展模式，推进社区市场化、产业化、多元化是社区发展的必经之路，在推进社区市场化、产业化、多元化的进程中，我们要注意以下几方面问题。

1. 解决好社区基础设施建设资金短缺的问题

社区基础设施建设资金主要来源于政府财政资金支持与社区资金参与两个部分。目前，社区基础设施建设资金过分依赖政府财政资金的投入，没有充分挖掘、利用社区内的社区居民、社区组织机构的资金潜力，社区进行基础设施建设其最大的受益者是社区内的居民以及社区内的组织机构，本着“谁受益、谁投资”的原则，在社区基础设施建设的过程中，要调动以社区内非政府机构与社区居民为主体的参与积极性，鼓励社区内的组织机构与社区居民共同投资参与社区基础设施的建设，同时，

要管理社区组织机构与社区居民的投资，完善社区投资的产权保护制度，充分保障社区内组织机构与社区居民的切身利益。此外，还可以把社区基础设施建设以项目化的方式推向市场，本着“公平、公正、公开”的原则，通过具体的项目工程包装，面向社会进行招商引资，实现社区基础设施建设的市场化运作，鼓励社区外的社会力量参与到社区的发展与建设中来，在较短的时间内大量投放社区居民生产、生活所必需的社区基础设施。无论是社区内的资金，还是社区外的资金，其对社区基础设施的建设与发展作用是一样的，一方面有助于缓解社区基础设施建设资金上的不足，减轻政府财政支付压力，实现社区基础设施的快速发展；另一方面，也有助于优化社区内的投资主体结构，实现社区内投资主体的多元化，在实现社区基础设施发展与完善的同时，也为社区内与社区外的投资主体取得了一定的利益，实现了经济效益、社会效益的统一，政府、社区、居民、企业的多赢。

2. 要结合实际，因地制宜，积极开发灵活、有效的社区服务设施运营方式

社区服务设施运营方式在一定程度上决定了社区服务设施的运行效率，决定了社区居民对于社区服务的综合体验。根据“以人为本，提升社区服务效率，增强社区居民综合体验”的社区服务宗旨，政府以及社区独立自治组织可以结合社区现实实际、突出社区自身特色，制定、出台一些的科学、合理的引导政策。一方面，可以创新社区服务供给方式，摆脱传统的单纯由政府、社区自治组织提供社区服务的模式，采取公开招标、市场化合作等方式，鼓励社区力量与社会力量的交流与合作，推动社区服务业实现市场化、规模化、专业化、规模化。另一方面，可以加强社区服务标准体系建设，这不仅有利于推动社区服务走向公开、透明，加深社区居民对社区服务的了解，还有利于社会服务力量与社区内部服务力量的对接，为社区居民提供无差异的社区服务。此外，在社区事业快速发展，社区活动日益复杂化的大背景下，还要坚持多方面、多层次地拓展社区服务领域，加强和规范社区资源整合，充分开发利用闲置设施和富余资源。鼓励通过各种灵活方式引入集团或服务实体，探索企业化、规模化的社区服务业运营模式。

（三）政府适当定位，大力发育社会中介组织

首先，政府要转变在社区服务体系中的功能定位，退出社区服务的直接供给领域，专注于社区服务政策的制定以及社区服务资源的开发。根据欧美发达国家的社区服务发展的历史经验，社区服务不断向前发展的根本动力在于民间组织机构与群众的参与，社区服务体系必须能够代表最广泛社区居民、社会居民的根本利益需求，依靠群众谋发展，满足群众日益增长的消费需求。而我们的政府、社区自治组织要做的仅仅是根据社区服务事业的发展情况，以社会组织机构、群众参与的情况，结合社区的现实实际，选择在正确的时机做正确的事，即进行宏观调控，制定社区服务业发展的规章制度、运营机制等，充分挖掘、发挥社区服务业的潜在能量。政府除了要积极、主动地退出社区服务直接供给领域外，还必须高度重视社区内民间组织机构的培育，出台相关的扶持政策，监管社区民间组织机构提供的社区服务内容，给予有效的引导与监督，使社区内民间组织机构的作用能得到正确、有效的发挥。

其次，鼓励社区内的企事业单位、社会团体以及居民积极参与社区服务事业的建设。社区内企事业单位、社会团体以及居民的参与，不仅拓宽了社区服务业发展的资金来源，减轻了政府、社区自治组织的资金投入压力，而且还极大丰富了社区服务业的内涵，使社区服务业与社区居民的生产、生活活动联系更加紧密。随着国民经济与社会事业的发展，社区服务业正由原来的计划经济传统模式向市场经济现代化模式转变，政府与市场、社区与社会之间的关系发生了明显改变。这种改变实际上使政府为进一步促进社会的公平与效率，优化了政府与社会组织机构、社会群众关系，对政府与群众的关系进行了一次重构与调整。我们不能将政府引导与鼓励社区内企事业单位、社会团体以及社区居民的行为单纯理解成为政府的退出与不负责任，其实，这是政府回归本身职能的一个重要表现，政府实现了与市场、与社会组织机构之间权利和义务的划分，腾出更多的空间，供社区市场经济的发展。需要强调的是，政府的退出亦不意味着政府不再参与社区服务业的建设。社区发展走市场化的改革道路，可能会面临许多市场失灵的问题，在处理这一类问题需要政府、社区自治组织发挥其自身的宏观调控职能，重点要突出政府在社区

市场发展过程中开展的协调工作，引导社区内的企事业单位、社会团体以及社区居民积极参与社区服务事业的发展，推动社区事业的繁荣发展。

（四）制定政策法规，积极推进社区市场的规范管理

社区市场的构建是一项广泛而又复杂的社会工作，它涉及财政、工商、税务、城管、卫生、金融等众多行政职能部门，与社会方方面面都有着千丝万缕的联系，是一项社会性很强的工作。社区市场的发展亟须各政府职能部门的支持和配合，需要有相应配套的政策措施做保障。由政府制定法律法规与政策措施，不仅为社区服务创造良好的发展环境，而且保证了社区服务的性质和方向。

第十章　社区产业培育及布局

社区单元是构成社会的基本要素，社区活动最终构成了社会活动，体现社会活动的微观形态。社区活动作为社会活动的核心构件，主要以开展社区经营性生产活动为中心，积极引导和培育社区产业发展，着力促进社区经济增长，并带动社区各项事业的协调发展，从而实现社区全面、综合发展的目标。社区产业作为社区经济发展的核心，是社区国民经济与社会事业发展的重要物质基础和基本物质保障。可以说，社区产业发展与社区的整体发展，以及社区居民的经济收入、就业和生活环境有着紧密的联系。然而，在复杂多变的国际政治经济环境下，尤其是国际金融危机爆发以来，我国面临着对外净出口贸易总额不断下滑、国内群众消费需求不足、固定资产投资重复低效等问题日益严峻的总体形势，我国就业人员减少、居民收入水平增长疲软等社会问题凸现。我国正处于加快经济增长方式转变的攻坚时期，加快社区产业培育、完善社区产业布局、提升我国社区经济活力、带动社会整体经济复苏已经成为我国发展进程中不可回避的必然性选择。

一、社区产业概述

随着市场经济的发展和居民收入水平的不断提高，人们对提高生活质量的要求也日益高涨，使得社区市场体系内的需求极为旺盛。然而，目前我国的社区市场化建设还处于初级阶段，居民社区需求的满足率比较低，远远不能满足这个庞大的社区服务市场。按照市场经济发展规律，解决这一矛盾的根本出路就是发展社区产业。

（一）社区产业的含义

在传统社会主义经济学理论中，产业主要指经济社会的物质生产部门，一般而言，每个部门都专门生产和制造某种独立的产品，某种意义上每个部门也就成为一个相对独立的产业部门，如“农业”、“工业”、“交通运输业”等。由此可见，“产业”作为经济学概念，其内含与外延具有复杂性。

社区经济产业是指，在一定社区的地域范围内，以市场为导向，以满足社区居民物质和精神生活需求为目的，通过以社区经济组织为载体的各种社区生产经营主体，经过商品化、实体化、规模化、专业化、社会化的发展而形成的产业。

社区产业既具有福利性的社会属性，又具有经营性的经济属性，是一种具有福利性的特殊产业。社区产业是要把社区单元内各种经济行为作为一类产业来经营和发展，并在全社会范围内形成，得到全社会普遍承认的产业规模，实现以社区经济为同一属性的组织的集合。独立为全社会承认的产业门类，使得后来建立和发展的社区经济组织能够从一开始就自觉地把自己归属到社区产业门下，自觉地遵守社区产业所制定和通行的法则。

（二）社区产业的特征

作为社区经济发展的重要载体，社区产业的发展表现出如下重要特征。

第一，产业配套性。社区产业是小区的基础配套之一，为住宅产品提供支撑和服务是社区产业的基本功能之一。目前，我国的城市化过程中产生的大量社区仅仅只能称为“城”，而由此伴生的社区商业及其他产业造就的“市”才使得“城市”以一个完整的形式繁殖或扩展。因此，社区产业对于城市化进程和住宅社区化的发展而言，具有一定的产业配套性，这也是社区产业最早成为住宅配套的原因之所在。

第二，日常便利性。由于居民生活具有“便利性趋近”与“日常性重复”的特点，社区产业主要以满足社区居民的日常性与便利性需求为主。

第三，服务亲和性。与社区的就近性及商业交易的频繁性，使得社区产业更容易成为社区居民愿意亲近的一员，从而体现出其服务的亲和性。

第四，盈利长期性。社区存在与发展的稳定性，使得社区产业比较不容易受到市政等各方面因素的影响，因而在发展上其盈利期更为持久。

第五，盈利稳定性。前述特点使得社区产业在社区逐步成熟与稳定后，也具有相应的盈利稳定性。

第六，表现多样性。这是由社区产业本身的属性决定。社区产业是针对一个地域内的居民而形成的产业，而居民本身对产业表现形式的可接纳性则决定了其表现形式的多样性。毫无疑问的是，社区的规模、消费力、消费习惯、商业辐射性等都会对社区产业的表现形式产生影响。

同时，社区产业在需求上也更多地表现出如下重要特征。

首先，是需求的规模性。社区产业规模与居住人口的购买力支持规模紧密相关，这一点无论是从产业本身的竞争力与产业圈辐射支撑上看，还是从各级地方产业主管部门的规划上讲，都是客观和科学的要求。但是，在实践中，这个规律很多时候并没有得到遵循。很多产商认为产业能产生高额利润，虽然有对未来产业发展的预期，但违背市场经济客观规律，缺乏自主创新精神，重复低效投资，最终导致社会总体产能过剩，其对经济的危害性不言而喻。

其次，是需求的稳定性。这个特点源自两方面原因。一是就近购买的需求，便利性的特点导致社区产业的需求相对稳定，俗话“一步近，两步远”说的便是这个道理。二是社区产业满足的是日常基本消费需求，这是由社区的低弹性需求所决定的，这一点也使得社区产业的需求具有稳定性的特点。

最后，是需求的相对多样性和整体性。这是由社区居民所决定的，其需求不仅包括了对商品的需求，还有对服务的需求；既有对生活的基本需求，又表现为对吃、穿、用及健身、娱乐的要求。可以说，社区产业在日常性需求方面表现得既相对全面，又形成一个整体的需求链。

（三）社区产业的分类

社区产业分类对于分析社区产业结构有着直接的影响。对社区产业的分类可以借鉴国家、地区产业分类的方法和标准，经常采用的方法和标准主要有以下几种。

1. 三次产业分类法

“三次产业”是第一次产业、第二次产业、第三次产业的简称。所谓第一次产业，是指用自然界本来就存在的劳动对象进行生产的初级产品的生产部门；第二次产业是指对初级产品进一步加工的生产部门，主要是指各种制造业部门；第三次产业则是不生产物质产品而只提供服务的部门，即广义的服务业。为了理论学习与具体实践的便利性，政府机构对三次产业的具体划分做出了明确的规定：第一产业为农业，包括种植业、林业、牧业、副业、渔业；第二产业为工业和建筑业，其中工业包括采掘工业、制造业、自来水、电力、蒸汽和煤气；第三产业为服务业，可分为流通部门（商业、交通运输业、邮电通讯业等）和服务部门（金融保险业、房地产业、公共事业、旅游业、技术信息服务业等）两个部分。三次产业分类法能够比较全面地反映包括非物质生产部门在内的经济主体各个产业之间的关系和发展趋势，因此，该分类法对于我们全面认识和研究社区经济各个产业之间的关系和发展趋势、重视发展在社区经济主体中愈加重要的非物质生产部门，有着重要的意义。

2. 生产要素密集程度分类法

这种方法根据不同产业在生产过程中对不同生产要素的依赖程度，将其划分为资本密集型产业、劳动密集型产业、技术密集型产业等。由于任何一种产业都不可能单独使用某一种资源，而必须综合使用多种资源，因此这种产业的划分只具有相对意义。但这种产业划分方法面对不同社区从自身拥有的资源的实际出发，确定合理的产业结构，以有效利用自身资源和提高宏观经济效益，具有积极的指导意义。

3. 两大部类分类法

这种方法源于马克思针对产业的分类，即将社区生产归纳为生产资料生产和消费资料生产两大部类。后来人们把两大部类进一步具体化为物质生产领域中农业、工业、交通运输业、建筑业等产业。同时，每一产业内部还存在部门产业结构，如农业由种植业、林业、牧业、副业、渔业构成；工业由生产资料工业和消费品工业构成，或者由重工业和轻工业构成。

（四）社区产业的作用

第一，社区产业促进社区的经济发展，为社区发展提供物质保障。众所周知，一个国家或地区的经济发展主要靠“三驾马车”，即消费、投资、出口，社区经济的发展也不例外。但是社区内居民的消费基本上属于日常基本消费，社区居民的支出比较固定，也比较有限；而社区的出口受制于社区的规模限制，对社区经济发展的促进作用明显不足。因此，社区经济的发展主要靠的还是社区的投资，这里投资既包括社会投资，又包括政府投资。社区产业作为社区投资的对象，不仅仅是社区投资的核心载体，也是社区经济发展的主要推动力。社区发展的进程中需要开展大量的基础设施建设与公共服务设施建设，要求社区必须拥有足够的经济实力，而社区的经济实力又是由社区产业的发展水平所决定的。因此，社区产业是社区经济发展的支撑，也是社区发展的物质保障。

第二，社区产业发展创造了大量的就业岗位，提高了社区人口的就业率。社区产业也可以按照三次产业布局来分类，但是在社区产业发展进程中，占比较重的还是社区的第三产业，即社区服务业。从欧美发达国家社区经济发展历程来看，第三产业（服务业）能吸收大量的劳动力实现就业。目前，美国的第三产业从业人数占总从业人数的比重将近70%，欧盟第三产业从业人数占总从业人数的比重高于60%，而2010年中国第三产业从业人数占总从业人数的比重仅是34.6%。社区服务业作为主要的社区第三产业，一般属于劳动密集型产业，需要大量的从业人员，从而为社区居民提供了大量的就业岗位。

第三，社区产业的发展为社区居民的日常生活提供了便利。社区产业直接面对的就是社区居民，是一种产品需求与供给联系十分紧密的产业。社区产业的关联带动效应十分显著，能促进社区商贸业、餐饮住宿业、文化娱乐业、电子信息等相关产业的发展，不仅仅可以产生良好的经济效益，还能产生明显的社会效应，又充分发挥社区本身的资源优势。正是因为社区产业面对社区居民这一重要特征，社区产业以服务社区居民生产、生活为主旨，力求为社区居民的生产、生活提供便利，降低社区居民的生产、生活成本。

二、社区产业培育及布局

从以上分析我们可以看出，社区产业在促进就业、提升经济服务质量等方面都有着重要的作用。自上世纪50年代以来，各国都致力于社区产业的快速发展，并总结出了一些培育和布局社区产业的重要经验。

（一）社区产业培育

1. 社区产业培育的基本要求

社区产业的培育关系到社区经济是否可以长期稳定的发展，在选择培育社区产业时必须从社区的实际出发，充分考虑社区的区位优势、资源禀赋条件等，着重突出社区产业的区域性、服务性、特殊性，从而推动社区的经济发展以及社区各项事业的同步发展，实现社区产业经济效益、社会效益的双丰收。

第一，社区产业选择的一般标准。社区产业选择的一般标准主要包括：社区居民的收入弹性系数，社区产业的边际生产力、边际效益，以及社区产业之间的关联程度等。根据社区产业选择的这些标准可以知道，社区发展进程中尤其是社区经济发展的进程中，社区会选择发展具有以下特点的社区产业：一是社区产业的产出在社区内和社会市场上具有大量的市场需求，并且这类需求大部分是有效需求，即居民的收入水平消费得起这种社区产品；二是社区产业边际成本递减，经营利润不断增加，厂商以追求利润最大化为目标，只有总体效益在不断增加的情况下，他们才会选择增加产量；三是与社区内的资源禀赋以及其他产业存在着较高的关联度，社区产业开展生产活动需要用很多原材料以及相关的配套服务，社区资源是社区产业的原材料重要来源渠道，而社区其他产业是社区产业的发展的重要支撑，二者相辅相成，合作共赢。

第二，社区产业选择的客观条件。在社会主义市场经济环境中，社区产业发展所需的生产要素是自由流动的。社区在一定程度上可以自由选择要发展的社区产业，但是这种选择的自由度是相对的、受限制的。社区在发展社区产业时须充分考虑社区产业发展的制约因素，如社区产业的成本、收益以及可能带来的经济效益、社会效应等。同时，社区产业的选择立足于社区产业发展的客观条件，不能脱离社区自身的区位环境、资源禀赋、人才结构、科学技术、投融资手段、基础设施、公共服务、政策背景等条件。此外，由于社区的客观条件存在差异与社区自身发展阶段的不同，社区发展的战略定位、目标也存在差异，这就导致社区在社区产业的选择上也存在不同。一方面，社区之间在资源禀赋、资金实力、劳动力供给、科学技术水平上存在差异，导致社区在发展社区产业的路径上存在不同。比如，自身资金、劳动力充足但缺乏资源优势的社区，在发展社区产业上需要依靠外部环境提供产业发展所需的原材料，会选择走外向型的社区产业发展路径；而自身拥有资源、技术、劳动力优势却缺乏资金的社区，会尝试加大招商引资力度，引进社区产业发展所需要的资金，选择走内向型的社区产业发展路径。例如，受原材料限制的社区，就不应选择对交通运输环境十分敏感的产业；受资金、劳动力制约的社区，就不应该选择投资成本大、科学技术要求高的产业。另一方面，同一社区在社区发展的不同历史时期，也会根据社区产业发展的内外部环境的变化，来调整社区产业的选择。在不同发展阶段的社区产业选择的过程中，一定要从社区自身实际出发，准确抓住目前社区产业发展中的主要矛盾，正确协调好社区产业发展中主要矛盾与次要矛盾、整体与局部的关系，处理好社区产业与社区其他事业发展之间的协同关系，针对社区的实际情况，做出适宜的产业选择，并根据社区产业的发展不断地调整社区的产业结构。

第三，社区产业选择的主导方向。社区产业的选择要立足于社区发展的实际情况，不能忽略社区发展的现实情况，不能盲目追求社区产业、社区经济的高增长，要以该社区的区位条件、资源禀赋、经济水平为准。社区产业选择的主导方面，一定是立足于社区的区位、资源、人才优势，能够突出社区特色且具有带动社区内其他产业、事业强劲发展作用的社区产业。此外，在社区产业发展中，要分清社区的主导产业和支柱产业，处理好主导产业与支柱产业之间的关系。社区主导产业是支撑社区产业发展的核心动力，而社区支柱产业是对社区主导产业的衬托与补充。

2. 社区产业发展的主要内容

一是大力发展群众物质和文化生活的产业。在社区产业发展中，必须注重社区物质和文化生活产业的发展，尤其是要发展社区居民需求强烈、投入资金成本低、拥有显著经济效益和社会效益的社区服务业。社区产业要围绕居民生活多样化的需求，不断拓宽服务领域，要从面向老年人、残疾人、社会贫困户、优抚对象的福利服务项目，逐步扩展到托老托幼、家政中介、文化娱乐、社区医疗、法律咨询等面向辖区居民的便民服务产业。

二是大力发展社区基础设施和公共服务产业。随着我国社区化建设进程的加快，社区的内涵、功能不断扩大、完善，社区居民对社区环境卫生、园林景观、安全保障、物业维护、家政服务、社区配套等方面的要求越来越高，要通过政府、社区组织转变传统的社区基础设施和公共服务管理模式，由最初的供给管理模式向需求管理模式不断转变，针对社区居民的需求，有针对性地加大对社区基础设施和公共服务的资金投入力度，为社区居民的生产、生活以及社区事业的发展提供一个良好的环境基础。

三是大力发展社区服务业等劳动力密集型产业。社区发展除了要关注社区经济的发展，还要注重社区劳动人口的就业，社区产业在实现经济增长目标的同时需要兼顾社区劳动力就业情况。以社区服务业为代表的社区产业，具有优化社区产业结构、实现社区投资主体多元化和提升社区劳动力就业水平的作用，并且社区服务业一般以劳动力密集型产业为主，能为社区居民提供大量的就业岗位，能够保证社区内居民的就业水平，同时也为社区的下岗职工和失业人员提供了新的就业途径。此外，社区产业一般具有投资成本低、机构组织结构灵活、环境适应性强等特点，社区组织还应该积极引导和鼓励社区居民自主创业，鼓励他们以个体、私营等企业组织形式，创办各种便民利民的社区服务企业，使社区发展得更加繁荣。

（三）社区产业的布局

社区产业是社区经济发展体系中不可或缺的一部分内容，但是究竟应该发展哪些具体社区产业、各种社区产业之间的比例如何协调，这些都涉及社区产业布局的问题，通常应包括以下几个方面的内容。

物业管理。由所在社区小区物业管理公司负责，主要从事居民小区日常管理的一般服务，如房屋维修、水电检修、公共安全、清洁卫生等。

中介服务。由社区及其他单位主办，或者由个人兴办，从事诸如职业介绍、信息咨询、婚姻介绍、业务代理等活动。

文化娱乐。借助社会力量，根据实际需求与可能，建设、完善各类文化娱乐活动场所，如图书室、阅览室、录像室、游戏室、棋牌室、舞厅、健身房以及音像制品出租等。

医疗保健。一是由医疗卫生组织负责，社区管理部门协助，设立社区卫生服务站或医务室；二是在卫生组织监督管理下，由社区组织或个人创办诊所；三是以医疗卫生机构牵头组织，开展流动医疗服务，开设家庭病房；四是设立便民药店。

技能培训。由劳动就业管理部门或委托物业管理公司负责，主要从事对下岗人员、农村富余人员的家政服务技能或其他生产经营技能的岗前业务培训，使受训者能快速掌握一技之长或其他某种谋生手段。

便民服务。包括家政服务、美容美发服务、商贸服务、餐饮住宿服务、电子信息服务、社会保障服务等一系列便民服务项目。

综上所述，社区服务业作为一个庞大的社会系统，行业众多，领域广阔，资源丰富，且社会化趋势日益明显，产业化步伐逐渐加快。

三、社区产业发展存在问题与解决对策

（一）社区产业发展存在的问题

近几年来，虽然我国的社区产业发展得十分迅速，在实践生产活动中展示出旺盛的生命力，但是我国的社区产业相对欧美发达国家起步比较晚，发展水平亦滞后许多。在如今复杂多变的社会环境中，我国的社区产业发展仍然承受着巨大的压力，存在着许多急需解决的问题。

一是社区产业发展所需的资金不足。资金对社区产业的发展有着至关重要的作用，它是社区产业谋发展的基本条件，但是长期以来社区产业发展的资金因素一直未引起人们足够的重视，社区产业发展所需的资金严重不足。一方面社区产业资金管理体制不完善。新中国成立之初，我国照搬苏联的计划经济体制来实行政府宏观调控，不论中央政府，还

是地方政府都对社区居民、社区产业采用襁褓式的管理手段，无论社区产业能否盈利，最后政府都会为其负责到底，缺乏激励机制，这导致社区产业丧失了积累社会资本的条件和动机。改革开放以后，计划经济体制向市场经济体制逐步转变，并且政府开始着力完善社会主义产权制度，社区内的企业大部分成为自负盈亏的独立法人，社区居民委员会成为自治组织。但是社区产业发展的资金困境并没有得到有效的改善，社区自治组织依然保持着国家行政机关的传统作风，无论在思想还是行动上都没有跟上社会主义市场经济体制改革的步伐，仍然习惯什么都依赖政府，完全靠政府进行社区产业建设。面对推进社会主义市场经济体制建设这一重要历史机遇，社区自治组织没有紧紧地抓住这一机会，没有充分发挥社区自治组织的主观能动性，依赖政府的财政扶持政策谋求社区产业发展配套资金，同时指望政府制定的平均分配政策，试图从社区外谋求别人创造的效益分成来带动和发展本社区产业的发展。另一方面，社区产业之间的联系不紧密，资金使用效率低下。社区产业的发展本可以充分发挥产业互补优势，实现社区产业的利益共享，节约社区产业发展的交易成本，获得良好社区产业效益，但是我国的社区产业发展长期存在政府部门之间各自为政现象，导致社区产业之间各成体系，缺乏有效的横向联系和产业之间的协同合作，导致社区产业发展进程中存在大量的重复建设、产能过剩等问题，最终导致了社区产业的经济效益低下。

二是社区产业发展的结构不合理。我国一直以来缺乏对社区产业发展客观规律的正确认识，并且缺乏对社区产业发展的理论研究和实践经验，以致我们在发展社区产业的进程中无法准确地把握好社区产业建设的重点，制定了许多不成熟的社区产业发展决策，产生了不合理的社区产业结构。我国着力发展经济初期，一直存在重视工业、轻视农业的错误思想，通过农业产业与工业产品的剪刀差，用农业补给工业，导致我国产业结构畸形；而在发展工业的过程中，国家又没有正确地对轻工业与重工业进行定位，把发展重工业放在首要位置，忽视对轻工业的投入，导致工业内部结构也不合理。受我国这种产业发展思维的影响，我国社区产业的发展轨迹中也存在许多不合理的痕迹，许多社区没有充分考虑到自身的基础发展条件，忽略了自身的发展优势，盲目追求大而全的社区产业体系，局限于社区产业发展的短期效益，忽视了社区产业发展的长期效益，造成社区产业结构比例失调，不仅仅导致社区资源得不到合理开发和利用，社区生产潜能得不到充分发挥，还导致了社区产业结构与社区居民的消费结构脱节。目前，我国的社区产业发展十分迅猛，但是我国的社区产业结构不协调的问题依然十分突出。从宏观角度分析，目前我国第三产业在国内生产总值中的比重处于40%左右，仍然低于欧美发达国家，甚至低于印度这样的发展中国家。我们要实现以社区产业发展为突破口、带动社区经济以及社区各项事业发展的战略目标，必须保证社区第三产业的优先发展，否则社区产业结构的不合理最终会限制社区各方面的综合发展。

三是社区产业的管理模式不完善。目前，我国的产业管理模式深受苏联产业管理模式的影响，主要采取纵向集权式的管理模式，在产业发展的过程中虽然也进行了几次改革，但仅限于产业管理权限的调整，没有涉及产业管理模式的根本，仍然坚持以行政部门为主体，采用行政干预手段来管理产业，行政计划色彩浓重，没有充分发挥市场经济的自身调节机制，导致我国产业管理模式落后。社区产业作为我国产业发展中不可分割的部分，同样也受到了传统产业管理模式的影响。第一，社区产业管理权限划分不清。社区自治管理组织仅在一定程度上拥有对社区产业的管理权，一般仅仅是针对规模较小的民间资本投资的产业拥有一定的管理权，一旦涉及国有企业，就会涉及行政隶属关系的问题。社区自治管理组织在面对国管、市管、县（区）管企业时一般显得力不从心，导致社区无法全面协调社区内的产业生产结构，增加了社区产业的交易成本，造成社区产业的生产、存贮、销售脱节，影响了社区产品的流通，阻碍了社区产业之间的互动。同时，社区产业管理权划分不清还导致了社区内国有企业与民营企业之间缺乏互动，合作效应没有得到充分发挥。第二，社区产业过分重视行政管理手段，忽略了市场经济管理手段。受过去计划经济传统管理模式的影响，我们依然习惯于以行政机构为主体，通过行政命令的方法来管理社区产业，没有随着人类社会的发展和社会主义市场经济的发展来重新审视我们的社区产业，政企不分，忽视市场经济调节机制对社区产业的资源优化配置的作用。社区过分重视行政管理手段，忽略市场经济管理手段，其违背了当下社会发展的历史大趋势，违背了市场经济运行的客观规律，导致社区经济产业的独立经营自主权得不到保障，社区产业发展缺乏活力与动力，社区产业的大繁荣、大发展更加无从谈起。第三，社区产业发展定位不清。近年来，社区产业发展开始尝试以产业园区形式来开展，并且凭借产业园的模式获得大量的财政扶持资金和一定量的产业税收收入，社区产业发展综合实力明显加强，社区产业发展前景似乎一片光明。但是，只要我们认真地审视当下社区产业发展，就不难发现社区产业存在的忧患。一方面，社区产业相对国家级、市级、县级的经济技术开发区或者产业园，在人才、土地、招商引资方面还存在很大的差距；另一方面，社区产业的发展缺乏明显的定位，结合社区特色来打造社区产业的社区比较少，社区往往过分追求短期的利益，忽略了社区产业发展的长期利益。

（二）社区产业发展问题的解决对策

社区产业作为一种新的经济产业形态，人们对其的认识还比较有限，当前的社区产业发展存在一定问题并不是不能容忍的。面对社区产业发展存在的问题，关键是深入分析这些问题的成因，结合社区的现实客观实际，有效地解决社区产业存在的问题，促进社区产业蓬勃发展。要解决社区产业发展存在的问题，我们既要努力转变和革新发展观念，又要加快社区产业发展的机制建设和政策制订。

一是在认识上，由管理的观念向大社区建设的认知转变。人们对社区的了解还局限于行政组织机构上，对社区产业发展的认识比较淡化。在人们的观念中，比较熟悉的是国民经济、城市经济、农村经济、第一产业、第二产业、第三产业等，对社区经济、社区产业还没有具体且比较深入的认识。甚至有人认为，社区作为基层的社会自治组织只要负责基层的行政管理工作即可，不需要将自身职能复杂化，仅需具备行政管理职能、无需发展经济职能，发展经济职能只可能弱化社区的行政管理职能。然而实践证明，社区建设与发展是多元化的，其不应该仅仅局限于发挥行政管理职能，还要对社区的经济、教育、科技、文化、卫生、体育、生态环境等发展做出贡献，这是大社区建设与发展观。社区建设与发展以经济产业发展为物质基础，社区缺乏经济产业支撑，没有足够的经济软实力，仅靠上级政府的财政拨款，社区建设与发展就是纸上谈兵。唯社区管理论的思想观念，只看到社区的管理职能，不承认社区的经济职能，这不利于社区经济、社区产业以及社区各项事业的长期发展。当然，如果社区只顾发展经济产业而放松社区管理，也是不被认可的。

二是在机制上，由封闭的街道经济向开放的社区经济转变。长期以来，我国社区产业的发展一直处于低水平的发展状态，社区产业发展涉及多个投资主体，包括街道、社区居委会等政府主体，也包括个体、私人等民营主体，甚至还包括政府、民营参股合作经营的情况。社区经济产业的多元化投资主体结构是没有问题的，但是当多元化的投资主体结构遇上单一化的投资管理结构时就出现问题，问题的根本是社区产业管理思想的封闭。发展社区经济产业，就是要打破这种单一的投资管理模式，实现社区经济由封闭式经济体系向开放式经济体系转变。首先，要继续推进社区产业投资主体多元化。社区经济产业投资主体多元化有助于降低社区产业投资的风险，保障社区经济产业的安全，同时增加社区产业发展的动力与活力，使社区产业保持持续发展的态势。其次，要推行社区产业管理机制多样化改革。无论社区产业是何种所有制，社区产业是何种行政隶属关系，都要强化社区主体对社区产业管理的影响。针对社区中民营资本投资产业投资规模小、数量大、活力强的特点，改革传统的行政管理模式，实现创新型管理，积极鼓励和引导民营企业融入社区产业，融入社区发展的大环境中来，进一步优化社区产业结构，提高社区产业的竞争力，并且将社区产业管理的重点由直接抓经济产业生产经营转移到降低社区产业生产成本，提高社区产业生产效益上来。再次，促进社区产业实现现代化、规范化运作。积极推进社区现代企业管理制度的建设，优化社区产业发展的自身组织结构，协助社区企业制定股东会、董事会、监事会和高级管理人员的职责和义务，监督社区企业的经营管理活动，确保社区产业投资人的合法权益。

三是在方式上，由粗放式发展向集约式发展和可持续发展转变。改革开发以来，中国走粗放式的经济发展道路，取得了一定的发展成效。但是随着人口数量的增长以及社会资源的消耗，粗放式发展方式已经难以为继，需要我们转变经济发展方式，走集约式发展道路，实现经济、社会的可持续发展。要实现社区产业的集约式发展，并向可持续发展转变，必须在改革与发展社区第二、三产业上努力，做到“优化二产、壮大三产”。“优化二产”是指以现代科学技术、现代经营管理理念为基础，不断寻求生产技术的创新与经营管理理念的革新，优化社区经济第二产业的产业结构，提升社区经济第二产业的生产效率，实现社区产业的规模化、集团化发展；“壮大三产”是指以服务社区居民生活、生产为宗旨，大力发展社区生产性、生活性现代服务业，提高社区第三产业在社区国民经济中的比重。在转变社区经济发展方式的过程中，仍然要紧紧围绕强化社区产业发展综合实力这一主题，以服务社区居民作为开展一切社区生产、生活活动的出发点，努力追求社区经济产业与社区各项社会事业的同步协调发展，从而实现经济产业、社会事业的可持续发展。此外，在发展社区经济产业的过程中，要注重社区产业规模与社区产业效益的平衡，不求规模最大，但求效益最佳；要注重社区产业核心竞争力的构造，不求产业全覆盖，但求产业有市场。只有做到这两点，才能实现社区产业由粗放式发展向集约式发展的转变，并最终实现社区经济、社区产业的可持续发展。

四是在动力上，由单纯的收费经济向多元的税源型经济转变。社区的发展不能满足社区居民日益增长的物质消费需求以及精神文明需求，导致社区的发展与社区居民的主观预期存在差距的主要原因是社区建设与发展资金的缺乏。要推动社区的建设与发展，首先必须解决的就是社区发展与建设的资金来源问题。目前，社区建设与发展资金主要来源于财政收入，而财政收入又由税收收入和非税收收入决定，其中税收收入占据了很大一部分，是社区建设与发展资金是否充裕的决定性条件。因此，要增加社区发展与建设资金必须从增加税收收入上下手，但是这并不意味着要增加征税项目、提高征税税率，这里强调的是强化现代化征税手段，提高征税工作质量。首先，要做好社区税源调查工作。要认真落实好社区税源调查工作，无论是何种所有制结构、何种行政隶属关系、何种投资主体，只要是应交税对象，都要对其进行摸底调查，并登记在案，强化对无证、无照经营者的管理，坚决制止企业偷税、漏税的行为，完善社区现代化征税手段。其次，推进信息化管理，提高征税工作效率。

征税信息化是社会发展的必然趋势，也是提高征税工作效率、实现征税工作现代化的必然要求。在征税过程中许多环节都可能涉及信息化，比如征税信息的录入、征税信息的查询、征税信息的统计以及征税信息的综合分析等，如果这些工作都单纯依靠人工完成的话，那将耗费许多不必要的人力、物力、财力，征税工作效率低下，对社区建设与发展的资金来源保障构成影响。再次，要做好社区税源的培育工作。要保障社区建设与发展的资金，就要获得一个相对稳定的财政收入来源，即培养一批能够提供稳定税收来源的企业，并且保证这些企业的稳定、可持续发展，使之成为社区建设与发展的中坚力量。社区一方面应该将社区内的国有企业作为税收来源的重点对象，给予他们更加有利的发展环境，培育这些企业做大做强，让它们为社区建设与发展提供稳定、持续的动力；另一方面社区也不能忽略对民营企业、个体户的征税工作，要提高对它们的征税手段，要强化对它们的力度，尽力防止逃税、漏税现象的发生。最后，还要健全社区财政支出机制。一方面建立透明化财政转移支付制度，透明化的财政转移支付是预防腐败、降低社区运行风险的最佳手段；另一方面增加社区财政在社区产业重点区域的投入，积极培育社区龙头企业，凭借龙头企业的辐射带动效应，促进社区其他产业的共同发展。此外，还要完善适应社区经济发展的财税管理模式，探索社区经济发展新的途径和方法，寻找合作伙伴，培育新的经济增长点，推进社区经济的发展。

总之，社区产业的发展方向应该是鼓励服务型、引进合作型、壮大外向型、发展特色型，把社区产业的运行从计划经济的传统习惯中解放出来，不断地壮大社区财政，使社区产业成为社区经济与国民经济的重要增长因素。

第十一章　社区人口管理与就业

社区作为我们日常生活中不可或缺的一个群众性自治组织，以人和人的活动为主体，围绕人和人的活动进行管理以及提供服务。可以说，在社区的构成要素中，人口是一个至关重要的因素，一旦脱离了人和人的活动，社区的存在与意义亦不再完全。因此，开展关于社区人口管理与就业的研究对社区发展有着积极的作用。

一、社区人口管理

人口对于社区发展的意义非凡，因而社区人口管理显得尤为重要。理解社区人口管理，前提是了解社区人口的构成。

（一）社区人口构成

社区人口构成是指将人口以不同标准划分而得到的一种结果，其具体表现为，在某一时间节点，社区内人口总体内部不同质的规定性的数量比例关系。社区人口构成依据社区人口本身固有的自然的、社会的、地域的特征将人口划分为各个组成部分，并用百分比来表示各个部分的比重。社区人口是一个具有许多规定和关系的总体，有性别、年龄、居住地、民族、阶级、文化、婚姻、职业以及宗教信仰等标志，但就其性质特征而言，社区人口构成类别可归纳为社区人口自然构成、社区人口社会构成、社区人口地域构成三大类。

社区人口的自然构成是指按照人口的生物学特征对社区人口进行划分，通常按照性别构成与年龄构成进行划分。其中，社区人口的性别构成是指社区中男女人口占社区总人口的比重；而社区人口的年龄构成是指社区中各年龄组人口占社区总人口的比重，国际社会中通常用老年人口占社区总人口的比重来区分不同的社区人口类型。

表 11－1　社区人口类型

社区人口类型	60 岁以上人口占总人口的比重
年轻型	5%以下
成年型	5%～10%之间
老年型	10%以上

社区人口的社会构成是指按照社区人口的社会特征对社区人口进行划分，主要划分标准包括阶级构成、民族构成、文化构成、语言构成、宗教构成、婚姻构成、家庭构成、职业构成以及部分构成。其中，社区人口阶级构成是指不同阶级人口占社区总人口的比重，通常以收入水平的高低来划分人口阶级，分为高收入阶级、中等收入阶级、低收入阶级。不同收入水平的社区人口存在着不同的消费需求，低收入阶级以生存类消费需求为主，高收入阶级以享受类消费需求为主，社区应该充分保障低收入人口的生存类消费需求。社区人口文化构成是指不同受教育程度人口占社区总人口的比重，其能综合反映社区人口的主要受教育程度，是衡量与评价社区人口综合素质的一项重要指标，也是社区自治组织开展社区人口管理与就业不可忽略的一项重要内容。社区人口职业构成是指各职业从业人口占社区总人口的比重，它在一定程度上能代表社区的综合经济发展水平、社区产业的构成情况以及社区劳动力的分工情况，经济发展水平越高，经济产业结构越复杂的社区，其人口职业构成也就越复杂。

社区人口的地域构成是指按照社区人口居住的地理区位属性对社区人口进行划分，主要划分标准包括自然地理构成、行政区域构成和城乡区位构成。社区人口的地域构成状况与地理环境、自然资源、经济发展有关，合理的人口地域结构有利于开发和利用自然资源，促进城乡经济的发展。

（二）社区人口管理

社区人口管理是指社区自治组织针对社区居民开展的人口管理与服务的行为。社区人口管理是社区管理活动中的一项重要内容，它不仅仅吸收了社区管理的思想，还保持了社区管理事务的特殊属性。

随着经济和社会的发展，人口管理工作越发复杂。目前我国正处于加快转变经济发展方式的攻坚时期，正是一个社会人口问题多发的时期，传统的人口管理模式与方法已经不适应现代人口管理的要求，如何实现社会人口的有效管理已经成为当下我国社会发展的一个重要课题。社区作为社会组成的基本单元，其承担着基层人口管理的工作职责。要开展好社区管理工作，首先要从社区人口管理入手。开展好社区人口管理工作不仅有利于丰富社区人口管理理论，创新社区人口管理模式与方法，而且有利于实现具体的社区人口管理，保障社区的平稳发展，维护社会的和谐稳定。

许多专家、学者针对社区人口管理问题开展了大量的研究工作。专家、学者的观点主要分为两方面：一方面是开展户籍制度改革，破除城乡之间、区域之间的户籍制度壁垒，完善流动人口管理、异地常住人口管理机制，实施行政属地管理、全国联网统一管理；另一方面是提高人口社会保障综合水平，加大对社区低收入人口、老龄人口、重大病患人口的社会保障力度，积极实现社会保障均等化。前者强调的是政府行政部门通过行使管理手段对社区人口的管理，而后者强调的是政府要转变职能，构建服务型政府，从提高社会保障水平上开展社区人口管理工作。

社区人口管理的内容主要分为两个方面：一是实现社区人口的日常管理，为社区发展提供稳定的环境基础；二是满足社区居民的根本需求，为社区居民提供社区保障，为社区居民服务。从行政管理角度看，社区人口管理是发挥社区对人口的行政调控职能，具体涉及人员的登记管理、生活行为管理、生产行为管理以及行政处罚管理（比如社区矫正等）。从人口服务角度看，社区人口管理也是发挥社区的人口服务型职能，为社区人口提供各种社会保障与社会福利性，满足社区居民的基本社会保障需求，尤其是社区低收入人群、老年人群以及患有重大疾病的人群。

可以说，社区人口管理的职能，主要作用于具体的管理过程和服务过程。从社会心理效应分析，社区人口服务可以使社区居民深入了解社区人口管理的内涵并且产生认同感和归属感，而行政化的管理因为行政色彩浓厚，带有一定的强制性，相对人口服务往往不容易被社区居民接受。因此，在社区人口管理中，应该侧重社区自治组织对人口的服务，以人口服务为切入点开展社区人口管理工作，最终实现行政化管理与服务并重，二者相辅相成。

要开展社区人口管理工作，必须明确社区管理的主体与客体。社区人口管理的主体即社区人口管理的实施方，社区人口管理的主体可以是多重的，具体包括社区自治组织、社区内的企事业单位、社区内的非营利性组织以及广大的社区居民。社区人口管理的客体即社区人口管理的对象，涵盖居住在社区内的所有居民，包括社区的常住人口与流动人口。

开展社区人口管理工作还必须注重社区人口管理方式。目前，社区主要采取自治管理，社区人口管理作为社区管理的一项重要内容，也采取这种方式。这种管理方式比较依赖社区居民的文化素质、思想认识等主观因素，是一种民主式的、由广大社区居民广泛参与的管理活动，缺乏一定的行政强制性。

为更深入、更准确地理解社区人口管理的概念，我们要懂得区分社区人口管理与城市基层人口管理这两个概念，并且明白这二者之间的联系。接触到人口管理，首先出现在人们脑海里的往往是户籍管理部门的户籍登记、人口管理部门的计划生育等具体行政管理行为。事实上，这些政府职能部门在社区的分支机构属于政府民事管理体系的组成部分，它在社区管理实务中针对人口的管理被称为城市基层人口管理。城市基础人口管理强调采用包括政治、法律、政策、纪律等在内的强制性或者行政性控制实施方式，而社区人口管理强调的则是通过各种协会、团体、组织等对社区人口实施的自治管理。但是，政府行政部门的民事管理与社区人口管理又不是完全独立的，二者之间也有一定的联系。社区人口管理与城市基础人口管理的管理客体、作用范围基本相同，是一种平行互补的关系。由于政府机构设置等因素，仅仅依靠政府职能部门本身的人力、物力、财力往往会出现管理不到位的现象，因此政府需要借助于社区中各种组织机构的力量，如社区居委会、社区内的企事业单位等，来共同实施社区人口的管理职能。

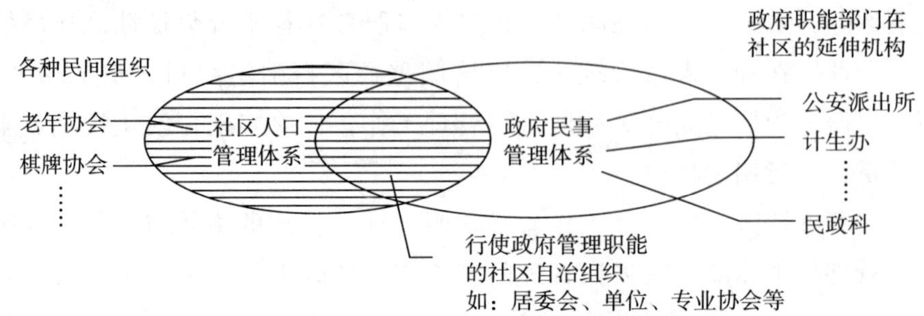

图 11－1 社区人口管理体系与政府民事管理体系

二、社区就业

社区就业依靠的主要是社区服务业的发展。社区服务业可以为社区的就业带来希望，社区服务业的开拓也意味着社区就业空间和就业领域的拓展，所以要促进社区就业的实现，就要大力发展社区服务业。

从国际上比较，国外关于社区就业的理论研究较早，但总体而言体系仍不够成熟，它们的理论成果仍局限于经济区位论和社区经济理论下的社区就业行为和功能。至于我国，国内对社区就业的理论较为分散，有的从影响社区就业的因素上进行研究，有的对不同区域间的社区就业进行比较研究，总体而言，缺乏理论研究的深度和广度，并且缺乏一个系统的完整的理论。但是，前人的理论成果和实践经验的积累为我们现在社区就业的研究带来重要的参考价值和理论根据。

（一）社区就业的定义及特征

社区就业既是经济政策关注的重要议题，又是社会政策关注的重点。社区就业可以从三个角度进行理解。

①传统的社区就业定义认为，社区就业是在社区地域范围内的劳动就业活动。从此定义看来，凡是社区地域范围内的就业便可称为社区就业。

②劳动经济学中将社区就业定义认为，社区就业是在劳动市场结构中处于次要和边缘劳动市场的就业。按照这个定义，这里的“社区”实际上是二元劳动市场中的边缘或次要劳动市场，并且这个市场中的社区

就业的基本特征是低工资就业和地方取向。

③社区就业是在社区层面为困难和弱势群体提供的就业机会与就业服务支持。这些群体包括下岗失业人员、刑满释放人员、社区矫治人员、有劳动能力的残疾人和外来流动人口等。

最重要的是，以上三种定义都表明，发展社区就业都离不开社区这个市场和地域范围，所以说，社区就业是以社区为基础，充分利用社区资源进行优化配置的一种就业行为。一个全新的社区就业主要有三个显著特征。

①就业面广、需求量大。社区就业可以涉及千千万万的行业和职业，只要能提供就业岗位就可以，所以说就业面广、需求也非常大。

②就业形式灵活多样，成本低。从时间上来看，有全日制的形式，也有兼职的方式工作，兼职主要包括钟点工、弹性工作制等形式。从工作地点来看，有进入企业、单位或工厂的，也有进入家庭工作的。同时，从成本上而言，社区就业的大部分行业和职业对劳动者的技能要求并不高，所以就业成本不高，就业门槛也较低。正因为如此，社区就业才能成为吸纳劳动力的“蓄水池”。

③多属于非正规就业，劳动关系不规范。正是因为社区就业的劳动形式多样，造成相对松散的劳动关系。也是因为劳动素质要求不高，所以劳动者本身的自我保护和自我维权意识也不强。

发展社区就业对社区经济社会的重大意义是不言而喻的。社区就业作为一个崭新的就业渠道，虽然以一种非正规的就业形式公之于众，但是它使大多数劳动者们通过自食其力保证自己的生活，为社区人的生存和发展提供了一定的动力，此外，还在满足城市社会经济发展的需要、增加居民收入、提高资源利用效率、节约资金、促进人力资本形成等方面发挥了重要作用。它被认为是农村过剩劳动力非农化的必由之路，能吸收大量的被拒之于正规部门之外、或被正规部门“挤出”的人员，被称作巨大的“劳动力海绵”，已成为发展中国家最主要的城市就业渠道和新增就业岗位的来源。[1]

---

① 周学馨，向艳宏：发展非正规就业是解决就业问题的重要环节，载于《重庆行政》，2009 年第 3 期。

（二）影响社区就业的因素

为了进一步理解社区就业，我们可以从影响社区就业的因素的视角看问。影响社区就业的因素是多方面的。

1. 经济因素与社区就业

在影响就业的诸因素中，经济因素是最重要也是最直接的一个方面。没有解决增长，就业问题就是无源之水。可以说，“提高经济增长的速度和效益，增加就业机会是解决就业问题的基本保证。”经济因素，包括国家宏观经济结构和个人收入水平，与社区就业发展水平密切相关。

不断变化和发展着的国家宏观经济环境，是社区就业发展的外部环境和条件。经济转型和经济结构的调整是一把双刃剑，它不仅加剧了就业形势，但也为社区就业的发展提供了契机。第三产业成为今后产业结构调整的重点，社区服务业由此将成为就业岗位的主要增长点。社区经济的发展程度影响着社区就业的空间和领域，社区经济的发达程度不仅与社区服务业发展程度成正比，也与社区就业岗位的拓展程度成正比。

此外，社区居民的收入水平也在一定程度上影响着社区就业市场的成长。社区家庭收入水平的整体提高，促进了其消费能力的扩张，使得覆盖社区范围最广的社区服务业的发展得以扩张，从而直接影响到社区就业岗位的供给。当社区服务业发展到一定规模，社区的下岗失业人员看到社区服务业的前景，更多地倾向于在社区就业。

2. 观念因素与社区就业

社区居民的消费观念和求职者的就业观念等观念因素对社区就业的现状及其发展前景有一定影响。只有适应市场经济发展要求和时代理念的就业观念和消费观念，才是促进社区就业更好更充分地发展。

（1）消费观念对社区就业的影响

从一定程度上而言，社区消费市场和消费需求造就了社区就业岗位。一个没有需求的市场，是没有价值的也是没有活力的，更谈何就业。从这个层次而言，社区居民的消费观念影响着社区就业岗位的提供。一个保守的消费观抑制了社区的有效需求和消费，过分节俭造成社区市场的萧条，经济增长缺乏动力，从而就业岗位也就减少；而一个与时俱进的消费观念改善了社区的消费结构，促进着消费的增长和社区服务的提升，从而增加社区就业岗位。

（2）就业观念对社区就业的影响

就业观念是人们对就业问题的基本认识和根本态度。就业观念无形中影响和指导着劳动者的行为，使他们有目的、有方向的选择自己就业的领域，并且对一些职业存在着偏好和取舍。传统的就业价值观仍深深影响着人们的择业和就业。长期以来，人们存在着“正规就业是求职的最佳选择”这种思想，再加上服务业因为工资低廉、文化素质要求不高等原因使得人们不愿从事相关工作，这些都是就业的心理障碍。在这种传统、闭塞的观念支配下，许多就业机会未得到充分利用，然而劳动者又不断增加，便造成了众多失业无业人员的存在。

3. 政策因素与社区就业

众所周知，就业问题不仅是经济问题和社会问题，它还是关乎政治的重要问题。国家政策，是以人为本的，它在促进经济发展、社会稳定和谐、缓解社会矛盾等方面起了关键性作用。社会政策的制定直接影响着社区就业的有效解决。

社区就业的相关优惠政策推动了社区就业的发展，但在执行过程中不可避免地出现一些问题。国家和地方出台了一系列推动社区就业的优惠政策，主要包括工商登记手续简化、小额信贷、税费减免、场地扶持、针对特定对象的就业援助及免费再就业培训等相关就业服务。在这些利好政策的引导和鼓励下，许多人群实现了就业和再就业。

（三）中国的社区就业

我国的社区就业伴随着社区建设以及社区服务的发展而产生。它依托于社区、企业和非政府组织，由社区内的劳动者自发或自愿组织，主要从事社区服务业。由劳动者自发或资源组织、服务于社区，这两个要素构成了社区就业的最基本特征。社区就业是一种崭新的就业形式和就业渠道，这种新的就业形式将逐步发展成为我国就业工程的重点。

1. 我国社区就业的分类

根据服务对象和内容，将社区就业的岗位分为四类。①便民利民服务类。社区居民在社区的基本日常生活包括吃、穿、住、行、娱乐等方面，为居民们开展这些服务可以让他们在社区内就可以享受到这些生活的便利。②公益性服务类。公益性服务属于非盈利性的服务，它具有为群众服务，使群众受益的特点。③后勤保障服务类。驻在社区地域范围内的各类企事业单位的服务需求各异，并且随着单位部分职能的剥离，社会化改革进程的加快，后勤保障类的服务需求将会更加突出。④特殊群体的服务类就业。主要是指为下岗失业人员、刑满释放人员、社区矫治人员、有劳动能力的残疾人和外来流动人口等群体提供服务的就业岗位。

2. 我国社区就业特点

中国的社区就业是一个具有中国特色的概念，它是与政府就业（公务员）和传统单位就业（大中型企业、事业单位）完全不同的一种就业方式。[①] 其特点主要包括以下几点。①从行政层级上来看，社区就业主要由街道会社区主办，街道或社区会不定期举办招聘会，用来解决失业人员、残疾人等特殊群体的就业问题。②在服务对象上，社区就业是为社区居民提供公共服务的一个方面，并且还为社区内商业实体提供服务。③从就业形式上来看，社区就业可以分为六大类：面向社区公共服务的私营经济和个体经济、劳动部门管理的非正规就业、社区公益性就业岗位、民政部门管理的各类社区服务组织、面向社区公共服务的社会组织和民办非企业单位其他社区性经济活动，例如各类摊贩、流动就业等。[②] ④从管理主体上来看，社区就业是一种非正规就业形式，涉及的部门多，主要包括民政、卫生、公安、劳动和社会保障、工商、税务等多部门的综合管理。⑤从就业者类别看，社区就业群体囊括了下岗失业人员、刑满释放人员、社区矫治人员、有劳动能力的残疾人和外来流动人口等群体在内的劳动者队伍。⑥从服务性质上看，社区就业属于公益性范畴，开展的是市场导向的各种便民服务，同时它也是城市社区经济发展的重要环节。

3. 我国社区就业存在的问题

社区就业是一个具有中国特色的概念，目前我国社区就业发展不平

---

①② 任远，陈琰：社区发育与社区就业：影响社区就业的因素及社会政策研究，载于《复旦学报（社会科学版）》，2005 年第 2 期。

衡，在自身发展的过程中存在着一些问题和难点，总体而言，我国的社区就业发展还不够完善。具体表现为以下方面。①思想观念束缚。许多下岗失业人员存在着“等、靠、要”的思想，缺乏创业意识和干劲。而在求职过程中又期望过高，或是不符合自身的实际能力，使得街道或社区开展的招聘会没有达到理想的成效。此外，还有一些人对社区就业存在着误解和偏差，认为社区就业并不是正规就业，没有安全感。②岗位待遇偏低。对于社区就业的人群而言，工资的高低决定了他们是否选择此项工作，是否会有工作热情。由于社区就业领域大多是社区服务业，它们本身并不要求劳动者有较高的文化素质，工作本身的技术含量也不高，所以工资也相对低廉，这样对求职者没有足够的吸引力。③优惠政策不到位。国家和地方都出台了一系列工商税收和社会保障等方面的优惠政策，以鼓励下岗失业人员创业或者自谋职业。但政策在实施的过程中难免遇到一些问题，如部门之间缺少协调与配合等，这些都为社区就业工作的有效开展造成了困难。④管理体制不健全。社区就业属于社区服务的层面，社区服务的组织架构、职责归属和收费标准都比较模糊，没有系统的明确的服务体系，社区就业也就缺乏成效。⑤从业人员岗位素质不高。从事社区服务的人员，大多没有经过专门的培训，并且文化程度也不高，技能不足，无法提供高质量的服务，在一定程度上影响了社区就业功能的发挥。

（四）促进社区就业的相关措施

促进社区就业的发展，需要社会各方面的重视、支持，引导和推动。选择合适的社区就业模式来推动社区就业的快速发展，消除不利因素的影响，需要从加大政府支持力度、营造创业环境、完善社区管理等多方面着手。

1. 强化政府引导功能，加大政府支持力度

政府政策对社区就业的扶持力度是社区就业各项工作最直接最有效的影响力和推动力。首先，政府应将社区服务业纳入到整个社会和经济发展的总体规划，明确工作目标管理体系，发挥政府的主导作用，尤其应强化基层政府责任，推动街道政府把发展社区服务业、提高就业率作为街道的主要工作，作为绩效考评的主要指标。要真正将各项优惠政策

落到实处，如对一些微利服务项目落实税收和减免收费等优惠政策、保护和促进弱势群体就业、鼓励中小企业发展等政策措施，以营造一个良好的发展环境，实现更多人的就业和创业，实现更高水平的就业和创业发展道路。其次切实加大资金的扶持力度。对于生活困难的下岗职工、刚毕业大学生在社区服务业创业就业的，可以考虑给予一次性开办补助费的支持。除此之外，商业性银行也应加大对社区服务小企业和个体户的贷款支持。最后，为社区服务业从业者提供灵活的社会保险入口。可以考虑以街道为单位设立劳动服务公司，凡生活困难、有就业意向的劳动者（尤其是刚毕业大学生），都可以作为公司员工，公司以政府最低生活保障为保底薪金，并从劳动者从事各种短期劳务收益中扣除一定额度，作为社会保障应缴纳的费用和基金。劳动服务公司为每一位员工都设立劳动服务收益个人明细账目，作为取得薪酬的依据。一旦他们找到服务单位，在此期间交纳的保障金和基金同时转出。

2. 全面整合社区资源，发展社区经济，促进社区就业

随着我国社会主义市场经济的发展和人们生活水平的提高，人们的需求也多样化发展，要求也越来越高。目前，我国人民群众日益增长的物质文化需求还得不到满足。所以，要求深入挖掘社区资源，发掘更多的社区就业岗位服务于社区居民；另一方面，努力增加社区服务设施，以满足居民家庭需求为目标，将就业人员的特长与居民的有效需求结合起来，完善社区服务设施，健全服务网络，加快社区服务信息平台建设，不断拓展服务领域，形成多种经济成分和多种经营方式并存、社会化的社区服务体系。

劳动力素质的提高是社区就业今后发展的关键所在。如何切实有效地提高社区劳动者的就业技能和适应能力是社区就业发展的重要问题，它也将贯穿整个社区就业发展的全过程。从目前我国社区就业的现状来看，需要在构建和完善政策与资金扶持的支撑体系基础上，不断探索和改进具体措施。在促进社区就业岗位开发层面上而言，必须依托于街道和社区居委会，必须充分发挥他们的优势；在进行社区就业人员的职业培训上，既要注重实效性，也要有针对性地开展培训。社区通过利用自身资源可以通过以下途径来扩展就业渠道。

①开发社区管理和公益性服务岗位。这不仅在一定程度上弥补了社区服务人手的不足，也使更多地人理解和认同社区公益性服务岗位。

②积极扶持民营经济的发展，增加就业岗位。贯彻落实国家和地方的有利于非公有制经济发展的政策，优化政策环境，支持和鼓励下岗及失业人员从事个体私营经济，实现再就业，引导、扶持、培养创业领头人，通过帮扶一些具有较强创业意识和能力的创业领头人，创办各种类型的经济实体，直接吸纳安置社区内的下岗失业人员；同时，加快国有、集体企业改革步伐，通过改革、重组、招商引资，拓展就业岗位。

③社区共建，为失业人员找岗位。社区组织要关注下岗失业人员，积极帮助他们实现再就业，可以与辖区单位进行沟通和联系，通过“资源共享、社区共建”的系列活动，寻找合适的就业岗位帮助社区失业人员“对号入座”，签订用工协议。

3. 构建社区就业社会保障机制

一个健康完善的社区就业体系需要有一个良好的社区就业保障机制相匹配。一个良好的社区就业社会保障机制有利于构建统一、高效的社区就业体系。构建社区就业社会保障机制需要注意以下三个方面。其一，多渠道、多形式筹集资金，既保障了社区从业人员的根本利益，又可以引导和培育各种类型服务业的发展。其二，强化社会保险意识，提高社区从业人员的参保意识。这就要求不仅要做好社会保险的宣传工作，还要在提高基层社保机构服务水平上做好工作。其三，强化社区劳动保障机构的职能。

4. 完善社区就业管理机制

首先要实现分层管理。但在分层的过程中要注重沟通与合作，简化手续，逐步建立起政府统一领导、各职能部门各负其责、社会广泛参与的社区就业管理体制，使上至市级政府，下至社区基层组织，每一个层次都有各自详细的权利和义务。其次，建立公益性载体。可以在各层次建立起社区就业管理机构，专门负责解决社区的就业问题，而这一机构属于公益组织的性质。其经费来源应该由政府承担，保证其正常运作。最后，适当下方权限。针对社区就业问题中存在的用工不规范等问题，可以将监督管理权限下放给街道，具体由社区实行监督，只有这样，才能更直接地发现社区就业中不合理的现象，进而将用工制度落到实处。

5. 引导社区就业人员转换就业观，转变社区居民的消费观念

许多社区的下岗失业人员对社区就业存在着误解和偏差，对此，应采取多种形式进行解释和宣传工作，大力倡导“自食其力”和“积极创业”之风，帮助、引导他们正确看待当前的就业形势，转变不合时宜的就业理念。此外，还应在社区倡导新形势下正确合理的消费观，只有转变社区居民群众的消费观念，才能刺激社区服务需求的不断扩展和衍生，这样也就能促进社区就业的发展。具体而言，可以以家政服务为突破口，引导和拉动居民的家庭照料等需求。

第十二章　社区环境保护与治理

社区环境状况直接或间接地制约着社区的建设与发展。加强社区环境建设，对于促进社区建设与发展、创新社区管理模式、强化社区管理能力、提高社区经济发展水平以及统筹社区内各项社会事业的协调发展，具有全面、积极的现实意义。我国无论是城市还是农村，环境污染问题十分突出，这是任何一个工业化初期的国家都面临的共同问题。但我们切不能走工业化国家先发展经济后治理污染的老路，必须坚持走经济发展与环境治理同步进行的新路子。

一、社区环境概述

社区居民总是生活中特定的环境之中。任何社区首先要有一个适宜于社区居民进行劳动、学习和生活的环境，并设置必要设施，以保证居民安全、健康，使居民能够合理地、积极地进行劳动、学习和生活。社区居民对社区环境质量需求的变化，是社区环境建设与发展的原始驱动力，也是社区环境建设的依据和出发点，加强社区建设和管理必须高度重视环境保护工作。

（一）环境的概念及特征

1. 环境的概念

人的一切行为都离不开环境，环境是人类生存、发展的首要条件。在环境科学中，一般认为环境是围绕着人类的生存空间，及其中可直接、间接影响人类生活和发展的各种自然因素的总体。但也有些人认为，环境除自然因素外，还包括有关社会发展的各种自然因素的总体。如《大不列颠国际百科全书》认为“环境是包括人类，并对其生活和活动给予各种影响的外部条件的综合”。而1989年颁布实施的《中华人民共和国环境保护法》则指出：“本法所指环境，是指影响人类生存和发展的各种天然的和经过人工改造的自然因素的总体，包括大气、水、海洋、土地、矿藏、森林、草原、野生动物、自然遗迹、人文遗迹、自然保护区、风景名胜区、城市和乡村等。”

2. 环境的特征

环境是一个复杂的，有时空、量、序变化的动态和开放系统，系统内外存在物质和能力的变化和交还。环境构成一个系统，是因为在各个子系统和各组成成分之间，存在着相互作用并构成一定的网络结构，正式这种网络结构使环境具有整体功能，形成集合效应，起着协调作用。人类环境存在连续不断地，巨大和高速物质、能力和信息的流动，因此环境表现出其对人类活动的干扰与压力，具有整体性、有限性、不可逆性、隐显性、持续反应性、灾害放大性等特征。

（二）社区环境的含义和构成

在研究社区环境时，由于考察角度和范围的不同，人们对社区环境的理解有广义和狭义之分。广义的社区环境，也可称之为一般意义上的社区环境，即把社区作为主体，研究社区的外部环境状况对社区的影响，从这种视角出发，我们可以把社区环境简单地界定为“社区的外部环境”。狭义的社区环境也可称之为特殊意义上的社区环境，即把居住在某一特定社区的居民作为主体，研究社区范围内一切与居民生活密切相关的各种环境因素对社区的影响。从这个视角出发，我们可以把社区环境界定为“影响社区居民生活的各种环境要素”。在本章我们主要从狭义的角度来研究社区环境。

1. 社区环境的含义

所谓社区环境是相对于作为社区主题的社区居民而言的，它是社区主题赖以生存及社区活动得以产生的自然条件、社会条件、人文条件和经济条件的总和。它可理解为承载社区主题赖以生存及社会活动得以产生的各种条件的空间场所的总和，它属于物质空间的范畴。

从考察的角度和范围不同，我们可以将社区环境分为广义的社区环境和狭义的社区环境。广义的社区环境也可以称之为一般意义上的社区环境，即把社区作为主体，研究社区的外部环境状况对社区的影响。狭义的社区环境也可以称之为特殊意义上的社区环境，即把居住在某一特定社区的居民作为主体，研究社区范围内一切与居民生活密切相关的各种环境因素对社区的影响。

2. 社区环境的构成

根据对社区环境的定义，无论是广义的社区环境还是狭义的社区环境，我们都可以把社区换进归纳为自然环境、社会环境、文化环境和经济环境等几个方面。

（1）自然环境

它是构成社区的地理基础，为社区实体提供一定的空间区域，是社区赖以存在的自然条件。人们生活在社区里，每时每刻都要与大自然打交道，这样就产生了一个生态环境问题。所谓自然环境，是环绕人们生产、生活以及一切社会活动周围的各种自然因素的总和，它包括大气、土壤、水、植物、动物、微生物、岩石矿物、太阳辐射、电磁场、电流、等。这些都是人类赖以生存的物质基础，它们相互交叉在一起，构成了自然环境。社区自然环境有广义和狭义之分，广义的社区自然环境是指构成社区环境的基本要素，包括气候、地形、地貌、水文、土壤和动植物，与传统的自然环境的定义类似。而狭义的社区自然环境是指指社区的区位、规划的范围、社区内的绿化、净化和美化状况。社区自然环境对社区以及社区居民的活动都是存在影响的，比如基于人类适应于气候变化的本能，人类会向不断向气候适宜居住的地区转移，使气候适合人类居住的地区人口密度比较高，社区分布数量亦比较高，同时社区居民在选择居住的过程中还会考虑大自然风向的问题，会尽量选择在上风口居住，在下风口从事生产经营活动，以避免人类生产活动产生的有害气体影响人们的日常生活。此外，气候还可能社区、城市之间的人口流向，比如交通枢纽城市或者旅游城市往往会随着季节、气候的变化呈现出流动人口的“旺季”与“淡季”等。

（2）社会环境

社区社会环境有广义和狭义之分，广义上的社区社会环境是指人类生存及活动范围内的社会物质、精神条件总和，它包括社区的生产力发展水平、社区的社会经济体制、科学技术发展水平、社区的国民经济结构以及社区的基本管理制度等。狭义上的社区社会环境是指整个社区的社会生活环境、治安环境、精神文明环境等。

①社区生活环境。社区的社会生活环境主要包括社区的基础设施和公共服务设施体系，比如社区的供暖、供电、供气等基础设施，以及社区提供的养老、医疗、教育、等一系列公共服务设施。此外，社区的社会生活环境还包括一些以营利为目的的，但是对社区居民提供生活便利服务的盈利性组织机构，比如社区小卖铺、社区家政服务机构等。社区生活环境建设与管理就是要整合社区生活环境中的各项要素，以保障社区居民的生活方便与快捷为宗旨，引导社区居民有序开展社区活动。

②社区治安环境。社区治安环境是指为社区居民正常开始社区生产、生活活动提供保证的各类社区条件的总和。它主要包括社会治安环境的建设与管理、社会治安的综合治理、住宅公共设施与设备的安全管理以及人员事故的预防等，比如社区居民的用火、电、气安全，社区居民居家防盗安全，以及社区居民防灾、减灾设施等，其主要目标就是最大程度上保证社区居民的生命、财产安全。

③精神文明环境。精神文明环境是一个人文环境，它指的是社区居民在改造客观世界和主观世界中所取得的精神成果的总和，它是社区居民智慧与道德的结晶。社区精神文明环境是社区环境的重要组成部分，它包含了社区居民在科学文化和思想道德两方面的追求，是社区居民建设其他社区环境的思想保证、精神动力以及政治保障

（3）文化环境

社区文化环境是指在社区内社区成员共同创造的精神文明形态，它主要包括社区的文化观念、价值观念、道德规范、行为准则等。其中，社区内形成的价值观念是社区文化环境的核心，也是社区文化环境的具体体现。社区文化环境的建设与管理是社区文化发展的一个重要标志，也是社区居民生活追求提升的一个重要途径，构建社区文化环境的目的是促进社区居民的综合文化素质的提升以及社区居民生活水平的改善。社区的文化环境涉及社区文化物质条件、社区精神风貌、社区团体、组织等几个要素，其中社区文化物质条件是指经过社区居民改造自然环境

所产生的一系列适合社区居民开展社区文化生活的条件，比如社区内用于开展社区文化活动的基础设施，如社区文化活动室、社区图书室、社区公园等；社区精神风貌是一个比较抽象的概念，它主要是指社区居民内心了关于社区文化的一个共性认识，它是开展社区文化活动物质基础和动力源泉；而社区团体、组织是指参与、组织、开展社区文化活动的各个主体，包括社区居民、家庭、学校、社区企业、社区居委会以及社区内的其他组织机构等。社区文化环境一般具有地域性、认同性、开放性、多样性的特征，它不仅有助于营造社区文化氛围、打造社区精神，团结社区居民，还有助于满足社区居民日益增长的精神文明需求。此外，社区文化环境还有助于提高社区居民的综合素质，促进社区全面发展。

（4）经济环境

社区经济环境是指构成社区生存和发展的社区经济状况和社区经济政策，其很大程度上决定了社区居民的收入水平，影响着社区居民的购买能力和消费结构。社区经济状况包括社区经济要素的性质、水平、结构、变化趋势等多方面内容，而社区经济政策是指社区履行经济管理职能，对社区经济进行宏观调控的政策与措施，以上两者都会对社区经济环境产生重大的影响。首先是社区经济的发展水平决定了社区产业的产出水平，其构成了社区的形成与结构功能定型的物质基础；其次是社区的经济政策的变动对于调整社区经济结构，转变社区经济发展方式，推进社区经济进一步又好又快发展提供了一定的保证。人类社会活动的扩大，以及经济活动的多样化促进了社区规模的扩大，但是并不是所有的社区经济发展条件都是一样的，这就必然导致社区经济发展水平存在高低之别，并且随着社会化分工的进一步细化，出现许多不同的类型的社区，比如有商业型社区、文化型社区、住宅型社区等，这些不同类型社区的出现从根本上说都是由社区自身的经济环境决定的，经济比较发达、商业化程度比较高的社区将来就会发展成商业型社区，而缺乏经济基础支撑的社区更可能发展成住宅型社区，我们不能单纯地针对商业型社区与住宅型社区进行比较，二者各自具有自身的优劣性。透过两个不同类型的社区我们可以看出，经济环境对于社区发展的重要性，社区发展是社区经济驱动的一个直接结果，社区经济环境它构成了社区发展的物质基础，社区经济实力的雄厚程度很大程度上决定了社区的发展方向，并且社区可以沿着这个方面走多远。

二、环境污染与社区环境污染

（一）环境污染

1. 环境污染的含义

环境污染是指人类直接或间接地向环境排放超过其自净能力的物质或能量，从而使环境的质量降低，对人类的生存与发展、生态系统和财产造成不利影响的现象。环境污染的最直接、最容易被人所感受的后果是使人类环境的质量下降，影响人类的生活质量、身体健康和生产活动。例如，城市的空气污染造成空气污浊，人们的呼吸道疾病的发病率上升等，水污染使水环境质量恶化，饮用水水源的质量普遍下降，人类饮用水减少，直接威胁人的身体健康，引起胎儿早产或畸形以及人类的未来生存等。严重的环境污染问题往往不仅仅带来健康问题，也造成了许多难以解决的社会问题，随着环境污染的加剧和人们环境意识的提高，由于环境污染引起的人群纠纷和冲突逐年增加。进入 21 世纪以来，虽然人类科学技术水平在发展和人类生活水平逐步提高，但是环境污染问题依然没有得到明显改善，特别是在发展中国家，治理环境污染问题已经成为全球的共同课题之一。

2. 环境污染的分类

环境污染按环境要素可分为：大气污染、土壤污染、水体污染。根据国际标准化组织（ISO）的定义，大气污染是指由于人类活动或自然过程引起某些物质进入大气中，呈现出足够的浓度，达到足够的时间，并因此危害了人体的舒适、健康和福利或环境污染的现象。[①] 土壤污染是指当土壤中含有害物质过多，超过土壤的自净能力，就会引起土壤的组成、结构和功能发生变化，微生物活动受到抑制，有害物质或其分解产物在土壤中逐渐积累通过“土壤—植物—人体”，或通过“土壤—水—人体”

---

① URL：http：//baike. baidu. com/view/42413. htm。

间接被人体吸收，达到危害人体健康的程度。[①] 水体污染是指排入水体的污染物在数量上超过了该物质在水体中的本底含量和自净能力即水体的环境容量，破坏了水中固有的生态系统，破坏了水体的功能及其在人类生活和生产中的作用，降低了水体的使用价值和功能的现象。[②]

环境污染按照污染性质还可以分为：化学污染、生物污染、物理污染。化学污染是指由于化学物质（化学品）进入环境后造成的环境污染，即因化学污染物引起的环境污染。生物污染是指对人和生物有害的微生物、寄生虫等病原体和变应原等污染水、气、土壤和食品，影响生物产量，危害人类健康。物理污染主要是指由噪音、反射性元素、电磁波、固体废弃物对人类造成的视觉、听觉、触觉上的污染。

（二）社区环境污染

1. 社区环境污染的含义

社区环境污染是指居民在生产、生活和一切社会活动中将产生的废弃物和有害物质排入环境，导致环境质量下降，进而对社区进而人类生存与发展、生态环境保护影响和危害的现象。

社区环境污染主要是由人为因素造成的。人们在生产和生活活动中需要消耗大量的燃料，如在消耗煤的过程中，会产生大量烟尘和二氧化硫、氮氧化物、一氧化碳等气体，这些物质排入大气就会使空气质量发生变化。人们在生产和生活中排除的废水含有各种有害物质，这些物质汇入江河湖海就会使水体发生变化；人们在生产和生活中会产生大量的工业废渣和垃圾；人们在使用汽车等现代化交通工具时不但会排放废气，也会产生大量的噪声。环境污染根据污染源大体可分为大气污染、水污染、固体废弃物污染和噪声污染。

2. 社区污染的分类

社区空气污染。社区空气污染是指社区居民在从事生产和生活活动中，某种物质进入了大气，使大气的化学、物理、生物等方面的特性改变，影响人们的生活、工作，危害人体健康，直接或间接损害各种建筑

---

① URL：http：//baike. baidu. com/view/207508. htm。

② URL：http：//baike. baidu. com/view/248325. htm。

物和设备。空气污染主要有颗粒物、粉尘、二氧化碳、氮氧化物、一氧化碳、碳氢化合物和各类工业废气、交通工具废气等。空气污染主要来源于人类的生产和生活，主要污染源有生活污染源、工业污染源、交通污染源等。社区空气污染对社区居民的身体健康、社区职务和小气候都会产生严重的危害。

社区水污染。社区水污染是指因社区居民在生活和生产活动中向社区内的江河湖海排放有毒有害液体，改变了天然水的物理、化学和生物学的性质和组成，影响人类对水的利用，从而危害了人体健康和水体中的生物的现象。常见的水污染有病原微生物、植物营养物、无极化合物、各类油类物质、有毒化学物质等。水污染主要来源于人类的生产和生活活动，如果人们在生产和生活活动中向河流等水体排入了上述污染物，就会造成水污染。社区水污染会造成严重的危害。对人体的危害主要表现在可引起急慢性中毒、诱发癌症，可引发各种传染病。例如，含有细菌、病毒的城市你生活污水、屠宰业污水、皮革业污水、医院污水，如果排入水体被人引用或使用该水体中生长的鱼、贝、藻类等水产品，就会引起细菌性倡导传染病、寄生虫病，如伤寒、痢疾、霍乱、血迹冲、肠炎等疾病。

社区固体废弃物污染。社区固体废弃物污染是指社区居民在生产和生活活动中丢弃的工业固体废渣、城市生活垃圾和农业固体废弃物等造成的周边环境污染。固体废弃物对人体和环境均会产生较为严重的危害。

社区噪声污染。社区的社区噪声污染是指社区居民在生活和生产活动中，人为造成的妨碍 人们学习、工作和休息，危害人体健康，并超过一定分贝的高强度声音。噪声通过空气等物质椽笔到人听觉感官，危害人体健康，妨碍学习、工作和休息，是影响社区环境的一大公害。常见的噪声有工业噪声、建筑噪声、交通噪声和社会生活噪声（如广播喇叭、各种音响等）。噪声对人体健康、睡眠和心理均会产生不良影响。强烈的噪声容易使人患噪声性耳聋、冠心病复发、消化机能衰退，噪声会使人心烦意乱和心神不宁，是导致神经衰弱的一个重要原因。同时噪声影响人们的睡眠，尤其是老年人。

从各地社区经济发展的实际来看，以上几大类污染是主要存在的环境污染形式。此外，社区环境污染还包括光污染、嗅觉污染等，这些都对社区经济发展质量造成了一定负面影响。

三、社区环境的保护与建设

随着经济的发展，生活水平的提高，人们对社区环境的要求也越来越高。但是现实情况与人们对社区环境的需求并不一致，加之社区环境对社区居民，对社会发展都有很重要的作用，因而社区环境的保护与建设成为关于社区环境问题的一项重要内容。下面我们从社区环境保护和社区环境的建设管理两方面浅谈这一问题。

（一）社区环境的保护

1. 社区环境保护的含义

环境保护是指国家和政府通过运用行政、法律、经济、教育和科学技术诸方面的手段，防止环境污染和生态破坏，以保护和改善人们的生活环境和生态环境，使之有利于人类生存和发展而开展的各项活动。它主要包括环境保护理论和技术研究、环境保护管理制度的制定和实施、环境保护的理发、环境保护的知识教育、环境污染的防治等。

所谓社区环境保护，是指基层政府和社区自治组织运用各种手段来防治社区环境污染和生态破坏，以保护和改善社区居民及生态环境而开展的各项活动。从某种意义上说，社区环境保护实质上是社区环境的管理，它具有综合性、整体性和持久性的特点。

（1）综合性

社区环境保护涉及面广，既关系到农业、工业、商业、交通运输业等各个行业，又关系到社区居民生活的方方面面。所以，搞好社区环境管理，不只是一个纯技术问题，而是以一个综合性的社会问题，需要动员全社区的力量，尤其是要在基层政府和自治组织的指导下，采取行政、法律、经济、教育和科技等多种手段，进行综合治理。

（2）整体性

社区作为社会生态系统的一个子系统，同整个社会及其他子系统之间是相互联系、相互制约的，这些子系统共同构成一个有机整体。因此，搞好社区的环境管理，必须注意社会生态系统的整体性，尤其是在治理社区环境污染和其他公害的过程中，要遵循生态规律，树立全局观念。

（3）持久性

社区环境保护不是一朝一夕的事情，而是一项长期的任务。所以，搞好社区环境管理，必须树立长期观念，不能单靠突击临时应付，而要时刻注意环境保护。对于那些环境污染比较严重而经济实力又有限的地区，更要注意树立长期的环保观念。

2. 社区环境保护的原则

（1）“三同时”原则

此原则又称为“三同步”原则，是指在新建、改建、扩建的基本建设项目、技术改造项目、区域自然资源开发项目中，防止污染和其他公害的设施，必须与主题工程同时设计、同时施工、同时投产。一方面，有关部门要严格审查建设项目设计文件中有关环境保护方面的设计，使国家规定的各项环境保护措施在设计中得到体现和落实；另一方面，对建设项目施工和试运行过程中有关环境保护措施的实施情况，在施工的同时进行督促检查。此外，要参加有关项目的竣工验收，对那些环境保护设施没有建成或达不到规定要求的，不予验收、不准投产；强行投产使用的，应当追究有关当事人的责任。

（2）协调发展原则

这是指在社区建设与管理中，要注意使社区的经济建设同环境保护之间协调起来，实现经济效益、社会效益和环境效益的统一。社区的经济建设和环境建设之间是一种相互影响、相互制约的对立统一关系。一方面，社区环境是社会经济发展的基础，任何一个社区，在发展社区经济的过程中，如果能注意环境保护和生态失衡，那么久能实现一种良性循环，进而促进社区经济的发展；另一方面，社区经济的发展又能为保护和改善社区环境创造条件。因为治理社区环境，需要大量的资金投入，而社区经济的发展，将为社区环境污染的治理提供强大的支持。但是，我们坚决反对“先污染后治理”的观点。

（3）“谁污染谁付费”原则

此原则也称“谁污染谁治理”原则，是指凡造成社区环境污染和破坏的单位与个人，都要承担治理环境污染的责任，并按照国家有关规定缴纳排污费。坚持这一原则，一方面有利于增强环境污染的能力，加快环境污染治理的速度，而且还减轻了国家财政负担，因为它可以从外部给有关单位和个人一定的经济压力，促使他们重视环境保护工作，提高各种资源和能源的利用率，减少污染物的排放量，减轻或消除对社区的环境污染。

3. 社区环境的建设目标

社区环境建设是为了满足社区居民居住、工作、休息、文化教育、生活服务、交通等方面的要求，为住户创造一个满足日常物质和精神生活需要的宁静、卫生、方便和优美的环境。社区环境建设的目标概括起来有四个方面。

（1）社区效益

社区环境建设的社会效益主要体现在为居民提供一个安全、舒适、和谐、优美的生活空间，它包括社区的治安、交通、绿化、卫生、文化、教育、娱乐等方面。它对调节人际关系、维护社会安定团结有着十分重要的意义。

（2）经济效益

社区环境建设一方面能够提高物业的价值，有利于物业的后续销售，从而使开发商获取更多的销售利润，提高经营单位的利益，另一方面能够延长物业的使用寿命，改善权益人的用户体验和经济效益。

（3）环境效益

社区环境状况与居民的身心健康有着密切的关系，因此，创造一个良好的生活环境，不仅有助于人的身心健康，还可以对整个城市风貌产生积极的影响。

（4）心理效益

心理效益是指上述各种效益在居民心态中的一种主观感受，如果住宅和环境的舒适、优美的程度已经达到了心理定位，居民会有一种主观的满足感和幸福感。

社区环境建设的目标就是要达到以上四种效益的统一，而这四种效益的实现必须依赖于良好的社区环境的建设与管理。

4. 社区环境保护的措施

社区环境保护的主体是政府部门、社区自治组织和居民群众，要搞好社区环境保护工作，必须充分发挥他们的作用。

首先，政府部门要充分发挥管理职能。加强社区环境污染的总额和治理，搞好社区环境工作，为居民提供一个高质量的社区环境，是社会有关政府机构义不容辞的职责。政府部门一是要制定科学的社区环境规划；二是要严格执行环境保护的有关法律、法规和政策；三是要加强社区环境的监测，掌握社区环境状况及变化趋势，为社区环境保护提供科学依据。

其次，社区自治组织要加强宣传教育，提高社区居民的环境保护意识。环境好问题不只是一个经济问题，还是一个社会问题，没有广泛的动员和社区居民的积极参与，要搞好社区环境保护是不可能的。目前，我国许多社区环境污染十分严重，其中一个重要的原因就是我们宣传、普及环保知识的力度不够，许多居民缺乏环境保护知识和环境保护意识。

再次，采取必要的经济手段。社区环境保护离不开经济支持，所以要搞好社区环境保护，必须采取必要的经济手段。首先，要注意不断扩大环境保护投资的比例。要才去多渠道、多元化的形式筹集环境保护资金，除了政府每年要增加环保收入之外，还要注意引入市场机制，吸引社会闲散资金或引入外资，来加强社区环境保护设施的建设。其次，要加强环境保护资金的管理，确保专款专用。目前，我国许多地方政府职能部门存在挪用环保资金的情况，尤其是环保部门自己违规使用环保资金的问题非常突出。

（二）社区环境的建设与管理

1. 社区环境建设的意义

社区环境代表着社区的形象，而社区形象又反映着一个社区的政治、经济、文化和科学技术的发展水平。这说明，社区环境建设至关重要。加强环境建设，对于加强社区建设、加强现代化管理、实现经济与社会协调发展，促进社区全面进步有着十分重要的意义。

社区环境建设是社区建设的基础。社区环境是社区建设中最基本的组成部分。很难想象一个环境肮脏、空气污浊的社区能有多少吸引力。

因此，社区环境是居民社会活力不可缺少的物质前提，制约着社区居民的社会实践和变迁。社区环境开发和保护的好坏，直接影响社区居民经济活动和生活质量；同时，设环境建设还为人们的审美活动提供了对象，为人们的工作、休闲提供了特定的活动场所。社区要发展，必须重视环境建设，营造良好的投资环境。

社区环境建设是提高居民生活质量的需要。不断提高社区居民生活质量是社区建设的重要任务。改革开放以来，城乡居民收入水平有了较大的提高，居民的消费结构、消费档次有了很大的变化，居民对提高生活质量、改善生活环境的要求也日趋强烈，他们希望生活在一个清洁、安静、幽美的环境中。研究表明，人体在25%左右的绿化环境中，阳离子就会增多，这有利于调节人体内的血清浓度和神经系统。因此社区环境建设是一项为居民办实事、办好事的民心工程。

社区环境建设有助于精神文明建设。社区环境的改善有助于社区居民积极生活和勤奋工作，有助于爱惜和维护环境的卫生和整洁，有助于社区居民增强自豪感和凝聚力，从而促进社区物质文明和精神文明的良性发展。精神文明建设必须以社区环境为载体，并在加强社区环境建设和管理过程中把精神文明建设同加强社区管理、完善社区服务联系起来。只有这样才能使精神文明建设真正落到实处。

2. 社区环境建设的内容

社区环境建设的总体目标是：努力搞好社区的市容管理、社区环境保护和园林绿化。根据当前社区环境存在的问题，社区环境建设应突出抓好以下几方面。

（1）净化环境，建设卫生社区

社区环境的净化，主要是搞好社区的环境卫生。环境卫生是社区公共卫生的一部分，它对于防止和消除环境对人体造成的危害、改善居民的卫生条件、预防疾病有重大意义。同时社区环境卫生水平的高低，也反映了社区经济发展水平和居民的精神面貌与文化素养。因此，净化环境、是建设优美社区的首要任务，也是实现全球卫生战略的基本要求。

（2）绿化环境，建设绿色社区

绿色环境是建设优美社区的重要环节，也是美化环境的重要内容。

社区环境的绿化建设主要包括有计划地种植花草树木，积极扩大地表空间的绿色之辈，发展小区公园。同时，要开展全民环保教育，提高全民的环保意识，推进绿色消费方式也是建设绿色社区的重要内容。

（3）美化环境，建设美好社区

美化环境是在净化、绿化的基础上，实现社区环境优美的更高层次的要求和目标。美化社区是居民的共同追求和愿望，社区美化的程度是衡量社区文化水平的目标，也是社区管理和社区建设的重要内容。美化社区的基本要求是：社区环境，诸如房屋建筑、街道修整、园林戒心绿化、花坛、雕塑等，要做到整齐、清洁、协调美观，形成优雅清新、赏心悦目的社区景观，培养高尚美德、奋发向上的居民精神。

3. 社区环境建设的措施

社区在进行环境建设的过程中，应结合本社区的情况，制定出切合实际的建设环境和改造环境的措施。

（1）搞好社区环境规划

社区环境是指导社区管理和建设的重要依据和手段，因此，社区环境建设要严格按照城市总体规划，切实发挥城市规划对社区空间资源的调控作用。社区环境规划主要包括社区环卫基础设施规划和社区公共绿地规划。不仅如此，社区自然环境、社会环境、文化环境和经济环境的规划也应纳入到社区环境的规划环节之中。搞好社区规划的必须注意以下几点。

一是必须促进经济的可持续发展。经济是社会发展的基础，要使经济得意持续稳定健康发展，则应该具有：建立市场化的经济运行机制及管理体制；形成科学合理的产业结构，在经济发展过程中，加快产业结构调整，使之科学合理，尤其应加快发展第三产业；促进资源的中那个和开发和利用；保护环境，保持生态平衡；重视科技开发和科技队伍建设，以科技进步推动经济的持续稳定健康发展。

二是有助于创造良好的社会环境。建立与完善社会保障体系；通过现代安全防范技术装备与有效的管理，建立有效的社会治安综合治理体系；统一规划与管理，建立科学的防灾、减灾、抗灾体系。

三是可以满足人们不断增长的基本需求，提高综合生活质量。通过科技进步，提供人们的基本生活水平。同时，通过建立资源节约型的经济发展模式，促进经济的可持续发展。

（2）做好社区环境管理

社区环境建设是基础，管理是保障。新中国成立以来，国家对环境整治工作连年不断，从除“四害”、讲卫生到治理脏、乱、差，再到治理脏、乱、堵，评比检查年年搞，但是社区环境还是不尽如人意。之所以这样，管理跟不上是造成这种现象的重要原因，尽管国家颁布许多诸如《环境保护法》等法律法规，但问题是执法不严，并没有真正落实“谁污染谁治理”的原则。此外，在社区环境管理体制上，还存在关系不顺、多头领导的现象，工商、城管、环保、环卫等部门的管理，有时出现职能的交叉，有时出现真空或空白。通过政府组织—专家指导—群众参与—社会兴办的工作模式，通过社区各种管理制度的建立和完善的管理，建立良好的社区环境，加强社区的整合，创建文明社区。通过开展各种活动，约束社区居民的行为规范；增强社区的凝聚力，创建文明小区。

（3）做好社区群众的思想工作，促进居民社会公德意识的不断提高

提高居民的思想道德素质，是社区环境卫生长效管理的一项长期的根本性任务。利用各种宣传工具，在居民中广泛宣传文明公约和行为规范，积极营造“环境管理人人有责，爱护环境光荣，破坏环境可耻”的社会公德氛围，甚至做到使社区环境保护成为整个社会和每个国民终身的自觉行动。可以在各公共场所，无论是商店还是公园、停车场、街头、广场，垃圾分类回收箱的生活垃圾都有专人负责。而社区居民每天定点、定时排放垃圾，卫生工人负责回收，从而保证社区环境卫生的整洁。还可以设立“垃圾回收奖励制度”，形成学校、家庭、社会三管齐下的高强环保教育力度。

（4）加强环境执法队伍建设，协调职能部门解决难点问题

在社区环境卫生管理工作中，经常遇到交叉管理、推诿扯皮、三不管和久拖不决的问题。社区环境管理的实施需要一支强有力的执法队伍，这就需要公安、工商、城管、卫生、环保等具有社会管理职能的有关部门的执法队伍分配到社区，同社区联合组建一支环境管理队伍，综合行使环境卫生、园林绿化 、环境保护、建筑工地管理等职能。这是搞好社区环境的必要措施。目前，许多社区都由物业管理公司组织专门人员进

行保洁服务、绿化管理、车辆管理、装修管理，并按照“谁污染谁清扫、谁得益谁负责”的原则，划定环境卫生、环境园林责任区，承担责任区的清扫保洁工作。可以根据属地管理原则，对社区主次干道、三四级路街实行市容环境卫生包干责任制，促进社区环境齐抓共管。

（5）实行严格的法治管理

正如新加坡一样，住宅小区，混凝土中走道宽度超过1.5米者必须种树；停车场地必须种植花草树木，车位上铺特制空心植草砖，车位间种树遮阴；每座立交桥均应有花坛、花篮和爬藤类植物……可见，新加坡将每一个绿化美化标准都制定得很详细并且有强制的法律保障，从而使得新加坡成为世界上唯一的花园国家。

第十三章　社区文化培育与宣传

人们的一切活动都在一定具体的社区内进行，社会生活存在的一些普遍现象也往往可以在社区里反映出来。社区文化正是社区存在的一个重要现象，也是社区建设的一项重要内容。社区文化的发展程度将直接关系到社区建设的发展状况。社区文化是指一定区域、一定条件下社区成员共同创造的精神财富及其物质心态。它包括文化观念、价值观念、社区精神、道德规范、行为标准、公众制度、文化环境等，其中，价值观是社区文化的核心。社区文化有广义和狭义之分，但它不可能离开一定的形态而存在，这种形态既可以是物质的、精神的，又可以是物质与精神的结合，具体包括环境文化、行为文化、制度文化和精神文化等方面的内容。这是一种存在于一个社区内的特定文化现象。社区文化的兴起是近年来文化发展的重要标志，也是人们生活的重要内容。社区文化活动以社区为依托，以社区居民为主题，以文化活动为载体，以提高社区居民的综合素质和生活水平为目的。

一、社区文化概述

文化的含义很多，哲学家、社会学家、历史学家、人类学家、政治学家等从不同的角度认识文化，提出了各自不同的定义。我们首先应对社区文化的概念有个初步的认识和界定。同时，进一步了解社区文化的特征及其在社区经济发展中的作用，探索培育和宣传社区文化的途径。

（一）社区文化的概念

广义的社区文化是指社区居民在特定的区域内，经过长期实践而创造出来的物质文化和精神文化的总和。它对人们的思想观念、道德情操、行为方式以及人格理想的形成和发展具有重大影响。狭义的社区文化是指社区文化现象的集成，即社区居民在特定区域内的长期实践过程中逐步形成和发展起来的有一定特点的价值观念、生活方式、行为模式和群体意识等文化现象。

社区文化是指社区居民在一定的生活、生产活动区域内，经过长期的理论研究与现实实践而创造出来的物质文化和精神文化的综合体现。社区文化主要由物质基础、精神风貌、行为规范、组织机构等基本要素构成，其综合体现了社区文化综合实力、社区价值观、社区精神文明生活状态以及社区居民的社会意识形态等。社区文化的物质基础指的是社区居民目前所拥有的一切用于从事社区文化活动的物质条件。其主要包括社区自然环境中存在的以及改造的自然环境创造出的一切物质资料，具体体现为社区内的文化基础设施及公共服务设施，如社区文化活动室、社区图书馆、社区文化广场、社区公园等，还有社区居民从事社区文化活动所需的服装、道具、设备等都构成了社区文化的物质基础。社区文化活动的物质基础的存在和使用凝聚着众多社区居民的智慧与汗水，集中体现了社区居民的价值观和生活态度，具有浓厚的社区文化色彩。社区精神风貌是指在社区文化活动中体现出来的社区居民的世界观、人生观、价值观、生活情趣、道德修养等精神文明层次的素养。社区的精神风貌是在社区居民长期的社区文化活动中，逐渐产生、发展起来的，不是短期内凭借人的主观意识能够塑造出来的。社区的精神风貌是社区文化最核心的因素，是社区开展文化活动要体现的核心内容，也是开展社区文化活动的力量源泉，它存在于每个社区居民的内心世界。社区行为规范是社区居民开展社区文化活动的一般原则与行为标准，是社区居民世界观、人生观、价值的具体外在表现。它不仅仅包括社区文化活动管理的相关规章制度，还包括许多社区居民在社区文化活动中约定俗成的风俗习惯等。而社区的组织机构则主要是指开展、组织以及参与各种社区文化活动的行为主体，它是开展社区文化的主体，是社区文化活动存在的客观帮助，也是推动社区文化活动向前发展的主要动力，如家庭、学校、社区企业、居民委员会、妇女团体及其他非政府组织等。总而言之，社区文化大体包括社区文化物质基础、社区文化精神风貌、社区文化行为规范、社区文化组织机构四大要素。社区文化各构成要素之间既有联系又有区别，相辅相成，共同推动着社区文化的发展。

（二）社区文化的特征

社区文化是社区居民精神文明生活的重要组成部分，加快社区文化建设是强化社区精神文明建设、促进社区物质文明与精神文明协调发展的必然要求，发展社区文化是构建和谐社区的重要内容和主要任务，要完成这项艰巨的任务必须充分了解社区文化所具有的以下几个内在特征。

1. 地域性

社区文化是一定地理环境、生产方式、社会心态等因素相互作用的产物，它的效能构成和发展无不带着本社区特有的印记。民俗和民间艺术的地域性特征尤其明显。社区文化传统越悠久，文化积累越深厚，社区文化的地域性特征就越鲜明、独特。这种地域性特征不仅表现在社区居民的文化艺术活动中，而且渗透在每个社区居民的生活习惯和言行举止中，成为区分不同社区的重要标志之一。

2. 认同性

社区文化是在社区共同体中逐渐凝聚起来的相同文化体验和认识。生活在同一社区的人们之间会建立各种基本联系，这些来自“社会邻居”的联系对社区成员的行为取向、习惯、生活方式等都产生一定的影响。而社区成员的行为取向正是对社区联系的自然认同，它构成该社区的文化因素，是社区文化的重要内容。社区文化认同包括两个方面：一是人们对该社区的文化共性的认识和标识性的总体把握；二是生活在社区里的公众对本社区的共同文化的感知和理解。

3. 开放性

现代社区尤其是城市社区，是一个开放的系统。人口流动的加快，经济活动的频繁，带来人员交往的活跃，使得社区文化的发展无法保持静态的稳定，而会存在多种对流。无论是传统文化，还是现代文化，无论是通俗文化，还是高雅文化，都会经过碰撞、融合，最终融汇到现代社区文化中，成为一个有机的整体。

4. 多样性

社区文化在文化形态、运行机制和开展方式上呈现出多样性的特点。

它不仅有丰富多彩的内容，如琴棋书画、艺术表演、康体健身等活动，而且引入了多种经营机制，经营主体多元化，经营方式社会化。在开展方式上也是多种多样，有社区机构组织实施的活动，也有非营利组织实施的，还有社区聚集自发形成的活动。社区文化以其雅俗共赏、喜闻乐见的形式，满足了不同层次主体的多样性需求。

二、社区文化发展对社区经济的作用

社区文化建设的立足点和出发点是陶冶人的情操，提高人的思想品德和文化素质，促进人的全面发展。人的全面发展是一个历史过程，人不是生来就有实践能力的，也并非生来就懂得善恶与美丑，只有不断运用人类历史所创造的文明对人进行教育，才能不断提高人的素质，使人走向全面发展。社区文化在社区经济发展中的作用，具体来说体现在以下几个方面。

（一）营造“社区精神”，凝聚社区居民

在特定的一定时期内，社区文化发展往往设定一个发展的主体，强调某一个特定的社区文化发展理念，从而来引导和规范社区居民的生活、生产行为。一方面，它不断引导人们追求高尚的理想和目标，利益方面它排斥其所否定的价值观念和行为方式。另一方面，它有助于团结社区居民，凝聚社区力量，让社区居民在日常的社会活动中逐步形成共同的世界观、人生观、价值观，同时，增强社区居民对社区的归属感，营造出一种积极、健康、向上的“社区精神”。

社区精神一旦形成，它将在未来较长的一段时期内，对社区居民的生活产生影响。社区精神有利于提升社区居民的精神文化需求，使人们不断追求更加高尚的道德情操和美好的心灵，自觉追求真、善、美的东西，抵制不健康的东西，不断提升自身的文化品位。社区精神的形成可以增进社区居民之间的感情，把社区居民紧密地联系起来，加深相互了解，沟通彼此关系，创造出友善、和谐、互助的人际关系。此外，社区居民在参与社区文化活动的过程中，还有助于培养社区居民对社区的归属感与认同感，逐渐地将自己定位在一个合格的社区居民上。只要社区

居民的归属感和认同感越强烈，就越能够清楚地意识到作为社区成员的权利和义务，进而积极参与社区文化活动，维护社区精神，维护社区的根本利益。

（二）满足人们的精神需求

社区文化通常借助生动、活泼、富有吸引力以及易于被社区居民接受的方式，来满足广大社区居民的精神文明需求。特别是在现代社会中，社区居民的生活压力普遍比较大、业余时间精神文化生活比较缺乏的情况下，社区通过文化活动缓解人们的压力，为人们提供宣泄、放松、娱乐的机会，提供精神满足的渠道。凡是社区文化搞得好的地方，社区居民在紧张的工作之后都能够得到健康的精神享受。社区已不仅仅是人们居住、工作和学习的地方，同时也是人们休闲娱乐的主要场所。社区文化通过发挥文化娱乐功能，在共同居住的空间内，创造人与人之间情感交融、心灵沟通的机会，极大地丰富了个体成员的精神和情感体验。

（三）促进社区持续健康发展

社区文化活动的开展，可以为社区发展提供精神动力、智力支持，还能直接促进社区境界的发展，而社区文化本身也是社区发展的象征之一。20 世纪 80 年代以来，世界各个国家与地区越发关注文化在社会发展过程中的作用，世人已经深刻认识到，一个没有文化沉淀的社会是一个缺乏灵魂核心的社会。文化可以通过对人的影响，加快或者减缓社会发展的速度，因此，要实现社会发展必须注重文化建设。社区是文化建设的基层单位，社区文化建设通过凝聚人心为社区建设提供精神动力。同时通过提高社区人口整体的受教育水平，来提高社区群众的综合素质，从而为社区发展提供智力支持。

社区文化产业的建立和发展还可以直接促进社区国民经济与社会事业的发展。社区文化产业主要包括三类：一类是生产与销售以相对独立的物态形式呈现的文化产品的行业，如生产与销售图书、报纸、杂志、音像制品等；一类是以劳务形式出现的文化服务行业，如戏曲、体育、娱乐、策划、经纪业等；还有一类是向其他商品和行业提供文化附加值的行业，如装潢、设计、文化旅游等。可以说，社区文化产业不仅为社区的经济发展提供了强劲的动力，而且也最大程度上提升了社区居民的生活品质和社区的精神内涵。例如，美国的文化名城洛杉矶，靠“迪斯尼乐园”和“好莱坞”形成了强劲的文化旅游业和影视及影像制品业，既提高了洛杉矶的经济发展水平，也丰富了当地居民的业余文化生活，提升了洛杉矶文化名城的品位。

（四）提高社区居民的综合素质

社区居民的综合素质一般包括受教育程度、道德修养、精神追求、身体健康状况和创新能力水平等几个方面。这几个方面有机地结合在一起，形成一个整体，来全方位地体现社区居民的综合素质状况。社区文化主要是通过其自身的教育引导功能来提高社区居民的综合素质的，社区要立足于本社区的现实实际，结合本社区居民的特点，针对社区居民的不同需求，开展丰富多彩、形式多样的社区文化教育活动。例如，为关心国家大事的社区居民，开展国家政策方针、法律法规的教育；为热衷于科学技术发展的社区居民，开展普及科技文化知识的活动；为善于养生保健的社区居民开展医疗、养老、卫生等保健知识宣传活动；为喜欢文学、艺术的社区居民，开设读书、设计、文艺等培训班。这不仅可以提高社区居民的精神文化修养，而且可以使社区居民掌握更多的科学文化知识，具备更多的现实实践能力，无论是思想认识还是生活技能都得到有效的提升，从而提高社区居民的综合素质。

搞好社区文化建设，为居民创造一个良好的居住、生活环境，对于整个社会发展有着巨大的意义，也是社区建设的一项重要工程，它是必不可少的。现代一大批发达成熟的国际大都市，都是社区文化建设极为成熟的城市，比如新加坡，社区里有体育馆、阅读室、音乐厅等，且都服务于居民，居民遵纪守法，有礼貌、讲公德，文化素养较高。新加坡正是由于开展了以“忠、孝、仁、义、爱、廉、耻”为主要内容的社区教育，才使新加坡成为环境优美、秩序文明的国际大都市。

三、培育社区文化的途径

随着一国经济的发展和社会事业改革的推进，社区文化建设通常也会随之不断改善。但是在我国国民经济与社会事业发展的进程中，社区文化发展仍然面临着一些亟须破除的瓶颈：一是社区居民在社区文化活动中缺乏主动参与的积极性；二是社区文化发展与建设缺乏重要的资金保障；三是社区文化发展与建设过分依赖政府，社会力量参与程度不足；四是社区文化发展与建设人员队伍整体水平有待提高；五是社区文化发展与建设管理制度改革需要进一步深入。这些问题的存在严重制约着我国社区文化的发展与建设，要大力发展与建设我国的社区文化，首先就必须破除这些瓶颈，要学会立足于社区文化发展大局，统筹协调好人员、资源、资金等发展要素，勇于解放思想，大胆创新，政府与社会共同推进社区文化向前发展。社区文化发展与建设是一个复杂的系统工程，需要做的事情很多，包括方方面面，要探讨培育社区文化的途径，必须要找准切入口、抓住结合点、以文化为载体来提升社区文明程度，才能推动社区文化这个系统工程的进步和发展。

（一）宏观层面

社区文化建设是一项系统工程，需要全社会的共同努力，从政策、体制等宏观层面来说，培育和发展好社区文化，建立良好的保障机制是必不可少的。

1. 落实文化经济政策，增加投入，形成良性的社区文化发展机制

政府组织要加强对社区文化活动的支持力度，不仅要在政府财政支出上加大对社区文化的资金投入，还要从促进社区文化活动发展的角度，制定相应配套的资金管理制度、资金归集与支出优惠政策，创造一切有利于社区文化发展与建设的物质条件，充分保障社区文化发展与建设的资金需求。在社区文化的发展与建设过程中，要正确认识社区文化“硬件”建设与“软件”建设的关系，以发展社区文化“硬件”为基础，积极促进社区文化“软件”建设，既要重视社区文化“硬件”建设，也要重视社区文化“软件”建设，两手都要抓两手都要硬。在社区文化“硬件”建设的过程中，尤其要重视社区公益文化基础设施的建设，比如图书馆、文化馆、文化广场、科技馆、纪念馆、博物馆和社区人文景观、社区活动中心、社区学院、公共绿地花园等基础设施的建设。由于社区文化设施及其提供的服务大多是公益性的，是以非营利性为特征的。这样，社区内的一部分特困群体既不会因为经济因素而得不到服务和保障；

同时，又能够根据不同类型社区成员的需求，提供多方位的服务。为此，政府有关部门应妥善解决公益性群众文化基础设施的问题。在社区文化“软件”建设的过程中，尤其要重视探索社区文化发展资金的来源渠道，积极通过各种渠道筹措发展与建设资金，并且要加强监督社区文化资金的使用，提高社区文化资金的使用效率，建成一批具有符合现代社区居民精神文化需求的社区文化设施，为社区文化发展与建设构建制度基础。

此外，随着人类社会的不断发展，一个国家或地区的国民经济与社会事业也将不断向前发展，社区文化事业的发展亦将迈上一个新的台阶。在这个不断发展的过程中，社区文化发展将面临一个社区文化软硬件设施不断增加、改善、淘汰的问题，随着社区文化需求的不断增加，社区需要不断增加社区文化软硬件设施的供给，随着社区文化需求的提升与多样化，社区也需要不断改善社区文化软硬件设施，增加最新的、功能更加强大的社区文化软硬件设施，淘汰落后的、功能过于单调的社区文化软硬件设施。然而，一个国家或者地区甚至社区，其自身的资金能力毕竟有限，不可能无限制地满足人民不断增长的社区文化需求，因而迫切需要社会其他力量的共同参与。首先，政府应该继续加大对社区文化发展的资金投入力度，重点是加大对经济欠发达地区社区文化发展的资金投入，来平衡地区之间的社区文化发展态势。其次，政府积极探索以政府为主导、市场为基础的社区文化发展道路，尝试探索社区文化发展投入主体多元化路径。最后，社区文化管理与经营要努力探索多形式、多渠道的发展与建设模式，采取多主体共建、全民共享等创新式的社区文化软硬件建设与管理方法，使社区文化事业在大步走向市场经济的同时实现自我发展的良性循环，最大限度地发挥文化设施的功能和作用，切实满足社区居民的需求，广泛吸引社区居民参与。

2. 继续深化文化体制改革

深化文化体制改革是社区文化大发展、大繁荣的关键所在。在深化文化体制改革的过程中，建立新的社区文化发展机制，增强社区文化发展的动力与活力，充分调动社区文化工作人员的积极性，培育出优秀的社区文化人才，推动社区文化健康、可持续向前发展。在深化社区文化体制改革的进程中要始终坚持分类指导的原则，对于不同的社区文化参与主体，不同的社区文化形式、不同的社区文化工作人员采取不同的改革标准。一方面，要积极引导与鼓励社区文化的参与主体积极发挥自身的主观能动性，在改革组织内部体制、机制的同时，不能减弱对社区文化活动的参与积极性，要主动参与社区文化活动的服务与竞争。另一方面，要立足于已经取得的文化体制改革成果，调整社区文化布局，优化社区文化结构，健全社区文化内部管理机制，理顺社区文化与城市文化之间组织从属、人员管理、资金分配的关系，给予社区文化自主发展的空间与其他物质条件，增强社区文化综合实力与生命力，推动社区文化繁荣发展，增强文化在国民经济与社会事业发展中的帮促效应。

社区文化集合了社区教育、科技、文学、艺术、体育、环境等多重发展要素，是社区内一种各类组织机构共同参与的多元文化。因此，要协调社区文化中的各种组织机构，就必须成立一个上传下达的组织、领导、决策、执行和管理机构，而这种机构一般由社区居民委员会来担当。在开展社区文化活动中，社区居民委员会起着引导、组织、协调的功能，具体从事社区文化活动的规划、组织、协调甚至承办工作，其在深化社区文化体制改革中应注重发展与完善以下几个机制：一是完善社区文化组织领导机制，即建立文化发展与建设的多元领导结构，体现社区文化共同组织、共同参与的特性；二是创新社区文化管理经营机制，即打破政府统一管理经营的传统模式，积极引导社会力量参与到社区文化的管理经营活动中来；三是提升社区文化传播机制，即学会充分利用最新的文化传播工具与渠道（如互联网、户外媒体等），加强社区文化的传播与推介工作；四是建立社区文化资源共享机制，不仅要在社区内部打破各种组织机构的界限，实现社区内文化资源共享，还要积极探索突破社区之间的资源共享壁垒，推动社区间文化资源的共享。

3. 发展社区文化产业

社区文化的建立是社区文化建设长期发展的强大支撑力量，没有发达的文化产业，社区文化就没有源源不断的资金支持，也没有发展的后劲。发展文化产业首先要建设一批公共文化设施，改善城乡文化环境；其次，要根据各地的不同情况，发展传媒业、电影产品业、广告业、旅游业等文化产业，形成地方优势；最后，要把文化产业作为一个新的经济增长点，带动相关文化发展，推动社区整体实力的增长。发展社区文化产业的原则是，满足人民群众日益增长的文化需求，以市场机制来优化配置文化资源。

4. 采取其他措施保障社区文化发展

社区文化发展与建设选择可持续发展道路是加快转变经济发展方式，推动社会文化大发展、大繁荣的必然要求，是构建中国特色社会主义社会的一项重大任务。发展与建设社区文化，要坚持走可持续发展道路，采取必要的措施为社区文化发展提供保障，使社区文化健康、稳步地向前发展。在我国城乡居民的文化消费需求持续增长的同时，要科学、合理对文化需求结构进行优化调整，合理配置文化发展资源要素，统筹布局地区之间的文化发展态势，使社区文化发展与社会国民经济及各项社会事业同步协调发展，改善社区居民的文化生活体验，提高社区文化发展和社区居民生活的质量，促进社区又好又快发展。

社区文化可持续发展要求我们必须始终坚持可持续发展原则，以可持续发展的思维来思考社区文化发展问题，通过可持续发展的方式与方法来合理配置社区文化资源要素，不仅要使社区文化符合社会文化发展的整体要求，还要使社区文化与社区的整体发展相协调，并且长期保持不断向前发展的势头。具体而言，要实现社区文化的可持续发展，要努力做到以下几个方面：一是努力实现社区文化与社区发展环境的统一，即要将社区居民的人生观、价值观，社区文化的精神内涵与社区生活、生产的现实环境融合在一起，使社区文化发展与社区发展环境相吻合，避免社区文化发展脱离社区发展环境的现实实际；二是努力实现社区居民对社区文化认识的统一，即要引导和督促社区居民对社区文化形成一个共同的认识，社区居民对社区文化的统一是社区文化持续向前发展的基础，毕竟社区文化是建立在社区居民生产、生活活动的基础上的；三是努力实现社区文化发展现实与未来的统一，即社区文化发展不仅仅要满足当代社区居民的需求，还要能满足未来社区居民的发展需求，社区文化的发展不能只局限于当下现实，要充分考虑社区文化的未来发展，高瞻远瞩，科学配置社区文化资源要素，统筹城乡社区文化发展，不断创新驱动发展，使社区文化始终能反映当代社会的精神风貌，并且能代表社会先进社区文化的发展方向；四是实现社区文化不同表达形式之间的统一，发展社区文化可以借助不同的文化载体，比如文艺演出、音乐、电影、电视、图书等文化载体，不同的载体为加快社区文化的发展与传播发挥了重要的作用，但是在借助不同的文化载体的同时，我们要注重文化载体传递社区文化精神内涵的一致性，确保不同的文化载体能正确传达社区文化的精神实质。此外，还要加大社区文化发展的相关理论和政策的宣传力度，开展与社区居民日常社会生活与生产活动息息相关的社区文化活动，引导与鼓励社区居民树立正确、科学并且符合社会现代化文化发展需求的生活、生产方式，同时，以社会文化发展方向作为社区文化发展的依据，根据社会文化发展整体要求，结合社区发展实际，制定、出台具有社区特色的社区文化发展政策与措施，在提高社区居民社区文化生活质量的基础上，促进社区文化以及社会文化的大繁荣与大发展。

（二）微观层面

社区承担着社区文化建设的组织和领导的任务，只有协调好政府、学校、企业、居民的关系，发挥各方面的积极性，共同进行社区文化建设，才能得到实效。从社区层面细化培育社区文化的途径主要有以下方面。

1. 培育社区文化活力，发挥社区文化功能

社区文化的活力体现在社区文化活动中，只有经常性地开展社区文化活动，才能赋予社区文化经久不衰、持续向前的活力，才能切实发展与壮大社区文化。可以说，培育社区文化活力就是培育地方特色文化的根本途径。社区文化是一个整体概念，它包含着丰富的内涵，既有以思想教育为主题的社会主义文化，又有纯粹的娱乐文化；既有社会倡导的公益文化，又有企业贸易和商业促销的商业文化；既有历史遗迹、现代景观的环境文化，又有自娱自乐的家庭文化。不同的社区，文化活动的方式不同。社区文化活动多种多样，文化娱乐、休闲健身、环境美化、思想教育、科技普及、艺术培训、网络咨询等包罗万象，歌舞音乐、说唱弹奏、琴棋书画、体育竞技等一应俱全。社区居委会应以社区基层文

化站为龙头，以社区各街道、居委会、住宅小区以及企事业单位的文化活动场所为活动阵地，利用各种载体引导群众广泛参与，开展生动活泼、丰富多彩的社区文化活动，使不同文化修养及情趣爱好的群众能各展所长，各得其乐。

一是要创新社区文化形式与内容。积极开展形式多样化的社区文化活动，丰富社区文化活动内容，激发社区居民的参与热情，避免社区文化形式过于单一，内容过于陈旧。努力开展社区居民喜闻乐见，群众覆盖面广，社区影响力强的社区文化活动，想群众之所想，应群众之所需，得群众之所盼，将改善社区居民精神文化生活体验、提高社区居民精神文化修养、发展社区精神文化建设作为社区文化发展的终极目标。必须紧密联系社区居民，依靠社区居民来发展社区文化，使社区文化得到社区居民的广泛认同与积极响应，在满足社区居民日常社区文化生活需求的同时，加强社区居民对社区的认同感、自豪感和归属感，使社区文化保持健康、稳健、可持续的发展态势。

二是要创新社区文化运行模式。在发挥社区自身文化资源优势的同时，要积极争取、使用社区外的文化资源，依靠社区内外的文化资源来共同推进社区文化事业的发展。一方面，社区自治组织要积极争取与高等院校、社会文艺团体之间交流与合作，充分利用高等院校、社会文艺团体既有的文化资源优势，结合社区既有的人员、场地等软硬件设施优势，在此基础上开展组建社区文化服务团队，开展社区文化活动。另一方面，社区自治组织要从增加关注力度、创新运作机制、扩大影响效果上加以科学引导与统筹协调，努力提高社区居民的社区文化参与率，力求扩大社区文化的影响力，最大程度上满足社区居民的精神文化需求。尤其是在运作机制上，要积极探索社会化、市场化的运作方式，加强社区文化志愿者队伍建设，引导社区文化自愿者深入社区，为社区居民开展形式多样、内容丰富的社区文化活动，打造社区文化服务平台，同时，根据社区居民的精神文化需求，可以尝试从文化市场中购买适量的文化服务项目，满足社区居民文化需求的多样性。

2. 加强对社区文化的制度化管理

在社区文化的发展与建设中，要立足于社区的现实实际，科学、合理地对社区文化发展进行规划，加强对社区文化的制度化管理，尤其是要加强社区内文化设施的制度化管理，比如，对社区内学校、图书馆、报刊亭、文化活动室、娱乐服务场所等文化设施的管理。加强社区文化的制度化管理的核心内容是强化社区文化的法制化、程序化管理，使开展社区文化活动有法可依、有规可循。同时，社区自治组织也必须加强社区文化环境的管理，注重保持社区环境卫生与美感，做好社区污染物控制、社区绿化等工作，建立社区环境管理的规章制度，使社区文化从里到外都服从制度化管理的原则，实现社区文化与社区环境的和谐发展。此外，还应强化社区文化站的服务。由于社区文化站具有公益性、服务性的特征，决定了其在社区公共文化服务中的三大作用：体现先进文化的前进方向；满足乡镇群众的文化需求；提供社会发展的强大精神动力、智力支持和思想保证。社区文化资源整合，要求社区文化站的服务工作必须更上一层楼。

一要确立服务新理念，改变行政旧作风。文化站作为一个行政机构，必须首先明确它的服务职能，文化站干部作为社区文化工作的组织者和领导者，必须改变旧的工作作风：其工作不再是坐机关办公，而是走进社区服务。首先是促进文化活动常态化，其次是开展一年几次的大型文化活动。

二要聘请文化工作指导员，增强服务功能。如今社区的文教委员或者是文化指导员一般都兼任了社区的其他行政工作，人手少，任务重，聘请热心于文化工作的文化工作指导员使文化站的服务工作贴近居民群众的同时，也丰富了社区文化活动的内容。

总之，社区是个人与社会之间的中间地带。没有社区，就没有社会；没有社会，就没有个人。建设社区文化，提高我们的生活质量，每一个社区人都有一份责任。

3. 发挥各种文化组织的作用

在社区文化建设中，除了社区居委会、文化企事业单位和文艺团体等政府办的组织外，还有一支生力军就是社区居民自发建立的各种兴趣小组，这些小组对于社区文化活动的开展起着组织、协调、促进的作用。我们应以政府在社区文化建设中的主导作用为前提，逐步推动各种居民兴趣小组的建立，提高社区文化建设的社会化程度，扭转我国社区文化建设过度依赖政府的局面。社区居委会在开展社区文化活动时，应与各种兴趣小组保持直接、密切的联系，最大限度地发挥每一个局面的积极性和主动性，创造社区文化建设的新局面。

4. 重视社区文化人才队伍的建设

社区文化人才是社区文化发展的根本要素。社区文化人才活跃于各种各样的社区文化活动中，他们在社区文化活动中发挥着不可替代的作用，他们是开展社区文化活动以及社区精神文明建设的主力军。培养好社区文化人才队伍是社区文化发展的根本与关键，社区自治组织要努力培养一批思想素质过硬，社会责任感强、社区文化业务水平高的社区人才队伍，要为社区文化人才提供良好的生活保障与工作环境，吸引高素质的文化人才入住社区文化队伍。一般而言，社区文化发展需要两支社区文化人才队伍，一支是专业社区文化人才队伍，一支是业余社区文化人才队伍。专业社区文化人才队伍主要由社区自治组织内部的管理人员组成，是长期开展社区文化活动的重要保障，因此，社区自治组织要按照“稳定社区文化人才队伍，提高社区文化人才素质”的原则对专业社区文化人才进行培育，不仅要解决他们的客观上的编制与待遇问题，而且还要大力开展社区文化人才培训工作，不断提高专业社区文化人才的综合素质，对于符合相应技术职称的人才给予充分认可以及一定的奖励。业余社区文化人才队伍主要由社区内的文化活动积极分子组成，它们一般社区文化业务水平不高，但是社区文化活动参与的积极性比较高。社区自治组织可以根据业余社区文化人才的这一特性，积极地开展引导工作，强化它们的社区文化业务水平，以充分发挥其对社区发展的积极作用。同时，还可以积极开展社会招聘活动，吸纳有志于从事社区文化事业的年轻人才。

5. 发动社区居民广泛参与社区文化建设

社区居民既是社区文化活动的服务对象，也是社区文化活动的参与主体，他们既是社区文化的受益者，又是社区文化的付出者。社区文化发展离不开社区居民的广泛参与，社区居民对社区文化的认同程度以及参与程度决定了社区文化的成与败。要提高社区居民对社区文化的认同感与参与度，就要坚持创新驱动社区文化发展，不断变革社区文化形式，丰富社区文化内容，使社区文化发展不仅满足时代的发展要求，而且也满足社区居民的精神文化需求。要引导社区居民广泛参与社区文化活动，需要在社区文化活动的趣味性、多样性上下工夫，迎合社区居民的文化需求，满足社区居民的好奇心，带动广大社区居民主导参与的社区文化活动。发展社区文化不仅要考虑传统文化与现代文化的结合，还要充分考虑本土文化与外来文化、高雅文化与通俗文化的结合，要做到包罗万象，成为名副其实的大众文化。社区文化通过社区居民的不断创新与发展，满足了社区居民日益增长的精神文化需求，巩固和改善社区内社区居民之间的人际关系，增强社区居民对社区的归属感和认同感，增强社区的凝聚力，促进了社区的团结，为社区的发展打下了坚实的基础。

此外，发动居民广泛参与社区文化建设，并从组织体系上不断巩固、扩充和发展社区文化活动网络，使社区文化建设走上正常、稳定、持久的轨道。现阶段，城区管辖的部门、单位、条线众多，社区管理范围较广，但由于现行经济、行政体制的限制与束缚，条块分割，部门分散，很难发挥社区应有的整体功能。在社区文化建设中，要突破现有体制的限制，通过社区单位联谊、联席等形式，改变过去彼此割裂、独立发展的状态，形成一体化的社区文化活动网络，在发挥社区整体功能上走出一条新路。要继续通过组织上巩固、活动上联结、设施上利用、经济上资助等多种途径，把企业文化、街道文化、校园文化、乡村文化、军营文化、专业文化以及家庭文化等，紧紧连接在一起，从物质、精神、制度等方面加强网络建设，使社区文化逐步从松散型走向紧密型。为了使社区文化活动网络进一步完善和稳固，还可尝试建立一些组织较为紧密、活动较为正常的专业活动网络，如群众文化活动网络、少年儿童文化活动网等，进一步扩大文化活动的覆盖面，并延伸到社会各个角落，形成社区文化活动的新格局。

6. 以社区教育为契机大力发展社区文化

（1）多种类的社区教育充实社区文化的内容

社区教育作为社区文化建设内容，它已经发展成为多形式、宽领域、全方位的教育活动。社区教育主要有以下类别。

一是知识补充教育。包括对社区居民进行文化、社会、经济及国内公共事务等方面的专业和非专业的知识教育，弥补正规教育的不足和满足居民对性知识的需求。

二是社会控制教育。主要是指社区行为规范教育，包括道德、记录、政策法令及文明风尚教育，不断提高居民的文明水平，维护社区的正常生活。

三是社区发展教育。包括知识、行为、态度和价值观等与社区发展相关的基本素质教育，特别是人的全面发展教育。

四是家庭生活教育。从衣食住行、生老病死、家庭关系、子女教育到邻里沟通等都是社区教育的内容，其目的在于传播现代生活价值观念和技巧，提高社区居民家庭生活的质量。

五是公民素质教育。为了充分发挥公民参与社会、经济、政治、文化等方面的积极性而进行的基本教育，如公民意识、法制意识、社会公德意识等。

六是职业技能教育。常年开展相应职业技能教育是社区教育的基本内容。

七是带有本社区特色的教育。由于每个社区的地理位置、自然条件、人文历史、经济发展水平以及人员构成不尽相同，因而所要解决的社会问题也不尽相同。各社区的教育重点、内容、模式等均具有社区特色。现在，许多社区都从各自的区情出发，打造社区教育的品牌特色。

（2）社区教育多样的形式丰富了社区文化

社区成员构成的复杂性决定了社区教育形式的多样性。具体来说，有灵活机动的教育形式，如一年一度的“终身学习节”“朝夕教育公园”“双休日教育公园”“亲子学堂”等；有常年设立的讲课性质的教育形式，如“青年技能辅导站”“课外学校”等；有社区举办的专题讲座、竞赛、表演、展示、座谈、研讨、参观等各种形式的活动，也有志愿者提供的环境保护教育、人口意识教育等，还有社区成员互动式教育，如敬老家庭评比、文明标兵选举等；有社区学校提供的学科教育，如“周日学校”等；有社区企业提供的公益宣传；还有为青年人和老年人提供心理疏导的“谈心室”、专为特殊人群服务的教育，如为聋哑人学习交流提供服务的“周日无声沙龙”等，见表 13 –1。

表 13 –1　　多种多样的社区活动形式

<table>
<tr><th>分类</th><th>活动类型</th><th>活动形式</th></tr>
<tr><td>时间</td><td>临时活动
长期活动</td><td rowspan="4">讲座、表演、竞赛、展示、座谈、研讨、培训、参观、郊游、谈心等各种形式</td></tr>
<tr><td>活动地点</td><td>室内活动
室外活动</td></tr>
<tr><td>活动主办者</td><td>社区主办
志愿者提供
社区成员互动
社区学校主办
社区企业主办</td></tr>
<tr><td>活动参与者</td><td>幼儿
青年
老人
特殊人群</td></tr>
</table>

7. *展示成果，激励不断创新*

首先是展示成果。文化的功能就是以“文”“化”人：潜移默化，凝聚人心，汇聚意志，增聚精神，提高人们的知识水平、技能水平、鉴赏水平，从而改变风俗，稳定和谐社会环境。其次是社区新风。文明、和谐、健康、富有凝聚力的社区风气塑造了良好的文化氛围。遵纪守法、尊老爱幼、讲究卫生、助人为乐的社区文化必然是优秀的。“人心齐，好办事”。再次是荣誉。荣誉的获得，可以极大地激励社区群众创新的勇气和不断进步的信心。最后是实施奖励。对于有所创新的社区文化活动和文化节目，给以物质和精神奖励，可以激励群众追求优秀文化成果，不断推陈出新。

四、社区文化发展的方向

2000 年底，中共中央办公厅、国务院办公厅曾联合发出通知，转发民政部意见，要求在全国大力推进城市社区建设。积极发展社区文化事业便是其中的重要内容之一。通知要求，在社区文化建设方面着重抓好三项工作。一是加强思想文化阵地建设，不断完善公益性群众文化设施。要充分利用街道文化站、社区服务活动室、社区广场等现有文化活动设施，组织开展丰富多彩、健康有益的文化、体育、科普、教育、娱乐等活动。二是利用社区内的各种专栏、板报，宣传社会主义精神文明，倡导科学文明健康的生活方式。三是加强对社区成员的社会主义教育、政治思想教育和科学文化教育，形成健康向上、文明和谐的社区文化氛围。可以预见，这一通知在今后很长一段时间内，将把我国城市社区文化建设推上一个更高、更快的发展阶段。

社区文化建设是一项庞大而复杂的全方位、多层次、多功能的社会系统工程，是由许多子系统组成的有机整体。社区文化发展的根本之法，是要依赖基础条件，因势利导，突出特色。具有特色，就能充分发挥社区文化资源的优势，发挥文化人才的潜能，产生共振效应，在创新中独树一帜，从而充分发挥社区文化的功能，收到良好的效果。具体来说，要想保证社区文化的健康发展，必须走“共识、共建、共办、共荣、共享”之路。其中，“共识”是发展社区文化的前提，缺少这一共识，就无从去谈社区文化建设；“共建”是发展和繁荣社区文化的重点，是十分重要的一环；“共办”则表明社区文化建设不仅是文化部门的事，它应该得到全社会的关注，靠各方的合力来进行；“共荣”则指明了社区文化发展的目标所向；“共享”是发展社区文化的最终目的。因此，要想持续不断、正常有序地发展社区文化，就必须实实在在地抓文化建设。

第十四章　社区服务

社区服务是在工业化、城市化进程中产生的。伴随着人类社会的不断进步，社区服务的水平也在不断提高。我国不少地区和城市把发展社区服务作为一个重要的突破口进行了积极的探索，但较之于发达国家完备的社会服务体系，我国的地区服务还有许多需要探讨和研究的东西。本章介绍了社区服务的含义和内容，考察了社区服务的运行机制，论述我国社区服务的发展现状和存在的问题，并对促进我国社区服务发展进行了理论和实践的探索。

一、社区服务的含义与特征

我国社区服务体系是在民政部门的积极倡导下逐步发展起来的，先后经历了萌芽、广泛宣传和发展等各个阶段，取得了一些成效。经过20多年的发展，我国的社区服务已经融入了各地群众的日常生活，并逐渐覆盖到居民生活的方方面面，成了联结千家万户并为社区居民所依赖的一项事业。然而，社区服务在体系上究竟应该包括哪些内容，其运行机制怎样才会更加合理，都有待深入探讨。下面，本书尝试着论述社区服务的概念、对象、内容、特征和功能等问题。

（一）社区服务的概念

社区服务的概念最早出现在19世纪中后期的英国，它的产生、发展和形成是工业化、城市化、社会化大生产以及社会分工专业化的产物。在当时，社区服务是一个新的概念，它是伴随着社会经济的大发展而对社会提出的新要求。在我国，社区服务的名称是20世纪80年代才获得广泛使用的。

自社区服务这个概念提出以来，理论界开始不断对社区服务相关的学术研究进行完善和系统化，自然而然，如何建立和开展卓有成效的社区服务成为他们探讨和关注的焦点。但是至今为止，社区服务的定义没有形成较为统一的认识，国际社会和组织并未对社区服务的概念进行专门的定义，而是把“立足于社区的社会服务”统称为社区服务。而在我国，学术界和政府从多角度出发，对社区服务的内涵从不同侧面进行了探讨，大抵形成了一些和而不同的界定。

1987 年，我国首次明确提出了社区服务的概念。中国的社区服务最早是作为开展民政工作的一种手段提出来的。根据文献记载，最早见诸于原民政部部长崔乃夫于 1987 年在大连市社区服务工作座谈会上的讲话，其定义为“在政府的倡导下，发动社区成员开展相互性的社会服务活动，就地解决本社区的社会问题”。另外还严格界定了社区服务的范围和举办单位，“我们现在提出的社区服务指的仅仅是街道和居委会这一层次。社区服务主要由街道和居委会来办，而不是由国家包办”。这一社区服务的界定典型地代表了中国社区服务的本质特征，即基层性、互助性、地域性、服务性和福利性。

2000 年，民政部在《民政部关于在全国推进城市社区建设的意见》中明确指出：“社区服务主要是开展面向老年人、儿童、残疾人、社会贫困户、优抚对象的社会救助和福利服务，面向社区居民的便民利民服务，面向社区单位的社会化服务，面向下岗职工的再就业服务和社会保障社会化服务。”这一时期的社区服务更多带有面向特定服务对象提供服务的含义。

2006 年 4 月 9 日，国务院下发了《关于加强和改进社区服务工作的意见》（国发［2006］14 号），该《意见》虽未明确给出“社区服务”的定义，但提出了一个完整的社区服务体系，对社区服务进行了进一步的明确和定位。《意见》把社区服务界定为广义社区服务：“既包括无偿、低偿提供的社区福利性、公益性服务，又包括低偿和有偿提供的社区便民利民物质、文化、生活服务。”

学术界不同的学者对社区服务的理解也不同，主要将社区服务分为广义和狭义的概念。从广义上而言，“社区服务不仅包括社区福利性、公益性服务，而且包括一定程度的商业性或‘准商业性’的便民利民的生活服务，以及辖区内企事业组织提供的后勤保障服务”①；从狭义上理解，“社区服务仅仅是指社区福利性、公益性（非营利性）服务，不应该包括商业性服务”②。

基于对上述概念的理解，本书试着给出一个定义，社区服务即在政府的指导和扶持下，依托于街道和社区居委会，立足于居民的实际需求，发动政府、社区居委会、非营利组织、社会企业、志愿者组织等社会各方面的力量开展社会福利性、公益性的社会服务和居民服务。

（二）社区服务的对象和内容

社区服务的内容是随着社区服务的推进逐步发展完善的。经过多年发展，社区服务的内容已经由最初针对弱势群体，尤其是社区的孤老残幼、优抚对象和社区居民等有困难的人，发展到多个层次和多种领域，服务方式也由简单的机构服务发展到设施服务和项目服务相结合的新阶段。根据我国社区居民现状，社区服务对象大致可以分为弱势人群和优抚对象、社区一般居民及社区内的有关机构与组织等三类。下面根据社区服务对象来对社区服务进行分类。

1. 社会救助和社会福利服务

社会救助和社会福利服务其主要包括如下项目。

一是以老年人为对象的社区服务。这是社区服务基本的内容之一。在社区中兴建老年服务设施，对无依无靠、生活不便的老人进行院舍照顾服务；在社区建设其他服务设施，方便老人使用；开设老年人康复门诊、老年人医疗保健站、老年人康复中心、老年人学校、老年人婚姻介绍所等，多种形式为老年人提供多方面、多层次的服务。

二是以残疾人为对象的社区服务。也是世界各国比较重视的社区服务内容之一，这体现着社会的平等、公平、文明与进步。在开展社区服务的过程中，首先要对有劳动能力的残疾人进行安置，安排他们从事适

---

① 董艳爽，张鹏，刘合友：浅析我国城市社区服务中存在的问题及策略，载于《当代经理人》，2006 年第 21 期。

② 孙健：我国社区服务存在的问题及对策研究，载于《云南行政学院学报》，2009 年第 2 期。

合他们的工作，使他们自食其力。其次是尽量使他们与正常人一样有家庭生活，可以帮助未婚残疾青年建立幸福的家庭。此外，为残疾人创造无障碍的社区环境，以及为残疾人提供康复服务和精神生活服务，可以在社区内针对残疾人进行无障碍设施改造等。

三是为社会优抚对象提供的社区服务。社区优抚对象服务是指基层社区组织和个人在国家倡导下，依托居委会，对本社区现役军人家属、烈属、因公伤残军人和离退休军队干部等提供优待服务。此类服务项目有：定人定期上门包户服务、辖区内商业“一条龙”服务、逢年过节慰问送暖活动、子女入托上学就业优先解决等。

四是为特困家庭提供的社区服务。社区特困家庭服务是指基层社区组织和个人针对本社区特困家庭的实际生活困难而提供的定期救济、包户服务；对下岗造成的新的特困家庭约送温暖活动、优惠购买生活必需品、优先安排就业、免费实施再就业培训等。

五是为社区青少年提供的社区服务。首先策划青少年的系列社区活动，如寒暑假社区实践活动、教育讲座等。其次社区可以为青少年提供社区的设施，如图书馆、青少年活动室等。此外，还可以根据社区青少年的实际需要，发展一些特色服务项目，如“学生餐桌”和班车接送服务等。

2. 便民利民服务

这一类社区服务是面向普通居民群众的日常生活服务。它不同于社会层面上的慈善事业，这一类社区服务具有“福利服务”和“便民利民”的双重性质和双重功能。为广大居民群众提供社区服务是社会服务体系便民利民功能的重要体现。这方面的服务涉及社区居民生活的各个方面，无所不在，与居民生活息息相关。如居民生活服务系列，如便民小吃店、食品杂物店、洗衣店、理发店、家用电器维修点、供奶站等；家务劳动服务系列，家庭保姆介绍、代买菜、洗衣、打扫卫生、送煤气、看护病人等；社区中介服务，包括代（订）买车、船、飞机票和演出票，心理、婚恋、法律咨询，社区综合服务呼叫网络等。这方面的社区服务是目前社区服务中涉及面最广、形式最多样、性质最复杂的一部分。

3. 驻区单位社会化服务

这是社区通过社会化服务方式，帮助驻在社区的企事业单位摆脱“单位办社会”的沉重负担，这类双向共建服务是兼具福利性和经营性的。这种服务一般是指将单位的某些职能下沉到社区，由社区专门的服务机构为辖区单位成员提供相应服务，如单位的计划生育事项可以在社区办理。这样简化单位办公手续，有利于企业单位专职搞生产、提高效益，也有助于社区不断发展和拓宽服务领域，更重要的是有助于促进街道、社区居委会与辖区单位的互助合作关系，加强社区整合。

（三）社区服务的特征与功能

1. 社区服务的基本特征

一是福利性。社区服务最本质的特征就是福利性。社区服务区别于市场服务，市场服务是最大限度地获得经济利益和经济价值；而社区服务以社区居民的福利最大化为目标，实现社会目标和社会价值。社区服务最初就是为了弱势群体和特困群体。例如通过设立社区敬老院、老年活动中心、社区卫生站等，突出了社区作为康复中心为社区一些群体提供健康服务，体现了国家对社区居民的公共福利责任。需要注意的是，随着社会经济的不断进步和发展，社区服务将会走上市场化、产业化的道路，即很多社区服务提供的主体将包括但不仅限于政府，而是部分转向社会组织和个人。

二是公益性。公益性服务的享有主体是所有社区居民。公益性服务包括公共设施等外部硬件设施，也包括社区文化、社区教育、社区环境、社区卫生、社区治安等软实力的服务。社区服务的对象无分年龄、职业、收入和文化教育程度等因素，这也是区别于商业化服务的一大特点，社区服务的公益性体现了其服务的对象是全体社区居民。

三是社会性。社区服务的固有属性便是社会性。社区服务的方方面面都要涉及社会的资源、人才和物力等要素，并且社区服务的趋向便是逐渐由社会向社区转移。从提供者的角度来说，社区服务需要政府的指导和人力、资金方面的支持，还需要政府的监督和政策引导；社区服务也需要非政府组织、社区企业以及社区居民的参与，达到共同治理、互助合作，为社区的繁荣发展共同努力且成果共享的局面。从服务对象的层次来说，社区服务的对象除了社区全体居民，还涵盖了包括老年人、残疾人、特困群体等在内的弱势群体。可以说社区服务基本上达到社会各阶层的全覆盖，因而具有社会性。

四是地域性。地域性也是整个社区的特征和特点。地域性主要指地缘因素的作用。一方面不同地区的人群有各异的服务需求；而另一方面本地区的地理位置、人文环境、经济水平等都影响着社区的服务状况。此外还有学者将“地域性”也称为“社区性”，因为社区服务的提供主体是社区地域范围内的居民和各种组织；活动的范围也基本在社区范围内。

2. 社区服务的功能

社区服务以服务人、培育人、造福人为目标，面向全体社区居民，但又着重于关注和服务特殊群体，通过动员社会力量，健全社会保障制度，提高人民生活质量，促进社会公平正义，从而实现社会经济发展的总体目标。随着改革开放的深入发展，社区的变化发展都是以社会的发展变革为基点的：社会经济的大发展，要求不断增加和充实社区服务的内容和体系；政府职能的转变对社区更多的是任务和目标的下沉；强化社会管理能力这一要求的提出更多的要求也就转向社区。这些都能显现社区的功能尤其是体现社会管理功能的社区服务对我国社会经济发展的重要作用。社区是社会的缩影，它能体现社会更直接、更真实、更综合的一面，它是社会问题最形象的体现。可以说，社区服务价值目标正是构成社区基本功能的立足点。而社区服务的价值目标可以概括为：保护社区内弱势群体的利益；满足全体居民的公共服务需求；提升居民的精神境界和社区的人文环境。由此延伸出社区服务的如下四项功能。

第一，满足弱势群体基本生活需求的功能。社区的弱势群体主要包括老年人、青少年儿童、残疾人、特困人群、重病致贫的人等。社区成立之初就是为了扶困济贫，所以说扶助弱势群体是社区服务最基本的功能。社区服务主要从以下两个方面开展。一方面，政府制定各种行之有效的社会保障政策，而社区则负责实施落实。另一方面，社区针对各自的实际情况，在本社区内开展行之有效的社区服务，以解决弱势群体的实际困难。如开展入户上门帮扶、帮助其就业、开展社区活动使他们融入社区生活等。通过对弱势群体的帮扶，使他们克服生活中的困难，让他们真正感受到社区的温暖、社会的关爱。社区服务的这种功能在一定程度上保证和落实了社会公共服务的公平正义，保障了社会成员的基本生存权利和生活需求得到满足。

第二，满足全体居民的公共服务需求的功能。当今社会正处于物质文明和精神文明迅速发展的时代，人们的生活水平和生活质量也得到了提高并将转向更高层次的需求，需求的内容也将呈多样化发展。实现全体居民的需求也是社区服务功能的体现。对于居民的需求需要从两个角度进行延伸：一方面是要对全体居民的公共需求进行全覆盖，即基本实现或达到社区居民的生活所需，如逐步完善社区治安、环境卫生、社区文化、社区教育等方面的需求；另一方面针对差异化需求，要实现具体问题具体分析，既要针对本社区的特色提供社区相关服务，如有针对性地开展老年饭桌、学生饭桌，成立亲子教育课堂等，也要针对不同人群的服务需求开展相应的服务，这样才能做到有针对性，方能凸显特色。

第三，促进社会文明进步的功能。从一定程度上而言，社区整体的人文素质和精神面貌的提升是社会文明进步程度的重要标志。所有大大小小的社区加起来组成了整个社会，社区的进步体现着、传达着社会进步的讯息，没有社区的一个个小小的进步和发展，社会也难以维续；没有优秀的社区服务，更遑论完善的社会公共服务；没有社区居民物质文化生活水平的提高，社会的文明和进步也就无从谈起。社区服务的开展可以创造一种和谐的人际关系，可以减轻受助者的精神压力，使他们保持健康的心理状态，也可以给提供服务的居民带来欢乐，增强集体主义和为他人服务的精神，良好的人际关系所构筑的社区服务的支持网络也是一个良好社区的重要标志，社区服务是评价社区质量的一个重要指标。①

第四，稳定社会的功能。社区服务的开展对社会发挥着稳定剂的这一作用是不言而喻的。社区服务解决了人民群众最迫切、最关心的问题，如养老、就业、医疗、教育、住房、文化等问题的有效解决，确实是社区服务在发挥至关重要的作用。从这一角度来说，开展此类社区服务，

① 方德岩：城市社区服务的发展研究，大连理工大学 2003 年硕士论文。

解决燃眉之急，又消除不满情绪，化解矛盾。总而言之，通过社区服务可以为现代化的建设和社会的发展创造良好的社会环境，促使社会经济效益不断提高。

二、社区服务的提供主体

社区服务的主体是指提供社区服务的组织和个人。社区服务既包括准公共产品的提供与服务，又包括私人产品的提供与服务，不同的产品要求由不同的主体来提供，并且区别化、市场化的提供方式也能有效地提高社区服务的水平。

（一）政府

社区服务发端于政府的倡导和推动。政府充当着国家税收的征缴者的角色，通过社区服务对社会资源进行整合和再次分配，使得政府在社区服务的提供上发挥着其他组织和个人不可比拟的作用。政府在具体的提供上的职责如下所述。

1. 直接提供社区服务

政府的重要职能之一便是社会管理职能，政府需要提供一个全面的社区服务来履行和实现其职能。并且政府对社区服务的提供是直接的，主要关注包括社区环境卫生、社区医疗、社区文化教育以及社区治安等在内的准公共产品服务的提供。

2. 资金扶持和资源整合

由于社区服务的内容基本上都在政府公共服务的内容和体系之内，并且社会其他组织没有能力支付覆盖全社会范围的社区服务支出，所以说由政府对社区进行资金扶持和资源整合是最合适、最合理不过的。政府利用政策信息、经济资源和行政资源对社会和社区提供政策和资金等方面的援助。政府又因其公信力，适合在社区服务的过程中扮演整合者的角色。政府在此过程中，主要做好社区居委会、企业、社会组织和社区居民之间的协调工作，同时政府与各社区组织和个人的关系是指导与配合的关系。

3. 制定政策并监督政策落实

政府对社区有指导性的作用，首先表现在政府要对社区的长远持久发展进行规划设计，对关于社区的宏观政策予以科学地指导，对社区所需组织、人员和基础设施等情况进行周密地安排。政府不仅要做到制定行之有效的社会政策，还要对政策制定后的落实保障工作做好监督，通过运用经济、行政、法律等手段的调节，保证社区目标和计划的实现。同时政府要规范市场化、商业化的公共服务，通过契约监督和责任明确以确保企业的生产行为和产品质量，更好地实现公共利益最大化。

（二）社区居委会

1. 社区服务的实施者

社区是最基层的组织单位，它是政府和百姓之间的桥梁，所以社区需要将政府的政策措施进行有效落实。如今，社区普遍的做法是设立与街道职能相对应的岗位，以便社区在处理相关问题时能有的放矢。社区作为社区服务的实施者，可以主动争取居民迫切需求的社区公共服务项目，向政府申请资金支持。此外，社区还可以根据本社区的实际情况开展社区特色服务。

2. 社区服务的协调者

社区内部存在着各种各样的团体和组织，还有社区居民。社区居委会作为基层群众自治组织，为了使这些单位和组织在社区服务中充分发挥其优势，应该担当社区服务的协调者角色。一方面要做好各方利益的协调，既要满足社区居民的需求，又要实现其他单位和组织的利益；另一方面是做好各方行动的协调，只有对社区单位和社区其他组织成员的行为加以规范并协调发展，才能更好地辅助社区保证社区服务目标的实现。

（三）企业

企业主要通过“私人产品”进行社区服务的提供。这里的私人产品指的是面向社区居民提供的商业化的社区服务，它的实现形式一般是有价的或者是低偿的。相比于政府提供的公共产品服务，企业服务虽然是有价的，但是其优点在于品质和效率。企业提供的商品化服务在一定程度上弥补了政府和社区所提供的服务领域的空白，因为企业社区服务的存在，社区居民可以选择更高品质的商品；并且一定程度上有价就代表了企业的服务更有效率。要更好地实现社区服务的市场化、商品化，需要政府通过契约等形式来规范企业，既要保证企业实现一定的企业利润，又要为社区居民提供较好的社区服务品质。随着社会的发展和进步，企业追求社会利益是实现企业长远发展战略的大势所趋，这不仅是企业社会责任感的集中体现，也是塑造企业形象和市场竞争力的有力途径。

（四）非营利组织

非营利组织一般是指人们为实现特定目标而建立的共同活动的群体。“社区非营利组织是指活跃在社区，以满足社区居民的不同需求为目的，由居民自主成立并参加，不以营利为目的，主动自愿承担社区公共事务和公共福利事业，向社会提供服务的社区中介机构。”① 非营利组织在提供社区服务的过程中，充分调动和利用社会资源，目的就是为了实现群众的需求和利益。非政府组织一没有官方色彩，二没有企业营利的影子，所以他们的行动一般更为主动、更加热情，也较容易得到居民的认可。还值得一提的是，非营利组织的目标一般比较单一，或是针对同一群体，或是针对某一问题，所以，社会上存在的各种类型的非营利组织，其服务的范围可能覆盖到社区服务的任何一个领域。如社区老年活动、青少年活动、社区文体活动、岗位技能培训、职业中介、垃圾清理、残疾人工作等，都可以由社区非营利组织提供。

三、我国社区服务的发展与问题

社区服务的发展对社区居民有着直接的影响。然而，就我国而言，目前社区服务体系较发达国家并不完善，下面我们从我国社区服务的发展历程、发展现状、存在的主要问题及原因三方面探讨这一问题。

（一）我国社区服务发展历程

随着经济社会体制改革的深化发展，社会阶层和社会群体的价值观

---

① 王民，刘求实：中国非政府组织发展的制度分析，载于《中国非营利评论》，2007 年第 1 期。

等也发生了一些变化，社区服务越来越要求走全面化的发展路线，它不仅要满足大众的基本生活需求，还要拓展服务领域，也要发挥其整合社会资源的作用。正因为我国社会经历着复杂的社会变迁过程，社区服务应需而生，并随着社会结构转型的不同阶段而呈现不同的发展态势和阶段性特征。社区服务在我国大致经历了如下三个发展阶段。

第一阶段：单位制下的社区服务。改革开放以前，城市社会由一个个企事业单位所构成，单位制成为城市管理尤其是城市社区管理的有效手段，社会结构呈现纵向单一的基本特征。对单位制度内的居民需求，政府采取由单位向其成员供给的方式来完成。政府将所控制的资源分配给各单位，各个单位根据自己的行政级别和相应的资源占有，为本单位成员提供包括成员及其子女上学、就业、住房、医疗、福利、娱乐、治安等各项社会服务，单位成员的衣食住行、生老病死全由单位包揽。

至于单位外的其他社会成员，他们的需求通过传统的街居制由政府提供。虽然当时社区服务的概念还未提出，但是类似于现在的社区服务的活动和项目一直在以街道办事处为基本依托的社区中进行，承担着占城市绝大多数人口的福利服务职责。这种“单位办社会”的服务模式，建立在无限政府的理念之上，具有鲜明的行政化特征。[①] 这种服务模式是建立在当时的历史环境中的：在政治上，组织形式单一，社区的工作对象基本上以特困群体为主，群众的政治参与冷漠；在经济上，物资匮乏，资源稀缺。

第二阶段：经济体制改革中的社区服务。经济体制改革是社会转型的先导。中国由原来的计划经济向现在的市场经济转变，社会结构也相应地由纵向单一性的倒树状变为纵横交错的网格型，国家无法通过由原来直接控制的单位将社会成员整合到国家体系中来，社会成员的自主性明显加强。[②] 这就造成社会需求和社会服务格局的变化：全揽式的单位模式显得与市场经济的环境格格不入，许多社会服务项目和属于社会管理的职能从单位抛出……这样就需要街居制的社区服务来承接原本单位管

① 杨团：推进社区公共服务的经验研究——导入新制度因素的两种方式，载于《管理世界》，2001 年第 4 期。

② 谭晓辉：社区管理：由政府一统到多元自治，载于《城市问题》，2008 年第 8 期。

理的部分服务，这也是践行社区服务的最优选择。这一阶段的社区服务处于探索和拓展阶段，并且这一时期的各项社区服务发展条件都比较匮乏，有欠成熟。正因为场地限制、设施缺乏、人才缺乏等困境，使得社区服务的体系、运作的机制缺乏活力，没有突破性进展。

第三阶段：社会管理体制改革中的社区服务。随着市场经济体制的建立，我国的社会管理体制正经历着从单位到社区的改革，社区正在代替单位成为城市社会管理体制中的基本单位，社区建设也因此负有更深层次的城市基层管理体制改革的使命。[①] 社区服务是社区建设先行者，也是推动社区建设和发展的有力举措。2006 年，国务院出台了《关于加强和改进社区服务工作的意见》，将社区就业、社区社会保障、社区救助、社区卫生和计划生育、社区文化教育体育、社区流动人口和社区安全等七个方面概括为社区服务的重点领域，并对社区服务的福利性和公益性的本质作了进一步强调。此外《意见》还解释了经营性的社区服务："鼓励和支持各类组织、企业和个人开展社区服务业务。鼓励相关企业通过连锁经营提供购物、餐饮、家政服务、洗衣、维修、再生资源回收、中介等社区服务。利用现代信息技术、物流配送平台帮助社区内中小企业，实现服务模式创新，推动社区商业体系建设"。这份文件是对社区服务的方向性定位，也是对社区服务领域和范围进行了解释，更揭开了社区服务的新认识之门，成为指导社区服务的指导性文件。

现在社会各界已经充分认识到"社会服务组织是实现政社、政事分离的有效载体，是建立新型城市管理体制的组织基础"[②]。在社会管理体制改革中，越来越多的学者和政府官员意识到：社区服务应该走向"理性社会化"的发展道路，以非政府组织和非营利组织为主导，由社会各界志愿参与。[③]

（二）我国社区服务的现状与问题

社区服务发展的这 20 多年以来，社区服务在解决人民生活需要、完

---

① 郭虹：从单位到社区——社会管理体制的变革，载于《经济体制改革》，2002 年第1 期。

② 徐君：公民治理理论及其对中国街政改革的启示，载于《学海》，2007 年第 3 期。

③ 高灵芝：当前中国城市社区服务的基本定位与发展走向，载于《甘肃社会科学》，2004 年第 3 期。

善社会保障制度、稳定社会等方面取得了长足的进展；但是社区服务的发展还不能完全跟上不断变化发展的新形势、新任务，并且在发展的过程中也遇到一些困难和问题。

1. 我国社区服务建设所取得的成就

自民政部于1986年开始倡导社区服务以来，社区服务已从传统的“互助、自助”的社会福利社会办到由社区组织办公共服务，并且其范围和领域也不断拓展和延伸，在促进社会经济发展和提高人民生活质量上起了重要作用。

（1）社区服务网点和服务设施不断完善

我国城市街道基本建立了社区服务中心，社区居委会也建立了社区服务站，“区、街、居”三级社区服务网络大体框架形成，在一定程度上使居民的生活更加便捷。目前，我国已建成社区服务中心8479个，各类社区服务设施19.5万个，便民利民网点66.5万个；87%的社区有社区服务中心，93%的社区有劳动保障所，80%的社区有警务室，85%的社区建有卫生服务站，70%的社区有图书室，初步形成了以社区服务中心为纽带，广泛联系各类社区服务企业、服务人员的社区服务网络。[①]

（2）社区服务内容丰富、形式多样

目前，社区服务项目和内容基本覆盖了居民物质生活和精神生活的各个领域，服务内容从10多项发展到200余项，区环境、社区卫生、社区文化、社区治安等项目在不断深化开展和保障落实。许多社区正实践着一站式办公和服务，并且根据需要配备计划生育、劳动保障、社会治安、卫生保洁等协管员，许多城市社区创建了扶贫超市、慈善超市、阳光超市等多种扶贫帮困载体。一些地方已经开始把计算机信息网络技术应用于社区服务，一些地方的城区和街道普遍建立了信息网络平台，并与社区居委会的社区服务站实现联网，为广大社区居民提供优质快捷的服务。[②]

（3）社区服务专业化程度不断提高

专业化首先是由人才的专业化直接体现。目前，我国很多社区已形

---

① 数据来源于百度百科，详细网址：http：//baike.baidu.com/view/159276.htm。

② 裴小琼：我国社区服务发展研究，载于《山西广播电视大学学报》，2011年第4期。

成了一支专兼职工作人员包括广大志愿者在内的规模庞大的社区服务队伍。社区服务队伍原则上由两个方面的人员组成。一是社区服务的管理人员和从业人员。如政府有关部门中从事社区服务的管理人员，各级社区服务中心和社区服务站的工作人员，社区居委会的社区工作者，从事社区服务业的从业人员等。随着社区建设事业的进一步发展，中央和地方越来越重视社区服务人员素质的提高。中央采取措施，开辟多种渠道，社区工作者中大学毕业生的比例逐年提高。而社区服务人员也实行“聘任制”，凡进必考，从源头上保证了社区工作者素质的不断提高。二是社区志愿者服务队伍。社区志愿者服务队伍是开展社区公益性、福利性社区服务的骨干力量。他们主要从事开展社区居民互助服务、社区公益性服务、技术专长或专项的志愿服务及突击应急服务等。

（4）社区服务工作得到社区群众的认可

社区服务着眼于提高人民群众的生活质量，在推进社区服务的工作中，各社区普遍开展了环境卫生服务、社区治安、社区就业、社区社会保障服务、便民利民服务、计划生育服务以及各项群众喜闻乐见的文娱活动，使社区凝聚力得到加强，群众自觉参与社区活动的积极性有所提高。

2. 我国社区服务发展中存在的主要问题及原因

虽然我国的社区服务工作取得了诸多的成就，但是功能定位不准、基础建设滞后、居民参与意识薄弱、市场化程度低等问题已成为社区服务发展的瓶颈。

（1）政府的行政主管部门责任不清

政府在推动社区服务中的角色不清，责任不明确。社区服务的内容包括福利、医疗、就业、文化、教育、体育、城市管理，涉及几乎所有的政府职能部门和工、青、妇等团体，各部门对社区服务认识不同，工作重点不同，缺乏统筹规划与协调，没有形成社区服务发展的整体合力，无所不包的社区服务使主管的民政部门力不从心，其他协调部门也无从下手，因此在工作中处于十分被动的局面。①

---

① 徐道稳：城市社区服务反思，载于《城市问题》，2001 年第 4 期。

（2）社区服务的行政化色彩过重

社区管理过程中“政企不分”的现象仍然存在，社区本身的自治职能没有得到很好的体现，长期以来，社区作为自治主体，社区组织过多的承担了政府职能。可以说，社区管理和社区服务更多的依旧是一种政府行为。20 世纪 80 年代，我国在提出社区概念的同时基本上也提出了“社会福利社会化”的理念。这也就意味着我国一开始就探索着逐步社区服务社会化的发展道路。但是到目前为止，我国多元化的社区服务供给格局还是没有真正形成。这正是浓重的行政化作风所带来的弊端。街道办事处领导社区居委会，而社区居委会负责开展和实施社区服务。在这种三级纵向的管理体制下，社区摆脱不了行政化的枷锁，并且过多的行政职能的负担，必然影响着服务的质量和效率。

（3）社区基础服务设施的落后

首先表现为硬件建设投入不足，地区间差异较大。总体而言，社区的资金投入明显不足，有些社区连基本的办公用房都不达标，在中西部经济条件相对落后的地方，资金不到位，建设不足，社区活动难以开展和维系。而在城市社区也存在难点，比如一些老旧小区，往往处于城市的中心地带，人口密集，外来流动人口较多，人口素质参差不齐，占道停车、租房户与原始居民之间的矛盾总是社区管理的难点。这类小区又由于兴建时间较早，没有标准的项目齐全的社区公共设施，或者一些公共设施早已破旧不堪，机制性建设特别是永久性机构设施建设少。

其次是社区服务队伍的专业化水平低。社区服务成为一项产业的重要标志是社区服务的职业化和专业化。社区服务的对象是人，人的要素是多样的、多变的，所以社区服务要充分考虑年龄、职业特点、素质高低等不同特点。我国社区服务的工作量较大，而社区的从业人员存在着文化水平不高、缺乏专业的社区培训、年龄结构也不尽合理等问题。再加上社区服务相关政策滞后。政府对社区缺乏协调和规划，社区服务的工作内容没有具体的、详细的规定，并且缺乏宏观政策上的分类指导，使政府和社区基本上包揽一切服务，既影响效率又造成资源的浪费。随着社区服务的深入开展，社区服务的专业化问题将越来越重要。

最后是社区服务的资金匮乏。资金是开展各项工作的首要环节，政府对社区的资金投入不足影响了社区服务工作的有效开展，这是造成社区服务规模、水平以及质量不高的一个重要因素。从世界其他国家来看，它们的社区服务资金主要来源是政府支持、社会捐赠以及项目创收的再次投入。而我国的社区服务资金投入机制较为单一，基本上全部来自于国家财政拨款，这种单一的资金来源难以满足全国性的多样化的需求，就算是满足了一时的需求，这种资金筹集和发展模式也是难以持续的。目前，我国政府对社区服务资金的投入远远不能满足社区服务发展的要求。

（4）居民的社区意识淡薄

一方面，居民参与意识淡薄主要归结于居民对社区服务的认同感不强。社区服务根植于社区，社区居民对社区服务及其工作人员的认同程度直接影响着社区服务的产业化进程。从我国发展的实际来看，社区居民并未完全认同社区服务。虽然社区居委会在不断进行服务质量的改善，以达到居民的期望要求，但是服务机制和方式的改善并不是一蹴而就的，需要根据居民不断变化和日益增长的需求来做出调整。另一方面，社区志愿服务意识不强。广大居民对于志愿者和志愿活动的了解不深刻，同时，人们对志愿服务者的权利与义务关系理解不清。有的服务对象将志愿者视为无偿劳动力滥用，让志愿者超时服务，有的志愿者则是把志愿服务当作是对服务对象的施舍。[①] 这也从侧面反映了舆论宣传力度的不到位，造成人们对社区志愿服务的认知程度不足和误解；同时也反映了社会信任结构的失调，使得人们质疑和担心社区志愿服务。

（5）社区服务的市场化水平低

一方面，社区服务的项目少，满足不了众多居民的所有需求。社区服务人才的多少和专业素养，直接影响甚至决定了社区服务项目的数量和质量。从目前我国社区服务的现状来看，社区居民所急需的专业服务，如家庭暴力与单亲家庭的辅导和治疗、老年人的心理与行为辅导、问题青少年的行为矫治与辅导、弱智儿童辅导、精神障碍患者回归社会的辅导、刑满释放人员的社会化辅导、就业培训与指导、居民的康复辅导等

---

① 戴敏代表在第十一届全国人大第四次会议上的建言。详见中国人大网：http：//www. npc. gov. cn/npc/dbdhhy/11_ 4/2011 -03/11/content_ 1642038. htm。

专业化程度高的社区服务，在全国的社区范围内开展的数量极为有限。更为重要的是这方面的专业人才供给也极为缺乏。另一方面，社区服务产业化程度不高。大部分社区服务功能单一、条件简陋，缺乏规模之余还缺少特色，这些都制约了社区服务水平和质量的提高。此外，社区服务产业化的一些扶持优惠政策落实不到位。近年来，各级政府相继出台了关于社区服务的优惠政策，如简化手续、提供创业资金等，但由于涉及地方财政收入和部门利益而难以真正落实到位。

四、完善我国社区服务体系的设想

社区服务是社区管理和发展的核心任务，也是衡量社会发展水平的一个重要标志。随着人们对社区服务需求的增加，更多的社会公共服务需要通过社区服务来提供，因此给社区服务以制度和资金上的倾斜，是在实际建设过程中运行良好的服务体系的保障和动力。然而，构建规范的社区服务体系是一个漫长而又充满挑战的过程，需要政府、企业、社会明确各自的职能，多方联动形成合力。本书提出了以下设想，完善我国城市社区服务体系。

（一）制度建设——社区服务体系构建的保障

我国的社会福利制度中，社区服务也没有被给予明确的性质定位。因为性质决定着社区服务的运行方式，所以，政府应首先对社区服务进行明确的性质定位，即社区服务是福利性质的社会公共服务的一部分，其服务的手段都在福利性质下进行。

1. 明确政府在社区服务体系运行中的主导地位

政府应倡导社区服务的良好运行，政府通过实施计划、制定政策，并整合社区资源来解决社区问题为居民服务；政府还要发挥好协调作用，即协调好政府、社区居委会、企业、社区非营利组织以及社区居民等单位、团体及个人的相互关系，理顺关系，协调运行机制；此外，政府还控制政策和一些资源，通过这些先天的优势来促进社区服务的发展。

2. 明确社区居委会的定位与职责

社区居委会是实施和开展社区服务的载体。它既是居民自治组织，又承接着政府委托的服务项目。但是在实际操作过程中，社区居委会又有着各种各样的责任和义务，如协调社区各组织、各团体以及社区居民的关系，处理社区各项事务等等，正是这纷繁复杂的多种角色使得社区居委会应接不暇，无法有效地开展服务。因此在社区服务的运行中，应首先明确社区居委会作为社区服务中心的位置，并充分发挥其自治的作用，将社区服务的职责定位在自治的性质中。

3. 明确社区服务非营利组织的定位

社区非营利组织能够提供专业性和非营利性质的服务，是社区服务主要的提供主体，而我国目前并没有一项完整的法律来保证非营利组织的良好运行，所以我国应尽快进行社区服务非营利机构的完整立法，来明确非营利组织的定位，并发挥好它在社区服务中的作用。

4. 明确社区商业服务组织的准入和收费标准

商业服务是社区服务市场化、产业化的重要途径。商业服务组织正日益为社区居民提供更加便民利民的社区服务。但是关于社区商业的收费标准目前国家并没有相关方面的法律规定，所以存在一些社区服务乱收费的现象。因此，要对这些社区商业服务组织进行规范管理，首先是要明确其准入标准和收费标准，其次要对其进行行业规范，以保证社区服务的良好运行。

（二）提供主体多样化——社区服务体系构建的组织基础

1. 转变政府职能

政府在社区服务体系中处于主导位置，但是主导并非领导，因此在运作中应克服行政化的管理方式。首先，实行权力的下沉，把不属于政府而属于社会组织的管理职能从行政化的管理中剥离出来，还权于民还权于社会。其次，转变政府机构职能。由管理为主转向服务的方式，改变向社区等下一级单位分派行政工作的传统作风和行为。最后，推行“一站式”服务。因为社区服务涉及多个部门，为真正实现便民利民，应简化办事程序，让居民少走弯路，实现社区服务到“社会公共服务”的转变。

2. 完善激励机制

政府所拥有的资源包括人力资源和物质资源是有限的，无法照顾到社会和社区的各个层面，这就需要动员各种社会组织的广泛参与。一个完善的激励机制是实现资源整合的必备条件。一方面，可以通过招标的方式将部分社区公共服务项目交给其他社会组织；另一方面，可以为社会其他单位成员的参与创造良好的舆论环境等。

（三）需求导向——社区服务体系构建的基本原则

需求是服务的动力来源，所有的社区服务必须以居民的实际需求为导向，强化服务的针对性和有效性，建立社区服务的动力机制。中国一直奉行的是自上而下的社区服务，因为单位制解体后的部分社会保障功能需要另一个组织来承接和实现，所以“社区”这个组织单位应运而生，可以说，社区服务一开始并不是以居民的需求为导向的，它以政府的规划为准绳。这也就不难理解为何我国社区居民的参与意识比较淡薄了。所以我们现在亟须建立一个以居民需求为导向的社区服务体系，体现居民需求的社区服务，才是真正有活力、有动力、有特点、有重点、有内容的服务；也只有这样，才能调动居民的参与热情，促进社区服务以及社区建设的繁荣发展。

（四）资源供给机制——社区服务体系构建的物质基础

1. 完善社区服务资金投入机制

社区服务的资金一般主要来源于以下三个方面：政府的资金投入是最主要也是最直接的资金来源；其次是社会捐赠，它是政府投入的补充；还有便是社区部分服务项目的收费。要更好地筹集社区服务所需的资金，具体从以下几方面着手。

（1）完善政府资金投入机制

政府的资金投入最直接，份额也最大。因此，政府应该健全资金投入机制，一方面加大对社会保障和福利服务的资金投入比例；另一方面对于市场化、社会化的社区服务，政府应给予一定的优惠政策，如资金补偿或者税收优惠等，不仅吸引更多社会组织参与到社区建设中来，也为政府的公共服务作了相应地补充。此外，还要注意提高政府投入资金使用效率，避免社区服务机构的消极怠工、懒散或者形式化的问题，保证社区服务项目的高效运行。

（2）提高社区服务资金中捐助资金的来源

在我国，社会捐助占社区服务资金来源的比重较小。所以，应采取措施增加社会捐助资金。一方面完善社会激励机制，对提供捐款的单位推行税收优惠，尤其是鼓励企业或者社会组织对社区服务的资金捐助行为；另一方面营造良好的社会舆论氛围，掀起一股积极捐款之风，让更多的企业、组织或个人承担社会责任，表彰捐赠的企业、组织和个人等。但是在捐助资金的使用上，要注重公开透明。

（3）规范社区服务项目收费的标准

虽然社区服务是属于福利性质的，而收费服务一般是市场化、商业化的行为，社区服务不应该有营利的行为；但是社区服务项目广泛，供给的组织性质也不同，在目前政府没有能力全额供给的前提下，部分服务项目可以实行有偿供给的方式，但是这类型的社区服务必须是低偿的，不以盈利为目的。社区服务收入不能作为社区服务资金的主要来源，而只能扮演补充者的角色。

2. 社区人力资源供给机制

社区服务人员的专业化素质决定了社区服务的质量。如今，我国社区服务人员普遍存在年龄较大、文化程度不高的问题，并且他们大多没有经过专业的社区服务培训，只是凭经验办事，所以无法提供社区矫正服务、居民的康复服务、心理咨询等专业化服务。所以有必要在全社会范围内建立一支专业化的社会工作队伍，首先应继续吸引高校社会工作专业学生到社区工作，并通过合理的科学的激励机制帮助他们在社区成长，提供优厚的工资待遇保障。其次应加强对社区工作人员的培训，并注重每次培训的效果，将培训纳入到工资管理和岗位晋升的机制中，激励和促进工作人员在专业上不断进步，更好地服务社区。

第四部分 理论应用

第十五章　我国社区经济发展的现状、成就及问题

改革开放30多年来，我国的社会、经济、文化得到了前所未有的飞跃式发展，人们的物质生活和精神生活发生了翻天覆地的变化，变化之一就是在全国各大中城市出现了社区这一全新的人居生活模式。在社区发展和探索社区实践的过程中，取得成绩的同时，也伴随着一些重要的现实难题和困境。分析我国社区发展的现状、总结我国社区实践中取得的成就、探索社区发展过程中出现的问题，为我国社区改革的方案提供良好借鉴，关系到我国目前社区各项工作和服务的健康发展，也关系到我国城市社区建设的顺利进行。

一、我国社区发展的现状

随着改革开放的深入发展，我国的社会经济在转型过程中发生了许多新的变化与转折，“单位制”的社会功能正在慢慢弱化，这样一来，社区的作用就显得尤为重要。在这样的现实情况下，深入研究和探讨我国社区发展的现状，对于加快我国社区建设，充分有效地发挥社区组织的功能和作用有着极其重要的现实意义和实用价值。

（一）社区管理体制

前文提到，我国社区建设的提出和发展产生于城市基层管理体制改革的过程中。而城市基层管理体制指的是城市基层的组织架构、功能地位及权责利等相互关系间的综合，并且基层管理主要处理的是与社区居民群众日常生活相关的事务。目前，我国城市的行政级别大致分为省级、副省级、地级、县级这四个级次，它们组成的城市社区行政系统，与省、

县、乡广大农村区域的行政系统一道构成具有中国特色的城乡双轨制地方社区行政体制。根据我国宪法规定，区是城市的基层政权机构，街道一级是区政府的下属机构，而居委会便是群众基层自治组织，在政府的授权和指导下承担一定的社会管理的职能。这里所提及的社区，是传统意义上的社区居委会。在城市生活的每一位居民群众，都必然与社区居委会、街道乃至区政府产生关系，直接或间接地受城市基层组织的管理。其大致模式如下所示：

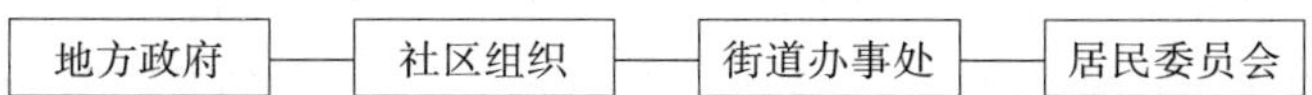

具体到社区层面而言，目前我国城市社区存在着各类组织，它们是推动社区建设和经济发展的主体，是社区中具备不同职能和利益诉求的行为主体，在社区经济建设和发展中相辅相成，并依托社区的存在而发展。中国社区组织的类型大体有以下几大类。

①社区党组织，它是执政党最基层、最直接的体现，它的设立与存在与新时代背景相符合。社区党组织在开拓新领域、增强凝聚力、提高号召力方面发挥了最基础的作用。它突破了以传统单位的党建工作为主的局面，而转向以单位党建和社会党建共同发展的局面。总而言之，社区党组织是社区的领导核心，在社区中处于政治领导地位。

②社区行政组织，指的是街道办事处，它不仅依法行使政府的社会管理职能，还充当着综合协调和具体指导辖区内社区居委会工作的角色；它不仅是政府职能部门落实社会管理的各项职能的载体，也是有效促进、配合、指导社区居委会工作的执行者。街道办事处发挥着“条与块”工作的协调作用，是各社区最直接的管理者。

③群众自治组织，即社区居民委员会，它是社区民主建设的核心，是按照党的路线、方针、政策发动群众参与社区各项事务的重要群众性组织，更重要的是，它是联系政府和群众的桥梁和纽带。从某种程度上而言，社区居委会既是社区群众的议事中心，也是推进基层民主的最有效组织方式。

④社会团体组织，指的是除了政府组织以外的中间组织和机构，包括各类社区行业协会、社区工作者专业协会等，它的功能主要是承接从

政府管理中剥离出来的社会功能，是今后政府推动社区建设的中间力量，是社区的行业中心。

⑤民间非营利性组织以及其他公共事业组织或团体，它是社区中共同承担公益性、慈善性的实体服务者，也是社区建设各类任务和各项工作的具体实施者。它的基本特征是围绕以人为本服务的非营利性，也是今后政府采购服务、财政补贴和资金救助的重点对象。这类繁多的群众公益性实体组织，是社区服务中心。

但是，从根本上来讲，我国的社区处在一种矛盾的状态，它虽然承担着很多政府派出的事务性、程序性、行政性的工作，但是社区并非是政府的一个部门，而是脱离于政府、脱离于企业、脱离于社会团体之外的其他机构。显然，很多人（包括社区工作人员在内）对这样的机构设置的认识都不是十分明确：社区居委会的职责究竟是什么？同样的道理，街道办事处作为区一级政府部门的下属机构，其组织架构和职能更多显示出“行政化”“科层化”的影子，它的角色究竟是什么？社区居委会是群众基层自治组织，却承担着行政的一些职能，一个自治组织的工作究竟应该由谁来监管、如何进行监管？这也是我国社区发展的一个重要课题。

由于我们一直是运用行政方法来管理社区经济，而这种行政方法一般是自上而下地下达各项行政性指令和指标，并且出现政企不分，实行人财物和供产销的一体化，违背市场经济原则，最终导致企业缺乏生机和活力，生产经营自主权得不到有效落实，这样城市经济的振兴和繁荣也就无从谈起。可见，行政机构和行政方法忽视了经济手段、经济组织以及经济法规在社区经济管理中的重要作用，更重要的是，忽视了市场机制对社区经济发展的调节作用。

（二）社区经济发展程度

20 世纪 50 年代中期，我国城市社区经济以街道的经济形式开始形成和发展。“街道”，作为我国城市行政区域划分的最小单位，它是在“小政府、大社会”的框架下进行的“两级政府、三级管理”中最基础的一级。社区经济的发展和繁荣离不开街道经济的辅佐和帮助。街道经济起步于 20 世纪 50 年代中期，它当时的初衷是为了社会救济，尤其是在 1978 年改革开放后它主要致力于解决大批返城知青的就业问题。可喜的是，从80年代中期以来，城市就业人数的增长和就业率的普遍提高促进了街道经济的发展。而90年代试行分税制改革后，我国经济由计划经济向市场经济过渡，并且在“行政区”到“社区”这样的模式主导下，一方面街道办事处的地域范围也是各个社区综合的辖区范围，街道扮演着城市基层的行政区和城市大社区的双重角色；另一方面街道办事处作为社区各项事业发展的主体甚至是唯一的主体，街道经济所产生的税收便自然而然成为街道包括社会管理和科教文卫等各项工作运转最重要的经济来源。此时大量的下岗失业人员被纳入到社区层面进行统一管理，这样一来社区服务领域的就业渠道就亟须开拓；随着城市经济的快速增长，一些拆除简屋危棚的市政建设威胁到传统经济组织的生存和发展；街道又承担着上级政府和有关部门机构下达的各项任务指标，而街道所拥有的资源和权限范围实难应付工作需要；而后随着社区管理体制和社区管理功能的逐渐清晰，街道办事处的职能也被定位于地域范围内的社会事务管理，其经济职能也随之淡化。在这种时代发展的背景下，街道经济已然逐步挣脱了“区街”的外套，从而转向我们现在所说的“社区经济”过渡。而社区经济的运营模式、经营方式以及服务的主体俨然区别于传统的街道经济，但是社区经济又承接了街道经济部分的社会功能，并且至今为止社区经济的组成和发展仍然有部分街道经济的影子。

由前所述，我国社区经济的前身虽然是街道经济，但运行机制正在试图摆脱沉重的行政机制，而试图改革成多元化的社会化机制。社区经济的筹资渠道广、方式灵活，包括社区居民的自主集资、个人投资、社会企业赞助等，自然也包括街道经济的支持和帮助。计划经济时代，对社会人的管理是一种以“条”为主的纵向管理，而街道充当着横向管理的“块”的补充作用。随着城市改革的不断深化，传统的“单位制”正逐步消失，城市居民群众的政治、经济、社会及其文化生活更多地联系在社区，生产在社区，快乐在社区。社区逐步代替街道承担着由上一级政府和其他部门甚至是企业转移出来的社会职能，比如社区居民的养老金、退休金、保险、医疗保障以及福利等已逐步从单位剥离到社会化管理，更通俗地可以说是社区管理。城市化的发展使得人们的生活中心向社区转移，社区服务体系也不断扩展，包括居家养老、社区教育、文化娱乐、托幼、家政、社会福利以及物业管理等各个方面应有尽有。城市居民越来越依赖于社区，“有事找社区”的观念也越来越强。社区已经成为现代城市生活的中心和支撑点。中国城市的社会管理正实现由“条”向“块”的转换，创造了一个个城市经济发展的崭新的空间。如今我国城市社区经济大多涉及在生活服务业和商业等第三产业上，不仅涉及包括零售业、餐饮业、建筑装修业、医疗保险业和其他物质生活相关的服务业，还包括文化产业、体育产业、教育产业等智力、知识、精神、健康支持文化生活相关的服务。我国城市社区经济起步晚，所以我国城市社区经济仍停留在较不完善的水平，发展比较快的是容易被社区居民接受并且技术含量不高的便民服务产业，有社区环境的保洁和绿化；居民的居家生活方面包括小吃店、五金劳保用品店、家用电器维修店、理发店、洗衣店等；家政生活服务方面包括家庭保姆中介服务、看护病人、代送煤气、代买菜等；社区中介服务，包括婚姻、法律、心理咨询以及代订代买火车票、飞机票等。社区服务业是我国政府也是国外政府倡导的大力发展的产业，不仅仅是因为它投资少、见效快，更重要的是社区服务业对妥善安置下岗失业人员、转移农村劳动力起了重要的作用。社区经济独特的服务功能和服务体系，使社区经济有了亮点和广阔的发展空间。90 年代以后，我国城市社区的经济以平稳上升之势获得较快发展。社区经济作为城市经济体系中的“子系统”和“配属经济”，它有着“拾遗补缺，运转灵活”的特点，社区经济真正沿袭着为居民服务、为社会服务的使命和责任，充当着社会的稳定剂作用，正是它的拾遗补缺作用，才使整个社会的发展和城市经济的发展得以持续。我国城市社区经济诞生于计划经济体制，却成长于市场经济竞争的背景中。这种独特的成长史使得我国社区经济与市场经济有着天然的适合性和融合性。

（三）社区经济结构

社区经济结构是社区的一个功能系统。由于我国社区经济的起步晚，缺乏社区建设的理论和社区发展实践的经验以及对客观规律的正确认识，导致社区经济在发展过程中出现发展不平衡和许多结构性问题。例如在以往的经济发展战略中，过度重视重工业，却忽视轻工业，从而也助长了“重积累而轻消费”之风。“重速度而轻效益”“重视生产用品而轻视生活用品”的影响，使得传统的社区经济结构挂着“畸重畸轻”的印记。许多城市在追求经济发展的过程中，城市社区超越自身所拥有的客观条件贪大求全、舍本逐末的现象蔚然成风，如放弃自身的固有优势而盲目追求自成体系；看中眼前的短期利益而不顾长远的发展战略，这些都导致了生产结构的失衡、消费供不应求、资源浪费、生产滞后，从而导致居民的物质文化生活水平得不到提升，技术结构的落后，仍停留在较低水平，经济增长和经济效益的不协调发展，这些都背离了经济发展的战略方向和要求。

二、我国社区发展的成就

改革开放以来，受国家社会政策扶持、引导以及资助，依靠政府及其他机关部门的鼓励和支持，我国社区在吸纳下岗失业人员的再就业工程中，在提升社区服务质量和拓宽社区服务体系以及提高社区居民生活质量上都取得了瞩目的成就，为促进社区乃至整个社会的和谐发展发挥了重要作用。社区发展的潜力是巨大的，前景也十分广阔，我国社区还将继续发展，并发挥其稳定社会、促进社会和谐的作用。

（一）社区组织体系不断健全，基层社会格局进一步形成

我国基层社区的组织体系主要包括：社区党组织、社区自治组织以及民间组织。其中，社区党组织是社区的政治核心；社区自治组织，主要指居民代表大会、社区居民委会及其他按照居民群众的意愿设立的补充性、监督性组织，而居委会是社区基层群众自治组织和社区成员的法定代表；社会民间组织，主要指各种志愿者组织和社会组织，他们是社区组织中重要的中间力量。据有关部门统计，到 2008 年底，全国城市“一社区一支部（一个社区一个党总支）”的覆盖率已达到 99.6%。在多年的发展和实践中，突出社区党组织的领导核心地位，健全社区党组织的各项功能，使得社区党组织成为一个有创造力、战斗力以及凝聚力的坚强集体。在社区组织规模上，“我国共有 68.7 万个基层社区自治组织，其中：村委会 60.4 万个，社区居委会 8.3 万多个；全国共有社会组织 41.4 万个，业务范围涉及民政、科教、文卫、体育、环保等各个领域，

吸纳社会各类人员就业475.8万人"[①]。"全国城镇社区服务设施已达12.2万个，城镇便民利民服务网点74.8万个，社区文化中心（室）3.4万个，社区劳动保障工作机构6.7万个，社区警务室6.1万个，社区人民调解委员会7万个，法律援助工作站5.5万个，消费者投诉站、消费维权联络站4.9万个。社区志愿者组织43万多个，注册人数2600多万人，参加社区志愿服务的人数已累计达到3000多万人次，成为推动和谐社区建设的重要力量。"[②] 以上种种数据显示，社区组织体系的不断健全和完善必将在推动和谐社区建设中发挥更加重要的作用。

（二）社区经济成为新的经济增长点

社区经济虽然成长和源于街道经济，但是并不是简单的街道和社区居委会的经济，社区经济是一种依靠国家政策扶持、资助和引导，通过社区工作者的协调沟通作用，由包括全体社区居民在内的群众利用社区自有资源、外来资源以及社区市场，参与管理和劳动，最终受益的经济活动。我国城市社区经济发展虽然短暂，但是其成长历程艰难曲折，它始终以一种不可小觑的发展潜力和旺盛的生命力，为城市建设和社会发展起着关键作用。社区经济是一种存在于社区并依托于社区的经济形态，它有着一般经济形态的属性，更重要的是，它有追求社区福利最大化的内在价值。社区经济形态也是最贴近社区居民群众的经济形态，它在提供家庭服务、吸收和转化劳动力、促进社区福利最大化以及培育城市认同感和归属感上起着不可低估的作用。它为居民排忧解难，方便社区居民的生活，承载和安置了社区众多人口的就业问题，不仅为城市社区的基础设施建设提供物质基础，也是稳定社会的重要渠道和有力手段，还是区域经济的重要增长点。总而言之，它构成了城市经济的重要部分，对推动和加快城市化进程、构建和谐社会有不可比拟的优势。

社区经济是城市经济的构成部分，是地区经济补充，可以带动和引导城市和地区经济的发展。社区经济主要立足于服务业，而服务业是容

---

① 数据来源于凤凰网，详细网址：http：//finance.ifeng.com/money/roll/20090525/700639.shtml。

② 数据来源于凤凰网，详细网址：http：//news.ifeng.com/mainland/200910/1019_17_1394626.shtml。

纳大量人口就业的承载点，是社会安定的重要保证。由于社区居民的生活需求具有长期性，并且随着经济的增长而增长，所以说社区经济具有稳定性、递升性。此外，社区经济的社会反响和社会效益广泛而又有影响力，社区文化服务可以促进和拉动城市社区居民自身素质的增强和文化生活的改善。具体而言，社区经济新的经济增长带动作用主要表现在以下方面。

第一，社区经济带动和促使了第三产业作为新经济增长点的形成。与社区经济关联程度最密切的便是第三产业，第三产业的兴旺发达是当代社会经济的一个必要特征。我国自20世纪90年代起就把大力发展第三产业作为社会经济发展的重要战略举措。社区经济联系着市场需求又反映着市场，它可以强有力地带动和促进商业、文化娱乐业、饮食业以及信息等一系列产业的联动发展，其关联带动能力足以提高资源的利用效率，是极具第三产业发展潜力和上升空间的综合性行业。

第二，社区经济成为社会再就业工程的重要解困途径。发达国家的经验告诉我们，经济总量的增加会缩减第一产业的劳动力需求，增加第二、三产业的劳动力需求，尤其是劳动力就业需求量的满足将很大程度上依赖于第三产业的发展。对比发达国家，其第三产业的就业人数一般能达到总就业人数的55%甚至更多，从我国1997年的数据显示，第三产业从业人员为16602万人，占全体从业人员的25.7%。[①] 无论是在我国还是在国外发达国家，对再就业人员而言，有着最少投资需求却最具吸纳空间的必然是社区服务业。

第三，社区经济为非国有经济的发展提供了经营的平台。非国有经济是社会主义市场经济的重要补充。随着我国市场经济体制的转型，下岗失业人员再就业安置也由浓厚的国有经济计划转向市场化的劳资关系、劳动用工等非国有经济来安排。1994年，国有部门净就业增长已经为零。[②] 由于非国有经济人均资本占有量低，在同样的资本量下，非国有经济能创造出比国有经济更多的就业岗位，从而能成为城镇以及城市居民就业和再就业的主渠道。从另一个角度而言，社区所创造的服务业岗位

---

① 数据来源具体网址：http：//www.chengdu.gov.cn/chenghuaqu/detail.jsp？id=35661。

② 引自百度百科，详细网址：http：//baike.baidu.com/view/1286355.htm。

具有对劳动力的素质要求低、劳动强度小的特点，所以说社区服务业是下岗失业人员再就业的重要途径。

第四，社区经济是推进住宅商品化、市场化，启动住房消费市场的重要环节。中央经济工作会议提出，加快普通居民住宅建设，可以带动许多相关产业的发展，是形成新的经济增长点的重要方面，引导城镇居民的住宅消费，通过居民的最终消费，推动住宅产业的发展是国民经济发展的需要。近几年来，政府制定和出台了一系列政策来扩大内需和促进社会经济的繁荣。在总需求中，住房需求总是人们最直接最迫切的需求，并且住房作为一种固定资产，政府总是倾向于对住房建设寄予厚望，将之作为重要的经济增长点之一来发展。但是，目前一些城市的住房建设在流动和消费上还未真正形成良性循环，存在着大量的空置商品房，住房对经济增长的推动作用还没有明显体现。因此，要加快城镇商品住房的改革，加快启动住房消费市场，首先应建设好居民住宅区的配套设施，改善居民的居住环境，加强小区物业管理，在小区内发展好独特的社区文化氛围，更重要的是建立完善的房地产管理体系，多方面地满足社区居民文化、教育、服务、安全、卫生等方面的需求。

（三）社区服务体系不断完善，有效满足了社区居民的物质文化需求

从 1986 年至今，我国社区服务已成为融入普通百姓日常生活的一项连接千家万户、为广大居民认知和依赖的事业。据截至 2010 年底的数据统计，全国城市便民利民网点已达 53.9 万个，城镇社区服务设施 15.3 万个，社区服务中心 12720 个，社区服务站 44237 个。[①] 截至 2008 年底，社区卫生服务站 21895 个，社区文化中心（室）3.4 万个，社区劳动保障机构 6.7 万个，慈善超市 7053 万个，社区综合治理工作站 10 万多个，社区警务室 6.1 万个，社区人民调解委员会 7 万个，法律援助工作站 5.5 万个，消费者投诉站、消费维权联络站 4.9 万个，社区服务志愿者组织 43 万多个，依托这些机构和平台，社区居民的民生问题得到了有效解决。[②] 社区居民的生活质量得到进一步提高。近些年来我国社区服务业的主要

---

① 数据来源于社区建设与民主管理网，详细网址：http：//www.mzbpx.com/html/Web/tjsj/3345.html。

② 李学举（时任民政部部长）：在全国和谐社区建设工作会议上的讲话，2009 年 10 月 19 日。

成绩表现在以下几个方面。

在强化管理的基础上，各地社区服务的组织化、社会化程度不断提高。20世纪90年代中期后，国内各大中城市认真贯彻国家14个部委联合下达的《关于加快发展社区服务业的意见》精神，不少省的市、区两级部门都成立了由政府分管领导为组长的社区服务工作领导小组，办公室设在民政部门。领导小组及其办公室多次召开会议研究有关社区服务工作，民政部门积极承担了社区服务的日常管理实务及其有关协调工作，各地在发展社区服务方面，视本地情况出台了有关优惠政策。这些政策的出台极大地促进了各地的社区服务业的发展。在组织建设力度加大同时，社区服务业的社会化趋势日益明显，城市管理者纷纷自觉地把发展社区服务作为深化城区工作、增强综合服务功能的主攻方向，坚持以改革总揽全局，以街道、居委会为依托，以志愿者服务队伍为基础，以福利服务和便民服务为主要内容，通过政府塔台，民政主管，各方参与，居民互助，建立了多层次的社区服务网络和系列化的服务体系。一个“老有所养、孤有所依、幼有所教、残有所助、贫有所扶、难有所帮”的社会化服务环境已基本形成。

社区服务内容不断拓展，服务对象进一步拓宽。各地区在搞好托老、养老、残疾人、优抚对象及居民生活等便民利民服务的同时，积极向物业管理、文化娱乐业、医疗保险业、家政服务业等方面拓展；积极向辖区内的用人单位推荐下岗职工；筹集资金，在辖区内寻找场地，新办菜市场，大量安置下岗职工；着力培养社区服务业的承接主体，将一些小型微亏企业转到社区进行改造，使其成为劳动密集型的服务性企业，引导这些企业安置更多的下岗职工。在社区服务的内容上，由过去单纯民政服务、范围较窄的便民服务向适应现代城市经济、文化发展的现代性社会服务转变。

（四）社区建设保障机制基本建立，和谐社区建设稳步推进

历史和实践经验告诉我们，因为某一项工作而开展群众性的活动不难，难的是引导和促使这种群众活动长期持续有效地延续下去，成为一种风气和氛围。建立制度化、规范化的保障机制，是保证社区经济可持续发展和推进和谐社区建设的重要力量。“全国绝大多数地区省市两级建立了由党政领导挂帅、民政部门牵头、有关部门共同参与的社区建设领导小组。部分县（市、区）也成立了社区建设的专门工作机构，落实了人员编制和工作经费。许多地方将社区建设纳入当地经济和社会发展规划，纳入当地财政预算，探索建立了政府投入与社会投入相结合的多元投入机制，拓宽了资金来源渠道。许多地方社区工作者待遇不断提高，并制定了基本养老、基本医疗、失业、工伤、生育等保险以及住房公积金政策。‘十一五’期间，中央和地方预算投入资金 21.8 亿元，在全国范围内规划建设3000 个示范性综合性社区服务设施。全国多数地方城区、街道层面有一处以上面向社区开展服务的综合性服务设施，城市社区层面基本有每百户不低于 20 平方米的办公和服务用房。”[①] 除了时任民政部部长李学举所介绍的在领导机制、投入机制和激励机制方面建立制度化、规范化的保障机制，在规范机制方面，全国人大先后通过了《村民委员会组织法（试行）》和《城市居民委员会组织法》；中共中央、国务院先后下发了《民政部关于在全国推进城市社区建设的意见》《关于加强和改进社区服务的意见》；民政部、国家发展改革委联合出台了“十一五”社区服务体系发展规划；由民政部牵头制定并先后下发了《全国社区服务示范城区标准》《全国社区建设示范城基本标准》《全国和谐社区建设示范单位指导标准（试行）》《民政部关于印发〈全国农村社区建设实验县（市、区）工作实施方案〉的通知》等法律文件规范社区建设。同时，全国各地也从自己实际出发，制定了许多符合本地实际、具有浓厚地方特色的规范性政策、标准，用于指导本地社区建设。在监督机制方面，基本上建立了群众监督、领导监督和舆论监督相结合的监督机制，其中大部分社区还建立了评议会、监事会等专门的监督机构。

（五）社区工作者队伍不断壮大，综合素质和服务能力不断得到提升

“截至 2008 年，全国共有社区居委会成员 42.2 万人，通过换届选举，一大批素质高、能力强、作风正、愿意为群众服务的居民走上社区工作岗位。许多地方面向社会公开招聘了一大批具备专业知识的人才进入社区干部队伍，这些专业人才在心理咨询、法律援助、社区矫正、社区禁

① 李学举（时任民政部部长）：在全国和谐社区建设工作会议上的讲话，2009 年10 月19 日。

毒等领域发挥着重要作用。社区志愿者组织发展迅速，目前全国社区志愿者组织已达43万多个，注册人数2600多万人，参加社区志愿服务活动的人数已累计达到3000多万人次，成为推动和谐社区建设的重要力量。”①

（六）社区创建活动不断探索创新，多样化格局基本形成

全国各地区的社区建设从实际出发，以民众最关心、最现实的问题为切入点，综合考虑自身优势和特点，全面推进和创建有特色、有亮点的社区建设示范单位，让许多群众感受到社区生活的实惠，解决了他们最关心、最关注、最直接的问题，在不断探索和创新的过程中，促进了社区多样化格局的初步形成。其中，街居联动的“上海模式”是结合了城市管理体制改革的新模式探讨；“青岛模式”以社区服务为主旋律，提升和扩展社区功能来发展社区；“沈阳模式”以新型组织结构著称；而“江汉模式”则以转变政府职能为特色。这些模式都是和谐社区创建的杰出代表。为表彰先进，树立典型，推动和谐社区建设深入持久发展，2009年10月12日，民政部决定：命名北京市西城区等188个城区（市）为全国和谐社区建设示范城区（市）、天津市和平区小白楼街道等253个街道为全国和谐社区建设示范街道、河北省石家庄市裕华区槐底街道石门社区等500个社区为全国和谐社区建设示范社区。②

三、我国社区经济发展中存在的问题

随着城市社区的产生、社区各项服务的开展，社会各界对于社区和社区建设在我国经济和社会发展过程中的重要作用已形成广泛的共识。我国的城市社区经济正处在理论探讨和实践摸索时期。实践中，我们向国外学习优秀经验取得较成功的案例；在理论方面，我们不断研究和探讨社区经济发展的内在动力及相关问题。但总体而言，社区经济仍有很大的发展空间和需要不断完善的地方。比如，管理体制有所疏漏、不尽

---

① 李学举（时任民政部部长）：在全国和谐社区建设工作会议上的讲话，2009年10月19日。

② 来源于《民政部关于命名表彰全国和谐社区建设示范单位的决定》，民发〔2009〕143号。

完善、政企不分、缺少系统的社区经济发展规划、经费短缺、设施短缺、社区服务体系不完善、社区参与意识不足等；理论研究方面不够深入实际、没有系统的理论体系、欠缺国际比较、缺乏论证的深度等。

（一）社区管理体制困境

1. 社区定位不清晰，监管不力

社区是最基层行政机关（街道办事处）的下属机构。看似是政府，是因为它经常性地负责实施政府（街道办事处）下派的一些行政性工作；但又并非政府部门，是因为社区被“冠名的商标”是“基层群众自治组织”，并且其主要工作应该是为社区居民群众提供生活保障和服务。而社区又作为沟通群众与政府之间的桥梁和主渠道，涉及的工作范围广而琐碎，只有通过社区才能更加能够真实地了解到百姓的呼声和需求，才能直面群众当前面临的问题与困难。更重要的是，所有问题和呼声通过社区的整合可以在一定程度上反映某一时期社会发展的现状以及亟须改善的问题，从而向有关的政府部门和社会机构提出意见、参与咨询，进而影响政府的决策，以便政府政策的科学制定，提高政府依法执政的能力。社区工作模式应该包括社区发展、社区组织、社区计划、社区行动、社区照顾、社区教育等各方面。而在我国社区，大多数社区都没有全面做到以上几项，追根溯源，是由于国家和政府所指定的条例有所疏漏，不仅没有最新的、系统的、规范的机制引导社区工作的有效开展，并且在很多细节上没有照顾到社区工作和社区工作人员本身，影响了社区工作开展的进度，打击了工作人员的积极性。

上至政府机关，下至基层政权街道办事处，甚至是社区对社区经济发展的必要性和重要性认识都不够全面、系统，缺乏总体思路和规划。政府各职能部门，尤其是街道办事处与社区的关系尚未完全理顺，对社区角色的定位也不明确，这样使得社区经济发展缺乏有效的、科学的指导，而且街道办事处承担着管理社区政治、经济、文化等职能，又下派行政任务和一些烦琐的工作给社区，对社区的干预过宽、过广，并没有真正形成“小政府、大社会”的城市管理格局；也不排除一些社区单位和领导班子尚未完全摆脱计划经济的思维，尤其存在于大院社区，他们对社区经济发展的现状和规律缺乏实证的调查和前瞻性研究分析，对社

区经济的市场化运作、产业化发展、企业化管理等方面的问题缺乏探索和思考。

2. 社区的组织架构和分工不够明确

我国现行社区管理体制和运行机制在计划经济体制下曾发挥了重要作用。但是随着城市建设的逐步市场化，这种旧体制越来越显示出其固有的历史局限性。表现一是行政执法机构过多，行政执法职能交叉和行政处罚权的分散。这种政府统包、统管、多头执法的体制弊多利少。一些有城市管理职责的执法主体从本部门的利益出发，有利的事情争着管，无利可图的事互相推诿；一些部门想管的事，但无权去管，待问题成堆、群众反映强烈时，迫使政府领导出面组织集中突击整治，但突击整治后又无法巩固整治成果。二是我国社区主要由街道办事处、社区居委会组成，它们基本上负责管理和反映辖区范围内的人和事。其中街道办事处属于政治性、区域性的政府行政组织，既要保证政府的政策方针及时有效地传达给社区居民，又要及时地反馈和解决居民日常生活所遇到的问题和困难，其工作任务也是相当繁杂的。同时近年来，街道办事处所承担的工作越来越有“行政化”的发展倾向。三是政府工作重心不断下移，使很多原本归属于政府相关职能部门的工作下沉到了社区，加大社区工作量，加重社区负担。社区居委会在一定程度上受街道办事处监督，故而社区也就承担了街道办事处一定的行政工作。比如承办政府委托的围绕居民的切身利益的事项，包括低保的申请和审核，涉及优抚救济、计划生育，公共卫生，社会治安，青年志愿者、社区服务站等职能。但是，社区居委会作为群众基层自治组织，承担如此繁重和重要的工作，却没有得到相应的报酬和社会地位。此外，政府部门也给社区下指标、定任务、重考核、抓评比，却没有下放相应的权限给社区，为社区工作创造必要的条件，为社区办公提供足够的经费，出现了工作和报酬“倒挂”的现象。在监督上，没有法律法规明文规定和规范社区居委会工作应该做到何种程度。为了考核和评比，导致社区重视街道办事处的工作要求，忽视青年志愿者、社区服务站这样的有选择性的工作。在选举和考评制度上，按照《组织法》规定，居民委员会向居民会议负责，居民会议有权撤换和补选居民委员会成员。但有关职能部门明确了居委会主任、副主任及其他居委会委员的工作岗位、工作项目和工作标准，这无疑是把居委会视作本部门的下属机构，把居委会主任及委员作为职能部门的员工，反映出目前有些政府职能部门的法制意识还是很薄弱。

3. 社区发展的法制建设不配套

一是社区立法滞后。近年来，国家有关城市管理的规划法、土地法、房地产法等相继出台，各地城市也制定了一些相应管理规定。但有些急需操作的法规和地方规定不配套，使相应的执法及执法体系的建设和管理存在死角和盲点。具体执行中的工作人员有时甚至找不到行政司法的依据，如流浪乞讨露宿街头盲流人员（特别是低龄儿童）的收容遣送没有明确法律规定。其中一个较突出的管理弊端是城市管理执法主体多元化，其编制性质多属于自收自支的事业单位，其经费包括工资来源主要靠收费和罚没收入。这样就带来一个严重的弊端，为了养活自己千方百计培养收费源，有的只管收费不管秩序，有的只罚款不制止，一些违章行为者只要交了罚款，拿到罚款收据就变成合法了，理直气壮了，违章行为得不到根治，这种状况难免挫伤城市管理工作者的积极性，有时甚至助长了违章、违法，出现了法不治众的现象。改革后的社区居委会作为城市基层建设的新生实物，适应了城市改革发展稳定的需要，其作用和成效已为实践所证明。但是，和国务院 1989 年颁布的《居民委员会组织法》却有一些不协调之处，目前还必须采用“某某社委会（居委会）”的形式。由于缺乏有效的法律依据，导致了居委会在法律地位、工作职能、产生方式、干部选拔等问题上理解不一，实践中产生了一些分歧和偏差，影响到居委会管理水平的提高。同样由于立法往往出现滞后，并且职责不清，导致政府各部门在社区经济建设上还未形成一股合力，不免存在一些推诿和扯皮现象。再者由于缺乏沟通、协调以及相互之间的配合，社区经济工作的推进有些阻滞，将社区大多数下岗失业人员、困难群体、特殊人群排除在社区经济之外。

二是各项优惠政策未落到实处。政府制定政策的初衷总是好的，但是当好处层层下放时，由于经费滞后、官民配合的默契欠佳等原因，加上时间和空间效应，使得传达的效果不大理想，很多政策没有达到最初设定的目标，这样也给基层工作人员带来工作中的不便和无奈，更重要的是，为社区经济发展带来诸多困难。

三是社区法律法规的保障机制不足。如今虽然关于社区的相关法律法规、政策文件比较多，但是规定的内容却不够细致，如在对社区工作者的工资保障、奖惩制度上，没有很好地调动社区工作者的工作积极性。又如，社区相比其他政府机构来说，还没有得到足够的重视，这样就必然要求对社区的地位进行立法保障，否则会导致社区发展不尽完善，很多可以发挥的功能得不到顺利执行。

（二）社区经济发展困境

由于我国社区管理体制的弊病，行政化色彩越来越重，社区经济发展通常既要考虑到当地政府的行政指令、财政收支状况，又要考虑到社区自身的评比和考核指标，很大程度上限制了社区自主性的创造与发挥。随着我国市场经济的不断完善和发展，市场作为经济活动的最大主体承担了更多的经济发展的责任，将资金真正下放到社区，通过充分发挥社区自主作用来解决自身的经济发展目标和经济需求，将当地政府的财政作为补充，进而解决社区发展过程中过度依赖财政和政府支持的问题，也给其自主经营注入生机和新的活力。目前，社区办公经费少，没有收入来源，许多程序性、事务性工作进入社区，并且社区的居民都有公共的需求，但这些工作和需求的经费来源都未进入社区，社区居委会不仅要忙着为工作提供必要的经费支撑，还要满足社区居民的公共需求，如社区活动、社区娱乐、节日慰问等，这些都是社区的经济负担，致使社区工作因经费而受限。还有一些单位联系社区有名无实，使得社区的经济发展在一定程度上也受到影响。具体表现在以下方面。

1. 社区的纵向联系传统化

在计划经济时期，我国政府虽然对社区给予了无微不至的关怀，但是从某种程度上说，也束缚和限制了社区的自由发展。在这种计划经济的体制下，很明显，我国社区缺乏社会资本积累的动力。而当计划经济转轨时，随着产权制度的改革，社区内的企业从社区中独立出来，成为独立的法人组织，而社区居委会便成了基层群众自治组织，从此社区与企业保持着互动合作的关系。但目前一些地方的社区，仍然固守传统的思想和体系，滞后于形势发展，过分地依赖于政府，实行“等、靠、要”

的战略方针，使社区的发展跟不上社会形势的发展变化。甚至在重要的战略机遇期，一些社区及其组织单纯依靠政府获得“首长项目”以获取财政支持，在实施时却又缺乏行动力。

2. 社区的横向关联程度低

我国目前城市社区经济的发展是将密切保持与政府的联系作为重中之重的发展模式，并且这种联系是封闭的、传统的，而轻视社区及其产业之间的发展和联系，导致社区经济发展的效益低下。一个城市社区的经济发展要想更好更快，需要多方联系渠道，实行优势互补、利益共享，以节约交易成本，达到利润的最大化。

3. 社区的社会联系弱化

从某种程度上而言，一个城市社区经济的经营者和组织者的自身素质和受教育程度影响了其社区经济的社会资本量，可以说这二者是成正比的。从我国城市社区目前的人员状况来看，他们的受教育程度较低，甚至领导层也没有达到较高的文化水平，而且高层次人才少，持大专及以上文化程度的不在多数，掌握经济知识和灵活运用信息产业来发展社区事业的人才不多。可以看出，社区领导层的文化程度使得社区管理水平不高，社区与社会的联系也很少，有时甚至处于市场信息失灵的状态，这些都影响着城市社区经济的发展水平和进度。

（三）社区资本、资源困境

1. 社区资金匮乏

其一表现在政府的投入力度和资金不充裕。社区经济的社会性特点决定了社区经济发展的初始阶段，必然由政府的支持和投入作为资金的来源。但政府在统筹各项事业发展时，并没有把社区发展作为一项长远的战略计划在内，所以资金的投入也处于不稳定状态。近年来国家在不断发展社会事业，并把社区作为大力发展社会事业、强化社会管理能力的一个支点，庞大的社区资金的不断投入也是一项大的工程。

其二，社区自有资金不足。有些社区有自己的“三产”，但是大部分社区是没有自己的发展资金的，它们没有创收渠道，当然没有财力作为社区发展的保障；此外社区的办公经费是一项常有的开支，造成了社区经费的紧张和拮据，这就阻碍了社区工作和社区事业的良好展开。

其三，生活在社区内的劳动者们和实体经济业主们也存在着资金的问题。社区劳动者个人的经济实力有限，并且他们进行的各种社区经济实体一般从事简单的体力劳动，规模小、报酬也不高，不仅满足不了社区居民的多样化需求，也难以长久持续地发展，可以说他们的流动性较大。

其四，社区基础设施建设投入不足。其实社区基础建设的投入不足，根源上也是由于资金的缺乏。目前我国社区经济或是服务网点，大多是违章乱建的建筑，都是在现有建筑的基础上拆墙、补建，或是在简易房里，这些都与我国城市的整体规划格格不入。社区居民们生活在社区，没有必要的硬件设施，他们的生活质量也谈不上提高；没有从事实体经济的必要设施设备以及住宅，社区经济组织的实体经营一定会有困难。

其五，资金短缺最直接的影响是使得社区工作人员们的工资和福利待遇低，总是跟不上城市人均收入水平，这样便很难吸引到优秀的从业人员从事社区经济。

2. 社区人才队伍的匮乏

从数量上看，社区人才队伍尤其是社区工作者队伍的匮乏是老话重谈的问题。目前我国社区的工资低于城市职工的平均工资，这种处于低端的工资水平当然难以吸引和留住优秀的人才，而且社区工作者基本上没有什么福利，这种工资制度和水平与他们所承担的繁重工作不相适应，必然会对他们工作积极性造成影响。从社会地位上来看，社区居委会既不属于政府机关，又不属于事业单位，与社会其他行业也无关系，所以社区居委会的性质便归为“其他”一类。社区工作人员的社会地位不受重视，地位不高，还受着“小脚侦缉队”的传统思想影响，很多人才不愿意走进社区、留在社区，人才的流失为社区的发展造成了障碍。虽然许多地方面向社会公开招募了一大批年轻、高学历的大学生社工和具备一定专业知识的人才进入社区人才队伍，但是政府在政策制定上，并没有给予一定的政策倾斜和保障，这样影响了社区工作者的工作积极性。

从素质上看，社区管理队伍整体素质不高。社区工作人员的素质高低决定了社区管理水平、服务质量和服务效率的高低。虽然近年来，我国社区管理队伍的素质有所提高，尤其是在北京、上海这样的大城市。但是对于大多数城市的社区来讲，社区工作人员的素质还不能满足社区发展的需要。目前，我国从事社区管理工作的人员大多没有经过社会工作的专门培训，也缺乏专业知识和管理技能，工作方法也比较单一。

（四）社区服务体系困境

1. 组织观念的滞后

我国的社区服务的发展很不平衡，这种不平衡性一是表现为地区间社区服务总体水平的不平衡，二是表现为社区服务的项目、内容的不平衡。究其原因除了受地区经济发展水平的限制外，一些地方政府领导和民政部门同志旧思想观念的束缚以及对社区服务认识的滞后也是一个重要原因，思想认识滞后制约着社区服务的发展。当前社区服务示范城区正从普及向提高转变，而不少地区的社区服务还处于起步阶段甚至空白阶段。思想认识滞后造成在实际工作中对发展社区服务重视不够，投入不多，力度不大，组织机构、政策措施、资金场地等方面的条件得不到良好的落实。因而这些地区的社区服务还是一直分散的、小规模的服务，许多项目不配套。一些服务领域仍然是空白。虽然国内各地社区服务的实践工作开展得有声有色，但是由于社区服务和社区建设的理念和理论尚处在探讨和完善之中，跟不上社区服务的发展，也显得相对滞后。

2. 管理体制的弊病

城市社区服务是以街道为主体、以居委会为依托的。由于我国现行的行政管理体制是垂直领导的模式，社区单位（条）与街道办事处（块）对社区服务的人数尚未完成认同，而街道办事处只是区级政府的派出机构，其权力覆盖面小，渗透力差，无力将社区各个部门有效地组织起来共同开发社区资源，这就带来社区服务体制不顺。社区服务体制不顺，街道在社区中综合管理职能不强，缺乏整体性，致使当前社区管理中条块分割的问题比较突出，街道在社区管理中难以行使综合管理职能，对社区服务的健康发展是极其不利的。

3. 社区服务中的细节问题

社区服务体系是一个动态的网络系统，它应紧跟经济社会发展的潮流及人们不断变化着的需求而增加新的内容。我国社区现有服务项目有社会福利、社会救助、社会保险、社区就业、社会治安、人口计生、医疗卫生、文化体育、环保等主要内容，但是细化到具体细节时，未能考察实际情况，有些服务内容不能真正想老百姓所想，比如养老券和助残券只适用于与政府合作的商家和厂商，所以领券的居民只能“被消费”，即到与政府合作的商铺使用该券，而领券的主体一般是老年人和残疾人，政府发券的同时并未考虑到其特殊性。这也就体现了社区服务的滞后性和官方化。

社区居民就业、上学、看病、住房等问题并没能得到妥善安置和处理，而这恰恰是社区居民现实生活中最重要、最迫切的需求。可以看出社区服务体系还有待进一步完善，可以先开发与居民日常生活密切相关的若干服务项目，不断创造条件，建立社区服务层次由低向高发展，功能由单一向多元发展的全方位覆盖的社区公共服务体系。

一个完善的社区服务体系不可能一蹴而就，它的建成需要多方面条件的配合与实施。首先，应理顺社区服务管理体制，适应“小政府、大社会”的改革发展的目标要求。建立以块为主、“条块结合”的社区服务领导协调机制，具体是由社区居委会主要领导班子成员挂帅，包括社区各企事业单位及居民代表在内的成员体系，主要负责对社区服务进行规范、指导、决策和协调。要充分发挥街道的行政力量，在基层党组织领导社区的基础上，发动志愿互助力量，并借助市场的作用，建立起社区组织和驻区单位相结合、社会化和产业化相结合、无偿服务和低偿服务相结合的一系列社区服务体系，实现社区服务的全覆盖。积极推进以社会保险、社会福利、社会救助、人口计生、社区就业、医疗卫生、社会治安、教育、文化体育、环保等为主要内容的全方位社区公共服务，重点解决社区居民住房、上学、就业、看病、养老等问题。要倡导“开放式办公、一站式服务”，建好社区服务站，不仅包括社区公共服务设施的建设，还包括对社区公共服务岗位的有效设置，努力为居民提供方便快捷的社区服务。同时，社区服务也需要人员的良好配置，这就需要大力培育和发展社区志愿者组织，加强社区志愿者注册登记制度，并保障志愿者工作的落实，不断探索和创新志愿服务机制。此外，群众实际需求才是社区服务的真正价值体现，应积极开展多样、务实的社区服务活动，不仅可以发挥社区党员志愿者队伍的特长和优势，也可以增强党组织的凝聚力和影响力，更重要的是，提高社区服务工作水平和居民群众生活质量。其次，建立专兼职相结合的社区服务队伍，提升社区服务的专业水平，扩大社区服务的影响力。最后，通过多渠道获取社区服务的资金，如政府拨款、社区企事业单位的支持，也可以是社区自身所创造的经济利润等，这些资金的落实可以保障社区服务有效实施。

（五）社区文化发展的困境

我国社区建设起步晚，经验不足，而文化发展作为社区发展中的一项重要事业，在缺时间和缺经验双重问题上，不免遇到一些问题。这些问题的存在使得社区文化发展面临一些阻滞，甚至影响到社区的整体性工作。

1. 城区文化体制改革进展不够理想

条块分割的管理体制源于计划经济时期，这一思维体系一直沿袭下来，造成文化资源没有得到充分的自由的流动；另一方面非营利的、服务性质的文化产业由政府操持，造成的结果是效率低下、文化产品短缺。在利用资源上，缺乏搞活有效资源的开发与利用以及存在“三多三少”现象：对有形资源重视多，对无形资源利用少，对潜在资源挖掘少；对自家资源管得多，对盘活资源注意少。[①] 这样就导致了社区文化产业和市场发育适应不了市场经济的发展需要，自我发展路子不宽，自我造血功能不强，投入有限，缺乏活力和创造力，社区的民间、传统艺术发展难度增大，严重影响了社区文化的扩张能力。在我国，大多基层社区组织还不具备独立实体活动的能力，在这种被动的状态下，它有心无力，很难实现自我发展和自我改造，如今全国90%以上文化站出现了“群众文化政府办，上面花钱下面看，演来演去大合唱”的现象。[②] 花了钱却没有达到实际的效果，群众的自愿参与率低，街道、社区与居民之间的联系

---

① 文化部中国社会音乐研究会常务副主席、民革南京市委常委、南京市政协委员杨林答记者问，具体网址：http：//news. 163. com/08/0109/14/41P8KMKM0001124J. html。

② 叶南客：21世纪中国社区文化发展的方向与方略，载于《社会研究》，2006年第4期。

只是生搬硬套了一条绳，把居民和行政事务拴在了一起。整个社区文化始终没有形成一种包容的、多元的、蓬勃的“文化影响力”，更别提社区文化在促进社会全面发展和人的社会化方面的功能了。其中这在一定程度上应归咎于社区文化建设中的“政绩工程”和“形象工程”，他们追求华而不实的结果，缺乏考虑当地居民的真正需求，这样才是出现浪费的重要原因。此外，社区教育的形式单一、缺乏创新，教育内容又没有跟上居民的实际需求，也使得社区文化缺乏吸引力。

2. 文化设施投入不足或管理不善

社区公益性的文化设施建设资金不足，社区和社区文艺骨干们用于文化的支出存在浪费现象，没有涉及全社区居民的文化生活，个别的文化活动还比较单一和被动，这样就导致了整个社区居民的文化层次和文化质量较低，社区中心文化需求和文化供给之间的矛盾也较为突出。这对矛盾的根源，是社区文化的内容和形式不能适应居民的文化需求和时代发展的需求，许多社区文艺骨干和参与社区文化活动的居民是几十年的老面孔，社区文化活动仍是唱歌跳舞，与现代都市人追求新颖和追求时尚的心态不能达成一致。

3. 社区文化建设的队伍不够稳定

社区的文化建设需要大多数居民甚至是全体社区居民共同参与。许多社区文化活动搞不起来，总是一些“熟面孔”，这是所有的社区面临的难题。可以说，在制约社区文化发展的诸多因素中，社区文化的人才资源匮乏是一个不可小觑的问题。由于社区没有什么收入来源，也没有较高的经济产出和效益，使得社区很难请到文艺人才。再加上形形色色的社区居民在参与社区活动时，总会出现各种各样的问题，社区文化队伍素质低，人心涣散，这些因素造成社区文化活动不容易组织起来。

（六）社区参与困境

社区居民自觉自愿参与社区活动或事物的程度，是社区开明程度、健全水平和活力效度的反映，是社区发展的一项综合指标。但是目前中国，无论是农村还是城市居民参与的广度和深度都较低，主要表现为以下几点。

1. 社会动员不足

由于政府对社区工作的内容没有加以很好的宣传，广而告之，加上社区居民本身对社区并没有很强的依赖感和信任感，“无事不登三宝殿”，有事情才找社区。只有当自己的生活权益受到侵害时，才把社区纳入到保障自身权益的范围内。为居民提供服务是社区组织的基本职能和义务，社区成员只有逐渐形成对社区的认同感和信任感，才能真正参与到社区。正是因为社区成员缺乏参与感，社区内整体合力不强，制约了社区各项工作的开展，也使得社区经济效益得不到最大发挥。

2. 居民的社区意识观念薄弱

随着社会的进步，城市化进程不断加深，人们越来越重视个人自身的发展，而忽视集体的发展和进步，这样就导致了居民群体对社区参与意识淡薄，有事才想到找社区、找政府。而社区的行政化管理方式也拉大了居民与社区之间的距离。并且在街道办事处和社区居委会的管理下，社区居民一方面缺乏参与社区事务决策和管理的有效途径，在很多事情面前，社区居民只能处于观望的状态；另一方面他们只有当遇到问题时才想到找社区，以期通过社区来寻求政府的帮助，参与社区事务的惰性心理也因此形成。

3. 民间社会组织的参与功能未充分发挥

从社区开始形成到不断深入发展，民间社会组织对社区的作用一直发挥着不可替代的作用，它在提供很多公共物品时显得比政府更加低成本而又高效；并且民间社会组织十分重视社区困难群体的发展，它充当了协助政府照顾特殊群体利益的角色，增进了社会福利，同时也促进了社会公平；此外，民间社会组织通过自身所拥有的社会资源在一定程度上满足了居民的多样化需求，无形中增强了社区组织化程度。

但是，目前民间社会组织对社区发展的作用和服务的程度也有限，主要原因如下所述。

①政府经常性地忽略民间社会组织的存在，当遇到很多事情时，政府没有考虑发挥民间社会组织的作用。目前虽然政府大力推行购买服务，但是这些提供服务的组织要么属于政府自办，如助老服务社、志愿者协会等，要么是被纳入到政府管理体制之内的，如家政服务社、法律服务

社等，这些社会组织独立性不足，基本上依靠政府而经营。

②对民间社会组织信任不够，政府不习惯与之相处。政府在社区管理中重视社会稳定，对社区服务效率和效益的要求没有那么迫切，成本意识不强，反而对民间社会组织的发展保持警惕性。因此，现阶段民间社会组织还没有能力承接目前由街道办事处承担的社会管理与服务职能，社区服务社会化程度低，政府包办社会的局面短期内还难以改变。

四、总结

我国社区经济的发展任重而道远，我国社区更好更快的发展，需要政府、社区、企业以及居民的通力协作和努力。从政府的角度而言，首先要通过加强立法对社区的组织架构和工作内容等做出明文规定和规范，使社区工作可以有的放矢，有法可依、有据可循。同时，加强对社区组织工作的监督和管理，使社区成为一个规范的、系统的组织，促进社区工作科学有效地进行。最后，强化对社区和社区发展的重视，这样才能加强社区参与和支持政府活动的积极性和有效性，通过对政府反映群众意见，对政府决策产生影响，增强政府政策制定的科学性、有针对性，更重要的是提高政府依法行政的能力。从居民的角度而言，应该理解社区，社区组织不仅在物质上帮助居民，还在心理上支持居民，所以居民们应该认同社区，凝聚在社区，主动参与到社区活动中来。

第十六章　未来我国社区经济的发展路径探索

目前，我国社区经济处于实践摸索和理论探讨的实质性阶段，但我们深切认识到，随着城市各项事业的不断发展，随着人们物质文化生活水平的不断提高以及社会经济文化的不断发展，我国社区经济发展的路子必将是一条现代化、国际化的发展之路。

一、我国社区经济发展的基本原则

（一）以人为本，服务于民

"以人为本，服务于民"是"代表最广大人民的根本利益"的最好诠释，是党执政为民的体现。这就要求在社区经济发展中，坚持以最广大人民的利益为出发点和归宿，深化人民是社区经济建设和发展的主体的理念，只有为了人民、依靠人民，才能更切实地发展社区经济，体现社区发展的最终目的和本质，即实现社区居民的全面发展以及整个社会的和谐进步。

发展社区经济"以人为本"的理念，具体来说是以社区居民的服务需求为市场导向，在经营理念、管理原则、服务方法等各方面都注重人本化，充分调动人的积极性、主动性和创造性，使人的价值和需要得到最大体现与满足。要提高思想认识，健全完善机制，强化工作落实，确保以人为本构建和谐社区的目标落到实处。

而目前我国的社区建设和发展面临着一些问题和困难，主要包括社区职能庞杂，但经营性资产少这二者之间的矛盾；人员总体富余，却又存在结构性缺员的矛盾等等。上述问题解决归根结底是要在解决人的问题。

从社区经济发展“为了谁”的角度而言，坚持“以人为本，服务于民”的基本原则，贯彻认真、细致、踏实的工作作风，努力提高社区的服务水平和管理水平，反映好、处理好、维护好社区居民们的利益，发展好社区的整体利益，处理好居民的个人利益，照顾好不同群体的不同利益，协调好个人利益和集体利益的相互关系，促进社区的和谐发展，达到社区整体利益和个人利益的最大化。

从社区经济发展“依靠谁”的角度而言，坚持“以人为本，服务于民”的基本原则，是指“既相信群众、依靠群众、联系群众，又领导群众、组织群众、教育群众”①，最大限度地激发居民群众的机智和干劲，使他们积极参与到社区建设和社区发展的实践中来，集思广益，团结互助协作，解决好困难和矛盾，推进社区经济的快速发展。

社区作为居民聚居的社会生活共同体，其发展离不开居民的共同参与。“以人为本，服务于民”的社区发展新思路将人的根本需要和人的全面发展作为社区发展的出发点和最终目标，以激发社区参与主体的积极性和创造性，充分挖掘社区参与主体的价值和潜力；整合社区资源，为各主体搭建多渠道、多形式互助协作的关系和平台，最终实现社区经济蓬勃健康发展，社区居民受益良多。

（二）资源共享，共驻共建

顾名思义，“资源共享、共驻共建”是指充分利用社区地域范围内的企事业组织、机关团体的近水楼台优势，搭建多方参与的平台，最终实现社区资源的最大化参与、最大化共享以及最大化共建。

社区成为中国社会最小的组织和依赖体，人们由“单位人”向“社区人”的转变，这些都体现出单位制功能的弱化，以及社区制功能的突出和重要。“社区制”功能具体是整合功能、管理功能以及服务功能。随着社会转型，社区经济建设和发展不可避免地出现了一些断层和割裂，即企业与社区之间的割裂，资源的信息失灵和独享主义、个人主义，这些造成资源的浪费和不充分使用，人力、物力、财力以及场地的不合理配置现象严重。这就突出了资源闲置与供不应求的矛盾，更重要的是突

① 屠春友：关于和谐社会的哲学思考，载于《求是》，2006年第6期。

出了辖区企业和社区的矛盾，因而就需对症下药，首先最重要的是最大限度地激活社区内各种资源，包括社区内企业事业单位、机关、团体以及部队等所有能动员的力量的广泛参与，实现社区资源的充分调动和共有共享，形成多方参与、资源共享、共驻共建、共同发展的良好氛围和社区建设格局。从以上观点来说，"资源共享、共驻共建"是中国社会转型对于社区经济建设和社区发展的必然要求和历史使命。

社区经济有其社会性和经济性综合的特性，这种特性决定了"资源共享，共驻共建"在社区经济建设和发展中是可行的。从发展的主体来说，社区经济发展不仅仅是一种单纯的政府行为，也不仅仅是一种单纯的小范围的社区活动，而是包括社区内企事业单位、党政机关、团体、自治组织和广大居民等在内的各类主体、各种社会力量的共同行为，这也是社区整合功能的价值体现；从发展的内容而言，社区经济建设不仅仅涵盖了社区的经济层面的工作，更重要的是包括政治、经济、文化、社区服务和社区管理在内的系统的整体性的社区工作。在社区经济的社会性和经济性特性的导向下，在社区经济的建设中实施正确的领导体制和有效的运行机制，以最大限度地激励辖区单位对社区的参与意识和责任意识，从而真正实现"资源共享、共驻共建"。

社区内各主体参与和谐社区建设，不仅满足了社区参与多元主体的需求，也有利于社区经济自身发展。要通过"资源共享、共驻共建"的机制和氛围，使社区学习各驻区单位的优秀经验，并吸收和延用驻区单位的优势，为社区经济发展提供人力和物力的支持，为社区居民提供生活上的便利。既创造出社会效益，又创造出经济效益，实现社区与市场的接轨，依托市场发展社区经济，依托资源办项目办实事，从而实现资源的优化配置和整合，不断壮大社区经济实力。

（三）权责统一，管理有序

一段时期以来，我国社区经济一直处于低水平、低层次并且管理相对混乱的状态，绝大部分的社区企业往往政企不分政、责权利不清，结果很多社区经济实体往往是春建秋散，犹如过眼云烟。因此，为了不断提高社区经济的发展水平，应当加强管理水平，真正做到权责统一、管理有序。

"权责统一"即人权、事权、财权相统一和责、权、利相一致的思路。要放大城区政府的管理职能，建立条块结合，以块为主的街道社区经济管理体制。城区政府作为一级管理者，对不断变化的社会运行负有监控责任；社会分工越细，要求城区政府的整合能力越强。市、区两级政府尽管有横向和纵向的分工，但在三级管理的层面上都要体现出管理的整合性，也就是要适当强化第三级管理。

建立健全工商、税务、环保、城管等职能部门的责任制和归属制，探讨这些部门应该由谁管、如何管的问题。可以在街道办事处设立这些相关职能部门的派出机构，接受主管部门以及街道的双重领导；也可以定期向街道征求关于这些职能部门的工作意见和制度。总之都是为了加强联系沟通，形成工作合力，使政府权责明确、管理有序。街道办事处对辖区内的社区经济、社区管理和社区服务等拥有组织、领导和协调的权力；而社区主要由社区领导挂帅牵头，统一对本社区内的经济发展和社区服务进行协调、处理、决策以及管理。

"管理有序"，需要提高管理水平，才能积极推进社区经济发展。管理就是效益，经济运行良好的社区其管理必然科学合理。首先要真正做到政企分开、责权利相统一，任何一级政府都不要直接干预社区经济的运行，经济的运行和发展尽量地运用经济的手段与方法进行间接地指导和干预。只有这样，才能够使社区经济真正得到健康有序的持续发展。

（四）扩大民主，居民自治

社区民主内容包含了从选举、决策、管理到监督，社区民主是一种新型的、以群众自治为基础的、社区自治组织与基层政权机关互动的基层社会治理体系。而基层群众自治制度是以社区居委会为载体，依托于社区基层群众，依法行使其民主选举、民主决策、民主管理和民主监督等权利，从而实现社区居民的自我教育、自我管理和自我服务的制度。它是实现基层民主最直接、最有效的方式和途径。

社区民主的核心是居民的权利表达与保障，指的是社区居民能够充分行使自己的民主权利，表达自己的观点和利益。要发展更高程度的民主，就需要社区组织制度的不断完善和创新，不断增强居民的政治参与、经济参与、文化参与等各项社区事务的有效性。

首先，畅通社区基层民主的参与渠道，扩大社区民主与自治，促进了社区乃至社会的和谐发展。社区居民自治参与渠道的畅通，使人民有了利益诉求的渠道，其利益得到快速而有效的表达，各种矛盾及对立关系便会遏制在萌芽中。其次，完善社区基层民主制度，也促进了和谐发展。民主参与方式、内容的不断实践探索和创新，是基层民主制度不断完善的必然要求。在一定的经验上的创举和创新，使整个民主过程都会进步一小步，有了制度上的进步和支撑，才可以保证社区整体工作的规范有序，促进社区的和谐发展。

要加深和不断强化社区不仅拥有“自治权”，还有“拒绝权”的理念。政府与社区居委会之间的关系应该是“指导与服务、协调与监督”的关系，政府应明确这样的关系，社区居委会也应摆正自身的位置，切实屡清“谁履行”“谁承担”的问题，真正做到权责利明确——明确哪些属于社区必做的工作，哪些应该是由社区协助完成的，还有哪些归属于街道的行政范围，这样使社区“分身有术”，更多地来发展社区经济。

（五）因地制宜，循序渐进

“因地制宜，循序渐进”的要求是从实际出发，针对各种不同规模的社区，根据社区自身的实际特色，从社区居民迫切关注的焦点问题着手，因地制宜，循序渐进，有计划、按步骤实施社区经济发展策略，不断创新发展社区经济的思路与模式，切实提高社区居民生活水平。

在指导思想上，要本着从实际出发的原则，确保与国家以及地方的经济社会发展目标相协调，确保与城市或乡村的人文地理历史以及经济发展的环境相协调，从而达到社会效益、经济效益和环境效益的协调和统一，促进社区的可持续发展。这也就是说，在遵循国家经济发展方针与政策的条件下，根据社区自身的自然条件、地理条件、人口状况等，制订本社区的经济发展规划。此外，在社区经济发展的规划中必须明确社区的也是城市的，社区经济与城市经济发展是局部和全局的关系，整个社区经济发展战略必须充分考虑整个城市和社会经济发展的系统性和总体性。

因地制宜发展社区经济，就是要结合社区实际情况，进而深入调查，创新社区经济发展思路。了解社区居民的实际困难与需求，关注社区居民的生存与发展，在发展社区经济的同时致力于提高社区服务质量，增加社区居民收入。

比如，随着当代社会已进入人口老龄化，并且空巢老人也越来越多地出现在人们的视野，必然衍生出社区养老养生产业，并不断发展。因此，将老年康复照顾机构引进到社区，不仅可以为社区老人提供方便，又能为社区居民的就业问题绸缪，还能够借此契机增强社区影响力，使社区不断成长和发展。

二、未来我国社区经济发展的主要方向

（一）高度重视社区经济发展，突出计划性和规范性

社区经济也是一种经济形态，必然与其他经济形态一样服从价值规律。因为社区作为一个小市场，社区经济只有在市场中才能体现它的价值，所以社区经济要良好的运行，必然要按照市场经济运行方式来运作。作为政府，应该充分发挥支持和领导的作用，成为社区经济发展的宏观调控者、经济政策的制定者和规划者，充分发挥好计划职能和规范职能。

1. 规划职能

很多地区首先是在地域的规划上定位混乱不清晰；其次便是自身定位不清，未充分分析社区自身的优势和劣势；再次就是对社区的发展缺乏科学有效的指导。而政府作为总揽全局的部门，应根据地缘优势、区位特征、资源分布情况，结合市场需求，来分析社区经济发展的各项条件和因素，对社区经济发展进行方向性的定位，做好社区经济发展的布局和规划。要通过政府规划和市场导向，以达到市场供给和社区需求的相协调，促进社区经济的长远发展。

然而，政府在执行社区规划和设计的任务时，一定要摒弃主观主义、空想主义，而要讲事实、求科学。首先可以进行详尽细致的市场调查，分析和考虑市场发展的内在要求和客观条件，还要注重市场的效率和发展前景。其次是使社区经济的整合功能和辐射功能要做到收放自如。社区可以将各社区成员的需要收集起来，进行归总，以提供社区需要的各种服务；而社区的服务要能够覆盖到全体社区居民群众，既要面向社区

居民，又要面向市场，为社区成员的生活提供“一条龙”服务。形成以社区服务联系群众、凝聚群众的良好社区氛围。

2. 引导职能

社区经济发展在一定程度上受市场主导，并且社区投资必然是受利益机制的驱使，这些都是缘于“市场经济对资源配置起基础性作用”。但是市场也存在失灵的现象，这就需要政府来进行引导和调节。政府在社区经济发展中本身就应该充当引导者，因为政府是社区各项政策的制定者，也是社区工作的监督者，只有加强政府对社区的引导，才能使社区更科学、有计划地发展。

政府的引导职能首先表现为市场信息、投资信息的引导。在市场经济环境下，谁掌握着信息，谁就占有主动权。正确的信息可以引导科学的决策，可以说，信息是社区经济发展的一项宝贵的无形资产。而政府可能是信息的来源者，并且政府作为宏观调控者，必然掌握着充足有效的信息，并且信息的综合度较高、质量也较高，比如说在产业政策信息和宏观经济信息等方面，此类信息也只有政府才能拥有和提供。其次表现为政府对社区经济发展空间的引导。如今我国社区的发展正面临着一些阻滞，这些阻滞源于未充分利用空间发展社区，并且社区经济发展空间有限。政府可以作为积极的空间引导者，即为社区经济发展开辟或提供发展的空间。如政府要在取缔违章建筑上表现出坚决性、彻底性，妥善处理有限空间与违章乱建之间的矛盾，以促进社区经济秩序的良好形成。最后，政府最直接的便是政策引导，即政策利益导向。政府应立足于社区的实际条件和社区禀赋，对社区各产业之间的发展重点和方向进行倾斜，最重要的是要把社区经济的发展引导到产业政策的轨道来，充分利用好社区有限资源，避免盲目性。

3. 整合职能

社区整合是社会主义市场经济的内在要求，在计划经济条件下，我们一直延续了“单位制”的社会管理模式，“大单位小社会”。这已明显不适应市场经济体制，不适应城市经济和社会的发展，需要实现由“单位制”向“社区制”的转变。在这个转变过程中，社区整合显得尤为重要。

政府部门要以社区经济发展的需要为立足点，在科学合理分析社区经济发展趋势的基础上，进行社区组织结构、社区经济组织以及社区经济制度的整合和创新。在整合方式上，要从社区自身的实际出发，综合考虑社区各经济主体、单个人乃至社区整体的利益、要求、可联合程度等信息，从而选择正确的有针对性的方式，该改组的要改组，该联合的就联合，该兼并的要果断地兼并，最重要是灵活地整合和创新，不搞一刀切。在市场经济条件下，社区经济发展的根本动力仍然是利益驱动，既要调动其积极性，又要规范其积极性，只有这二者并驾齐驱，才能促进社区经济快速、健康、有序地发展。通过对社区组织结构、社区经济组织以及社区经济制度的整合和创新，才能使社区经济实体更上一个台阶，提高凝聚力的同时又不断扩大社区经济的影响力，实现飞跃发展。

（二）训练一批专职有素的社区工作者

人才是关键，社区经济发展需要大量人才的支持。目前社区经济的从业人员多是下岗失业人员和农村进城务工人员，他们文化程度普遍偏低，并且专业技术又缺乏，这样限制了社区服务职能的有效发挥，也限制了社区经济的市场开拓能力，难以适应市场经济竞争的需要。为改变这一状况，必须努力吸引并不断加快培育社区人才的步伐，提高他们的专业水平和整体素质。

第一，加强政策引导，吸引人才进社区。政府部门应拓宽社区人才选拔使用渠道，不单纯采取向社会公开招聘的形式招揽新人，也要开辟新途径，比如挑选机关干部下派到社区进行锻炼，这样就丰富了社区人才队伍，实现社区工作者队伍的年轻化、知识化和专业化，无形中也形成一种人才激励机制，为推动社区的经济发展提供智力保障、人力支持。此外，要采取财政拨款、自筹资金等多种方式发展社区经济，逐步提高社区工作者的待遇水平，有明文法律法规规定来确立社区工作者的身份和工资，使他们有稳定的生活来源，消除他们的后顾之忧，让他们干得踏实、有动力。此外，政府还要加强对社区各项事业发展资金的投入力度，改善社区办公环境，不仅为优秀人才从事社区经济建设，也为居民来社区办事更加方便和舒心创造良好的条件。

第二，重视教育培训，提高社区工作人员的综合素质。应以社区服务中心、社区教育中心等机构为教育基地，将社区工作人员组成一个学习的阵营。在学习的内容上，要结合社区工作实际，并植入现代社区工作的理念和价值，使社区工作者逐步掌握社区的工作方法、与居民沟通倾谈的技巧、社区工作调研及社区资源的开发模式等现代社区工作专业技巧，努力提高他们的专业知识水平、工作技能等，以更好地服务社区经济发展和建设。此外，要建立起完善的考核机制和管理机制，甚至可以对社区经济发展进行专项考核，每一位社区工作人员要定岗到人、定责到人，目标不能仅仅是为了年终的民主测评，而更多的是切实增强工作的责任感和使命感，更好地发展社区、建设社区。

这样逐步加强社区内相关人员的专业素质和相关技能，适应社区经济发展的需要，使社区经济水平不断推上新台阶。

（三）加大力度支持非政府组织

非政府组织是指“相同或相近志向的志愿者组成的、具有稳定的组织形式和固定特定的社会功能的、不以营利为目的、关注于特定的或普遍的公益事业的民间团体。”其最重要的特性是民间性和公益性。非政府组织相比企业最大的特点是非营利性；而对于政府，非政府组织并非政府的附属部分。它的驱动力在于利他主义和互利主义的志愿精神，而非经济动机、利益驱使以及权力原则。

非政府组织是一种组织模式的创新。它一方面弥补了政府功能的一些缺失，也是社会的稳定剂；另一方面它为社会成员提供多元化的社会参与机会，并发展了社区和群众之间的横向联系。在市场经济条件下，非政府组织作为政府、社区和群众之间的另一种媒介，在特定的经济、社会领域中，利用自身的资源和价值，在企业、政府以及群众之间建立横向联系，以满足群众的需求为基点，来保障群众利益的充分实现。因此，非政府组织在加强社会管理、维护社会稳定以及促进社区经济发展上发挥着十分重要的作用。

“非政府组织的功能就是通过提供不同性质的服务满足社会的不同需要，实施公益服务、社会福利服务、互助服务。由于非政府组织的非营利性和公益性，提供社会服务是其天职。即在非营利的前提下，专门提供那些不能由政府或企业充分提供的经济和社会服务。由于非政府组织的兴起根源于社会分工的发展以及现代社会中政府和市场在公共领域中的'失灵'，以及为了更好地发挥扶贫帮困的优良传统，促进社会和谐，因此，提供社会公益服务、福利服务、互助服务的行动宗旨奠定了非政府组织存在的必要性和合法性。"①

随着社会产业结构的调整与变革，服务业作为第三产业得到了飞速发展，非政府组织作为公民社会部门，它在众多社会组织中显示出越来越强的独立性和重要性，被认为是当代社会经济领域的一支不可或缺的力量。非政府组织在国民就业以及就业增长中，占据着相当大的份额和比重可以体现出其价值和地位，更重要的是它还创造了数量可观的经济价值。所以我国应该不断加大对非政府组织的扶持和支持力度，重视其发展，并为其发展创造良好的发展环境。

1. 完善法律政策

我国关于非政府组织的法律法规还很不完善，不仅没有专门针对非政府组织的文件和法律，也没有从细节上对非政府组织进行规定，并且其准入制度还比较严格。我国对非政府组织实行着"双重管理体制"，即非政府组织既要有业务主管单位又要有行政挂靠部门。这在无形中使其成为政府的附属物，不仅使非政府组织摆脱不了政府行政的束缚和枷锁，也不利于其自由发展大显身手，从另一个角度说，也增加了所依附的政府部门的负担，不利于政府职能的转变。为此，政府应完善相关法律法规制度，给予非政府组织一定的生存和发展空间，并随着其发展的程度和对社会的贡献率不断放权，提高其自主性独立性。一是在法律层面准确定位。当前，政府应尽快出台关于非政府组织的法律法规，并进一步完善专项法规体系。这样以法律的形式合理定位非政府组织，明确了非政府组织的权限和责任，促进其工作设计和规划，创造政府和非政府组织双方互动的平台，从而提高社会公共管理的效率。此外，在放权的同时，也要规范权力。基于非政府组织健康发展的内在规律所形成的基本规范，它在规范非政府组织发展的同时，也保证了非政府组织在法律上

① 蔡婷婷等：欧美国家的非政府组织研究，详见中国海洋大学网站：http：//srdp. ouc. edu. cn/ProjectManage/ProjectBlogDetail. aspx？ blogID = 2062&projectID = 192。

的独立性。二是降低门槛，以政策引导和鼓励非政府组织的进入。高门槛的准入机制将许多非政府组织拒之门外，不仅仅是在登记注册上，在非政府组织的运营和操作上，非政府组织也步履维艰。对于非政府组织的登记注册，不应将登记与否作为其合法性的前提和必备条件，而应将重心由“入口”转移到“过程”的管理，这样也简化了繁冗的登记注册，提高政府效率，也促进了非政府组织发展的积极性。三是完善税法，为非政府组织运作减轻负担。目前我国关于非政府组织的税法条例不完善，尚缺乏一套可行的、细节化的税收政策。这一问题的解决，首先应确定非政府组织的身份。其次，根据非政府组织活动的宗旨和性质，将其划分为不同的类型，进行“差别定价”，即不同的类型给予不同的税收优惠。综合考虑其公益性、慈善性、利民性，确定非政府组织免税或者减免待遇的类型。

2. 完善资金支持体系

我国的非政府组织起步晚，力量发展薄弱，仍然需要政府的支持和帮助。资金支持是最直接也是较为有效的支持方式，资金是非政府组织得以发展的物质条件，政府的资金支持也是非政府组织发展的重要来源。建立一个完善的政府资金支持体系，可以尝试从以下三个方面来构建。第一，引导公众捐赠。可以由政府牵头举办一些社会性的公益活动。这样借助于政府的公信力和感染力可以帮助非政府组织获得更多的社会资金支持。除此以外，政府还可以尝试影响企业、社会团体以及高收入阶层的行为，激发企业社会责任感，引导团体和个人多多益善行为。第二，建立专项资金。政府可以充分利用税收对非政府组织进行资金支持。比如说每年按照一定的比例从税收中抽取适当的资金，资助非政府组织在社会服务和公益事业方面的发展。第三，建立项目支持体系。这个项目支持体系是将政府采购融入非政府组织的发展中去，为非政府组织提供服务和发展的平台。具体而言是指通过对非政府组织的考核和评估，将政府采购的一些项目交给有能力、有效率的非政府组织去办，由政府来购买非政府组织的服务，但是要注意考察此类非政府组织，必须是真正意义上的为社会服务、为大众办事、为公益而行的组织。

3. 打破垄断，强化竞争

目前，我国的非政府组织大多存在着能力欠缺、经费不足的问题，其产生的根本原因是由于缺乏竞争的环境和市场。缺乏竞争，与其缺乏相应的意识是密不可分的，正是由于非政府组织缺乏改进管理提高服务水平的动力，才造成不思进取的心理。因此，必须要强化竞争意识，有必要适当放松非政府组织的准入机制，打破垄断的局面，允许多个非政府组织在同一地区同一业务领域的存在和发展，这样才能在市场竞争中实现优胜劣汰，从而提高非政府组织的自身能力，扩大其影响力，建立与政府间的互动协作关系。

（四）社区居民参与广泛，不断提高自治和自主能力

长期以来，我国始终要求社区居民完全以社会宏旨为目标，轻视或是忽略社区中的利益诉求，引发了一系列的社会问题。单位制的解体所带来的问题基本上都是社会问题，在复杂的社会结构和社会大环境下，社会问题不能仅仅依靠政府来发现和解决，而且需要基层组织的支持和协作，正所谓“上面千条线，下面一根针”。这是社会发展的客观要求，也是中国特色社会主义的特点。基层组织即是社区，社区居委会是一个基层群众自治组织，这个自治的主体是全体社区居民。社区居民依法享有和行使自治权。社区居民自治，就是涵盖包括社区委员会、社区居民会议和社区协调议事委员会等机构在内的自治系统，协调和处理好社区、业主委员会、物业公司等组织的关系，以及协调和处理好社区居民大小事务等，以形成良好的、互动的社区自治体系。

在我国，城市最基层的社会组织指的便是社区居民委员会（下面简称“社区”），社区是整个社会最基层的组织，它能看到社会最直接、最真实的一面。因此，以社区为基础，构建一个容纳各种组织主体的社会网络，整合社区内的各种资源，动员社区居民的热情来参与社区，是一种“低成本”的选择。这种自治组织不仅是政府和群众之间的“磨心石”，它还充当了国家和社会的稳定剂，并且对我国社会主义民主政治建设产生非常深远的影响。健全和完善社区法定的自治组织，充分发挥社区自治组织的作用。社区自治组织是指社区居委会、社区党支部、居民代表会议、居民议事会等，是居民从事决策、监督等政治性参与的有效

途径。因此，提高居民政治性参与的积极性，必须不断健全和完善社区自治组织。一是理顺政府与社区的关系，为社区自治组织的健全和完善创造良好的外部环境。二是理顺社区内各自治组织如居委会、居民会议、居民议事会、居民小组、党支部等之间的关系，以保证各司其职，互相合作，互不越位。三是加快社区自治法律、法规和政策的制定，从制度上保证社区内外各种关系的协调发展，同时保证居民自治依法进行。

要在社区中培养社区意识，引导居民参与社区管理。社区意识包括居民的自治观念、社区归属感与参与意识等。培养每一位社区居民的社区意识，引导其以热情来参与社区管理，是社区居委会，也是业主委员会的重要议题。要培养社区居民的“社区意识”，一方面要培养他们的公民权利意识和精神。社区自治是实现民主的一种形式，只有社区居民意识到自己是社区的主人，社区的事务与自己的生活密切相关，他们无形中也就会自觉捍卫自己的权利，才会去关心社区、参与社区、热爱社区。另一方面，要注重培养居民的归属感，居民们对自己所属社区的归属感与他们对社区的满意程度具有很强的关联性。此外，如果政府能适当放权给社区，使社区有更多的自治权的话，民众也会真正产生“主人翁”意识。

要改进城市的基层自治，提高居民的生活质量，增强人们的公民意识，迫切需要在城市社区推行真正民主管理。增强社区成员的参与意识和民主意识，健全社区组织体制与管理制度，为社区居民参与社区治理提供制度途径。公民参与在中国城市社区的草根层面表现为居民参与。只有社区成员广泛参与社区公共事务和社区公共活动，影响社区权力运作，才能逐步引导居民在社区层次上走向自理，并在扩大民主生活的基础上，在城市的最基层形成一种具有人文精神的、优化合理的社会生活。政府、社区组织、居民、企业、业主委员会都是社区治理的参与者，通过培育和构建社区参与网络，增强社区信任和合作，实现共同利益。

三、我国社区经济发展的前景展望

当前，我国社区经济发展和管理的形式正不断发生着新的变化，正在经历着一个由当前的初级阶段向中高级阶段发展的过程中。而在这个过程中，我国社区的经济发展应该走一条什么样的路？我国社区经济又如何发展？

（一）社区经济发展前景

无论是从社区发展的实际情况来看，还是从其发展趋势上综合考虑，社区经济发展的前景都是十分可观的。从现实角度而言，社区经济作为国民经济的一部分，它是国民经济不断增长的基石，并且为国民经济的发展提供了稳定的基础。随着社会经济的推动和社会结构的改善，整个社会经济必将为社区经济的发展创造出新的天地。细化到某一具体领域，凭着社区商业服务在现代服务业中的重要地位，加上我国居民在社区内的日常消费支出处于较低的水平，我国社区的商业服务必然有着巨大的发展潜力和上升的空间。社区经济有着规模小、分散、流动性大的特点，这样的特点适合发展第三产业。在我国，随着社会的深入发展，人们收入水平和消费能力的增强，加上人们闲暇时间的增多，城市社区居民的需求不仅仅停留在物质层面，而更多地转向精神和文化的需求，层次越来越高，种类又丰富多样，因此可以说社区经济发展的前景广阔、潜力巨大。

我们可以对社区经济的未来目标作出憧憬：遵循可持续发展的战略原则，推行社区经济"三化"（民营化、股份化、集约化）进程，施行"三大战略"（规模效益战略、重点工程战略、科教兴区战略），以资源配置最优化为原则，以体制改革为突破口，发展科学技术的先导作用和社区经济的体制功能，提高经济运行质量和效益水平，实现社区经济的可持续发展，推动社会的全面发展。①

1. 城市社区经济在国民经济中的地位越来越重要

一直以来，城市社区经济主要是以分散的小型个体户为主，而一些国有或集体企业，经过改革开放和市场经济的推动进行了改组、改制以及改造，在所有制形式上，基本上已转变成非公有制经济。改革开放的30多年来，非公有制经济以惊人的增长速度，挑起了经济增长的大梁，

---

① 朱毅：江岸区2000年工作思路，载于《长江论坛》，2000年第1期。

非公有制经济在国民经济中的地位不言而喻。经济发展的过程实质上是一种积累过程，积累是为了发展，而发展又可以增加积累。社区经济不仅是国民经济中的一个部分，也是非公有制经济的一分子，在其发展中发挥了作用的同时，也显现出巨大的潜力。要想得到更好更快的发展，就要引导好社区经济的发展。

2. 城市社区经济在社会稳定中的作用越来越明显

一定的社会改革是在特定的历史条件下进行的，我国也不例外。根据我国的国情，城市经济改革首先应调整不合理的经济结构。社区经济的发展重新启用了闲置的资源，提供了就业的机会，从而矛盾得以缓解。反之，一个安定稳定的社会政治又可以为经济的发展赢得良好的发展空间，创造有利条件。社区经济以其多样化的特征适应了市场经济发展，取得良好的社会和经济效益，也得益于其适应了社会化生产规律。

城市社区经济的核心和动力都来源于社区居民的满足。城市社区经济最大的市场囊括了居民的吃、穿、住、行在内的生活的方方面面，而且家庭消费在不断变化，社区经济涉及物业管理、社区中介、信息咨询、社区教育、社区文娱、社区商务、社区餐饮等等。而这些都是可以切实解决城市社区再就业问题的多根稻草，也是社会稳定的基础。立足于社区的实际，才能走出一条低投入、高产出、高效益的社区经济发展的新路子。

3. 城市社区经济在实践中的效益和质量越来越好

历史和实践证明，城市社区经济发展目标的实现一定要走可持续发展之路。可持续发展是以最优资源配置为原则，以体制改革为切入点，发挥高新科学技术产业的先导作用和社区经济的功能，提升经济的效益水平和质量，从而实现社区经济的可持续发展。一方面，要从经济规律出发，对城市社区经济实行“民营化、股份化和集约化”，充分体现社区经济运行的质量和效益。在人力物力方面，要动员和利用社区各种人才和资金等资源，促进参与的最大化实现。此外，通过股份制的形式来实现社区可用资源的优化配置，提高资源利用率。转变企业经营机制和管理机制，调整结构，优化产业结构，做活、做大、做强企业。总而言之，可持续发展，要做到人才和技术互补、内外力齐发、规模与效益兼顾、经济素质和经济质量同步、社会效益与经济效益共创。

（二）社区经济发展管理模式

为提高社区经济社会管理和公共服务的效能，推进社区经济的全面发展，从社区经济的实际发展中总结出的几种社区经济发展管理模式，值得进一步探讨。

1. 税制保障模式

社区经济的长期稳定发展和社区服务功能的良好运转，依赖于长期稳定的资金和资本投入。而投入主体主要由政府来承担，因为政府代表着我们全体大众的利益，也是收税的主体，所以从这个层次来说政府应该主要负责承担资金资本的投入。而政府的资金资本的最重要来源便是税收。在我国现行的“两级政府，三级管理”体制中，只有不断改革现行的财税体制，适应新形势的要求，并且确立新的合理的财税制度，才能促使街道经济逐渐向社区经济的转变。

在我国现行的财税体制下，税收有效地补充了街道一级的拨款不充裕的问题，但在数量上也具有较大的不确定性。所以说政府有必要研究一个新的、面向社区并且适应社区发展需要的财税体制，从而形成社区财力的良性循环，以更好地发展和建设社区。对此，我国可以学习和借鉴日本的经验。日本将其行政体制主要划分为中央、都道府县、市町村这三级，而都道府县和市町村被统称为“地方自治团体”。这种“地方自治团体”的任务是为居民提供公共设施及服务，以保障居民的社区生活需求。在日本都有一定的资金资本来保障社区基本功能的实现。这归功于日本政府对财政作出的各种严格的法律规定，如对地方财政的财政管理等各个方面都有明文、细节化的法律规定，这种做法不仅确保了地方自治团体的独立性，也确保了其行政权力和职能，更重要的是地方自治团体还拥有独立的经济主体的地位。我国社区经济发展也可以结合社区实际探索适合本社区的税制保障模式。

2. 社会团体管理模式

每一个社区组织的成员都是来源于社区居民，可以说社区居民是社区经济的组织主体，城市社区经济是社区居民通过一定的组织形式形成和不断发展的。比如说日本的“农业协同组织”，就是由日本农村社区的人民参与并发挥重要作用的合作社组织。只要是在社区生活的人，只要是被提供服务的人，都应加入到合作社中，并交纳一定的费用。在这种合作社的运营模式中，实现了参与者和管理者的有机统一。

目前，我国上海的市民会馆，就是一个雏形。它开辟了一条连接政府、社区和诸如基金会等服务性社团的合作之路，大体形成了一个联系资源运营者和资源提供者的社区合作机制，这个性质也就相当于合作社组织。这一种组织形式与当前社会的发展形势相适应，值得推广和宣传。

而纵观国外其他国家，其社区经济中常见的形式便是商会，商会充当着中介组织的作用，在市场经济中组织行业统计调查、收集发布行业信息、制订行规行约和行业性的技术及质量标准、组织展销和招商等活动；发挥协调会员关系、开展培训和咨询、组织行业技术职称评定、参与国内外的行业协作与交流、发展行业公益事业，以及行业性的荣誉评选等职能，在为中小企业提供信息服务咨询、培训教育、开展国际贸易活动等方面都起到了政府、企业和其他中介组织不可替代的中间作用，在推动社区经济中发挥着独特作用。

3. 连片开发模式

连片开发模式强调社区经济发展的地域特点和空间优势，充分利用社区的资源禀赋和地域特点进行连片规划，以促进社区经济发展水平的提高。浦东新区根据地区分布情况组建功能区，以加强社区间的连动发展，就是这样一种尝试。这种模式强调社区建设是一项全方位的整体性工程。其建设的内容涉及政治、经济、文化和社会生活等各方面，不仅立足于硬件设施设备，还着重建设软实力。这种模式比较注重社区发展的内涵，在处理社区问题时，放眼全局，立足重点，发挥好社区的整体功能，以不断协调好社区各项事业的冲突和矛盾，达到良好的整体效益。

4. 互利互动模式

这种模式强调社区建设的目的是满足人民群众日益增长的物质文化需求，最终使得辖区内的单位和个人实现各自的利益和价值。这种对利益内在的、联系着的、共同的需求，使社区的参与主体们不断增强认识，增强联系和互助行动，增加认同感，更重要的是增强了对社区的责任感和归属感，为社区建设的良好运行打下基础。随着我国社区理论和实践的不断深入，我们需要突破过去那种“无偿”和“义务”的服务模式，而在顺应社会主义市场经济条件下，形成一种多主体之间共同合作、互惠互利的利益共享模式。但是这种合作模式必须考虑到参与主体之间经济的内在联系程度和替代程度。总体而言，社区建设和发展的现代化、社会化的根本驱动力在于要切实保证参与社区的主体——单位和个人以及整体的利益得到实现。

社区经济的深化改革发展是一项艰巨的任务，必须持之以恒地努力。在综合配套改革的大背景下，坚持以上所指出的发展路径与发展思路只是一个方面。除此之外，还必须不断地探索创新，从综合配套改革的大局出发，设计社区经济深化改革发展与综合配套改革相互支持的制度路径。

（三）创新社区管理体制

随着改革开放的深入和经济社会的不断发展，我国城市现代化进程不断加快，城市社区管理体制面对不断出现的新情况、新问题表现出诸多不适应，需要我们去改革、去创新。

转变城市基层组织的工作职能，满足人们不同层次的需求。社区居委会的工作对象由纯居民转变为包括社区单位、流动人口在内的社区全体成员；工作职能从抓经济创收转变为抓服务和管理，以满足群众的物质文化需求为出发点和落脚点；工作方法上注重发挥社区成员单位优势。共驻共建，强化社区的综合性社会功能。

做好衔接工作，确保体制和工作的平稳过渡。立法明确区政府、街道办事处以及社区居委会之间的职责划分，依法办事、照章办事，不推诿不拖拉。这样也优化社会资源配置，有利于社区工作的开展。社区真正按照“居民自治组织”这个原则为辖区居民办实事、办好事。

第十七章　促进我国社区经济发展的制度设计

社区经济作为一种新的经济形态，其潜力是巨大的，发展前景是很广阔的；但是目前制约社区经济发展的因素也很多。要发展社区经济，我们必须结合实际情况，通过深化改革社区管理体制，制定并真正落实相关政策，建立健全和完善公共服务体系，深挖社区经济发展的优势潜力，优化社区发展的环境，不断提高社区工作人员的素质等有效途径，实现社会管理和社区经济发展相互促进的良性循环。

一、社区管理创新与“两委一站”模式

（一）“两委一站”内涵

“两委一站”模式是社区的一种新型管理模式，它是一种模式的创新，对于解决现行社区发展中面临的诸多问题和困境有着切实可行的效果。具体而言，“两委”是指社区党组织和社区居委会；“一站”是指社区服务站。“两委一站”实行后，社区党组织在社区起着一种统筹领导的作用；而社区居委会便摆脱原有的行政角色，行使其自治组织的功能；社区服务站作为从社区居委会分离出来的一个机构或者组织，将协助政府的部分职能部门对社区居民开展服务工作，如办理《生育服务证》《老年证》等政策性、程序化较强的工作；但是，社区居委会可以对社区服务站的工作及其工作人员进行监督和评议。综上所述，也就从真正意义上实现了社区事务的规范化管理，居委会摆脱了行政的枷锁，真正成为一个群众性自治组织，专门从事居民自治，而社区服务站为居民提供服务，分工明确，职责明确，使得居民办事更方便快捷。

（二）“两委一站”运作机制

第一，分设机构。建立社区党组织、社区居委会、社区服务站这三个职能有机统一的社区运行机制，这三者可以说是从属于社区的三个职能部门，它们职能各异又分工协作，都以更好地服务社区居民为最终目标。社区党组织处于社区的领导核心地位，受街道党组织的领导，协助街道党组织在社区开展党支部的工作。社区居委会是党领导下的社区居民实行自我管理、自我教育、自我服务、自我监督的群众性自治组织。社区服务站不仅是协助政府做好公共服务的服务机构，也是对社区居民直接提供服务的机构。社区服务站受街道办事处和社区党组织、社区居委会的双重领导。社区服务站实行“一站式”开放办公，下设党建、民政、计生、文教、卫生、综治、物业这六个服务站。

第二，提高社区工作人员素质，优化工作队伍结构。社区党组织、社区居委会由居民直接选举产生，社区服务站站长由社区党总支书记或居委会主任兼任。服务站的工作成员可由社区的“两委班子”成员兼任，或者由招聘的社区工作者专职担任，招聘事宜完全由街道办事处负责组织和领导。这样就组成了“两委一站”的工作人员结构，并且可以根据实际需要适当对人员结构进行调整。

第三，改革社区人员薪酬体制。对于居民直选的社区党组织和社区居委会的成员实行职务补贴制；而对工作量较大的社区服务站工作人员实行薪酬制。这样，明确社区工作人员的工资待遇可以使其收入合理化，社区服务站的工作人员可以纳入事业单位编制，这样有利于提高其工作热情和积极性。

（三）“两委一站”模式的推广

“两委一站”工作的试行和推广应该由点及面，多层次、有步骤、计划地进行，以试点单位为先导，注重总结和发现问题，并对此模式加以改进和创新。在试行的过程中，应统一思想，加强领导力度，一切从实际出发，因势利导，注重工作措施的细节化，并不断探索“两委一站”的继续普及扩大和深化发展，积极发展一些条件成熟的社区，针对条件不成熟的社区要努力创造条件积极推广。具体措施如下所述。

1. 达成共识，合力推广

“两委一站”作为社区管理模式的创新，首先应在宣传上打响这个旗帜，并且力求使社区上下认识到“两委一站”模式的本质是为人民服务，途径是明确划分权责，强化依法行政，但并没有削弱社区自治的功能。总之这是结合社区工作实际探索出的适应新形势新要求的一条社区管理的新路子。社区党组织、社区居委会和社区服务站各司其职、各尽其能，更好地贯彻落实上级对社区的具体任务和指标，更好地为群众服务。只有达成这样的共识，将“两委一站”作为创新社区管理和社区服务的着力点和突破口，并提上重要工作日程，“两委一站”模式才能得以很好地推广和实践。

2. 统筹兼顾，创造条件

首先要对社区进行科学合理的调整和划分，实行目标管理制。这样就需要对社区的管理规模进行准确定位和合理调整，使得街道范围内的各个社区管辖户数大致平均化。可以从有利于社区管理和服务、有利于资源开发等角度去综合考虑，再结合地域特点、区位优势、未来社区发展等方面的条件，进行有效调整和划分。此外，也要充分考虑到流动人口较多的社区，或者是未来有新增人口趋势的社区的调整规模该如何划分。其次是要对社区的服务场地进行合理的设置。实践中“两委一站”的办公场所可以实行社区党组织、社区居委会、社区服务站在同一个场地开展服务，这样方便居民办理服务，也使得大家在工作时很好地交流和沟通。而对居民开放的社区活动站等场地可以根据社区的具体情况进行设置。

3. 加强支撑，提供保证

无论是资金支持，还是人力资源的提供，都是社区工作也是“两委一站”工作的重要保证。政府推行“两委一站”模式的同时，必须要从经费上加以投入和支持，并且要多方面提高社区工作人员的素质和社区服务队伍的素质。此外，探索培育民间组织的积极加入和引导社区居民积极参与机制也是“两委一站”试点工作良好运行的保证。

二、推进社区经济产业化发展道路

（一）大力推进社区经济民营化

在社区中活跃和存在的经济成分较多，但以服务业为主的第三产业是社区经济最活跃的成分，而在社区的第三产业中民营经济又是发展的主流，从这个角度而言，发展社区经济必须重视和发展社区民营企业。民营企业在社区经济的增长和发展中扮演了十分重要的角色，推进社区经济的民营化发展正是基于此。更为重要的是，民营企业是走在经济体制改革前列的，无论在利益分配上，还是在企业管理上，它都有一套完整的行之有效的思路和方法，从一定程度上说，它已经建立起了相对科学的管理机制和运营机制。推进社区经济的民营化发展，不仅可以促进社区第三产业的发展，并且可以发挥其经营机制在第二产业中的积极作用，这样多方面、多层次地发展和壮大社区经济。但需要注意的是，社区经济民营化不是一蹴而就的，它一个渐进的过程，要分步骤、有计划地落实和实施。同时，在进行过程中要综合考虑社区企业的实际情况以及社区经济发展方向，以积极稳妥的原则和态度推进。

（二）大力推进社区经济股份化

股份制，又称“股份经济”，是一种资产组织形式，也是现代企业制度的基本形式。股份制将不同形式、不同种类的资本组合在一起，形成资本积聚，以充分发挥社会资本的力量。从这一点来说，它有其他经济形式无可比拟的优越性；另一方面，股份制能够有效地优化社会资源的配置。股份制可以把分散的不同层次、不同水平的生产力迅速联合起来，形成集中的、高层次的、集约的生产力，从这个角度而言，发展社区经济，可以利用股份制的形式实现资源的优化配置。同时，要立足于以企业改制为重点，促进企业在运营机制和管理机制上的转变，提高企业经营能力和资源利用率。

（三）大力推进社区经济集约化

经济集约化指的是以社会效益和经济效益为根本，对经营的各个要素进行重组，实现以最小的成本获得最大的投资回报。其基本特征有四：一是规模生产，通过规模生产来降低企业成本，增强竞争力；二是集体合作，通过集体的精神和价值观来促进进步和提升；三是优化配置和整合生产要素，充分利用生产要素的作用创造价值；四是先进的科技，先进的科学技术可以增加产品的附加值，而且也更容易获得市场认同。在社区经济中推进经济集约化，需要从三个方面来着手：首先是加快经济结构调整，促进产业结构的优化升级以及产品结构的升级。社区内的民营企业规模一般都处于低水平，生产设备也较为简陋，人员整体素质欠缺，产品技术含量不容乐观，从这一角度而言，有必要对产业结构进行调整。其次是加强和改善管理，确立科学的目标体系，引导企业建立有利于节约成本、增加效益的经营机制和科学技术进步机制。要注意的是，集约经营的本质不仅仅是物质投入，更重要的是科技能力和创新能力。因为经营规模的扩大并不是简单的数量的增长，而是必须走科学技术推动社区集约经营发展的道路。最后是使城市工业和都市农业相互促进发展，加快转变城市功能，加快实现农业产业化。

（四）实施经济品牌战略，形成社区经济优势

品牌的重要性不言而喻。当今时代是品牌竞争的时代。发展社区经济，不仅要协调好经济主体的经营活动，还要树立品牌意识，通过品牌形象和品牌的知名度来增强竞争能力。实施社区经济品牌战略，可以从以下几个角度进行。

第一层次：商品的品牌。一个好的商品品牌，会使该商品有较高的附加值和知名度，这在无形中就是一种优势。从某种程度上来说，营销的竞争就是品牌的竞争，实施经济品牌战略，在依托社区的地域特点和社区禀赋等优势基础上建立的品牌，才会使品牌形象有牢固的基础；此外，仍需注意的是品牌要宁缺毋滥，求精不求多，因为社区的范围也不大，社区经济要求发展，可以推出一两个好的品牌，并长期进行品牌宣传和维护，这样既有目的性，又能集中发展。

第二层次：企业的品牌。企业的知名度与产品的营销策略和营销成果是密不可分的，首先要注重加强本社区内企业的宣传，并且可以通过社会上一些知名度高的企业牵头，带动和扩大本社区经济的发展。

第三层次：社区本身也可以成为一个品牌。社区经济作为一个有机的整体，要有全局意识，将社区经济的各要素放在集体中去考虑，可以说，社区不仅有名牌商品和企业，社区本身也可以创出特色、办出效益。如此，才能更加突显社区经济的优势，使社区经济得以推动和发展。

（五）开辟社区经济增收的宽广渠道

1. 要积极探索社区服务市场化、社会化、产业化的新路子

社区服务的本质是为居民服务，在探索社区服务市场化、社会化、产业化时，要在了解居民需求的基础上，综合考虑居民的消费层次和消费水平来搞活社区服务实体，提高为民服务水平。在市场经济的形势下，应逐步建立网络化、公司化、信息化的社区服务组织和服务平台，通过制定相关优惠政策，鼓励社区单位、民间组织、居民甚至海外人士以股份制或合作制等合作方式，对社区的资金、房产、设备、技术、信息、劳务等进行投资入股，走以有偿服务养福利性服务的路子。

2. 将发展社区服务与再就业工程相结合

要将社区服务与再就业结合起来，鼓励和吸收下岗失业人员进行再就业，鼓励他们兴办成本少、适应性强的便民服务实体。社区可以通过对他们进行组织培训教育，使他们提高认识，提高职能技能。

3. 树立市场经营理念，大力开发社区公益项目

在市场经济的大环境里，要发展社区经济，必须树立市场的经营理念，即以市场为导向，在分析市场需求的基础上，建立和完善社区居民的社区公共服务。目前，随着我国进入老龄化社会，开辟老年人这个庞大的市场是有必要的，也是非常有前景的。老年服务市场包括老年医院、老年公寓、老年活动中心等服务中心，也包括提供老年服务的医疗护理服务、保健服务等项目，关于老年服务的具体细节，还包括提供给老年人方便、保健、舒适的文体活动用品。总之，老年人有其特殊的年龄和心理特征，只要在吃穿住行、医疗保健、文化消费等方面开发出适合老年人的产品，市场中必然掀起一轮新的消费热潮。

三、科学制定并落实相关政策，扶持推动社区经济良性发展

（一）建立健全社区组织法律法规体系

从1989年《中华人民共和国城市居民委员会组织法》颁布至今的20多年以来，我国的社区有了较大的发展和转变。新形势赋予社区居委会新的使命感和责任感，20多年的实践告诉我们，在法律法规体系上，社区迫切需要解决的问题如下。

首先也最重要的，要明确社区居委会的性质和地位，对此进行明确的法律规定，使社区的地位有法律的保障。我国宪法和现行法律都规定居委会是群众性的自治组织，要真正实现基层自治，就必须以法律形式明确政府与社区的关系，哪些属于社区的管理职责，哪些在政府的职能范围内，如何将社区居委会的行政职能划拨出来，做到居委会不越位，政府和社区居委会之间也不缺位。

其次，要明确国家对基层社区所承担的财政责任和义务，具体拨款的根据和数量多少都需要公开透明。基层社区组织分担了政府的社会服务和社会管理等方面的行政工作部分，有时甚至代替政府成为部分公共产品和设施的提供者，它不仅为政府起到了稳定社会、安抚民心的作用，也为政府的高效工作作出贡献。因为基层社区并没有收入来源，只有依靠国家的财政支持和补贴。

（二）建立社区经济管理和协调机构

按照系统论的观点，社区经济作为一个本身存在的系统，它也是整个城市经济的一部分。社区经济有若干个经济因素和经济成分，从社区内部而言，要发展好社区经济，必须要协调好社区经济各组成部分之间的利益关系。从整体而言，发展社区经济，需要有一个宏观的机构和组织，或者可以说是超越于各经济组织的社会力量来进行调控和发展社区经济。由于社区经济组织及其活动的统筹协调，仅仅依靠街道办事处的力量来实现是远远不够的，并且由经济组织本身来调控也是不大现实的。从各国发展的实践和我国的现实情况来说，我们可以借鉴美国等发达国家的一些先进经验，在城市街道一级组建“社区经济发展公司”这种非

政府非营利组织，公司的从业人员由社区居民来承担，“社区经济发展公司”负责组织本社区的经济建设与发展，公司的从业人员由社区居民来承担，公司的利润必须按照一定比例用在社区建设的公益事业方面，如修建社区活动中心、种植花草树木、资助特困户等。[①] 在我国的实践，其基本思路可以是：建立的社区经济协调管理机构，应该受区、街两级政府的领导，独立开展社区经济的管理协调工作。建立“社区经济发展公司”这样的统一管理机构，不仅解决社区经济发展管理层次多的问题，又实现统一管理；不仅解决社区居民的生活需求问题和部分就业问题，而且在改善环境、市容管理和社会治安等方面大大减轻政府的财政负担，从而促进社区经济的进一步发展。

（三）发挥社区优势，突出社区经济特色

一方面，社区要充分发挥其优势和特色，科学定位社区产业的方向，促进社区经济的科学发展。然而，在此基础上，必须了解社区实际，从社区经济的资金、场地、设施及人力等方面进行考察和衡量，制定出高效合理操作性强的经济发展措施，即靠外部的政策和制度以及内部的调查研究促进社区经济持续健康的发展。

另一方面，在外部政策环境上，政府应及时制定社区管理和服务的利好政策，并且无论是对于社区营利性还是社区非营利性的经济组织，都要进行市场化、法制化、规范化管理，如他们的准入机制、投入机制、领导机制等。在项目管理中，政府应该运用好财税杠杆，把握好政策方向的倾斜和倾斜“度”的问题。如在社区经济税费减免及从业对象、服务范围和享受的优惠政策等方面，进行多种形式的财政扶持；对于福利性、公益性的社区经济项目、下岗失业职工自办的微利型社区经济实体，给予一定的支持和优惠，这样不仅可以促进社区经济发展，也激发一群人进行自主创业的动力。

（四）科学制订规划，推进社区经济的有序发展

1. 在机制上，由封闭的街道经济转变成开放的社区经济

一定意义上，社区经济从属于街道经济，可以说街道经济是社区经

---

① 张晓霞：社区经济发展现存问题及创新思路，载于《商业时代》，2010年第7期。

济的来源和基础。长期以来的计划经济模式使得街道经济也仍然走这条老路子，没有突破传统的领导体制和投资机制。这样也就造成了我国社区经济的主体结构复杂不清楚，除了街道和居委会，还有个体的，还有公私合作的成分，造成了层次的混乱和管理的难度。城市社区经济要想发展，就必须打破这种经营体系，理清经济结构的思路进行管理。第一，实行投资多元化。充分利用辖区内的行政机关、企事业单位、个体之间的联系，发挥政府一手信息的优势，在社区内招揽资金、招揽人才，把社区内一些单位和个人发展经济的愿望，变为投资社区经济的实际行动。第二，推行多样化的机制。将企业融入社会，推动企业的改制和战略性改组，从抓生产转移到抓管理、抓效率上来，强化企业内部管理机制，提高社区整体竞争力。第三，规范化运作。按照现代企业制度的要求，形成有效的制约机制，确保出资人的权益。在确保公有资产保值增值的基础上，街居企业无论是控股、参股、转让或退出，有利则进，无利则退，使公司制在街居成为主要的企业制度。①

2. 在方式上，实现粗放经济向可持续经济的转变

可持续发展是一种长远的眼光和战略指导思想。城市社区经济发展要以经济发展为中心，依靠科学技术和社会事业的发展，保持区域经济、社会与环境的协调发展，兼顾代内公平和代际公平，处理好发展的速度与质量的关系、局部利益和公共利益的关系。② 20 世纪 70 年代后，因为计划经济的体制，街道创办了大量的第二产业；而 80 年代末，第三产业网点又遍布马路街头，这种不稳定的经济形式也已经发展成为街道收入的来源之一，被称为“占道经济”。这是与城市的进步和发展不相适应的。而可持续发展的口号“优化二产、壮大三产”喊出了社区经济发展的康庄大道。“优化二产”指的是扶优扶强，力求在产品技术和管理等方面的创新，并逐步实现工业企业的规模化、集团化发展。所谓“壮大三产”，就是以社区居民群众的需求为立足点，在大力发展以社区便民服务业为主的第三产业的同时，也不断改善和提高社区居民生活条件。这里

---

①② 李昌南，金华：我国社区经济发展的现状及目标选择，载于《延边大学学报（社会科学版）》，2006 年第 4 期。

特别强调一种便民互惠式的发展，即以服务于社区居民为契机来发展社区经济，反之又通过社区经济的发展和繁荣促进社区服务，从而达到经济发展和社会发展的和谐统一。

3. 在内容上，要重点向生活服务转变

为社区居民服务，满足居民的需求是社区经济发展的基本动力。社区经济的进一步发展要在这个基础上不断探索更高的、更好的服务水平。要将福利服务与生产经营服务有机结合，要将实现经济效益与社会效益和谐统一来发展社区经济。所以说，要大力开发那些与居民生活密切相关的便民产业，既方便群众，又壮大经济实力。随着人们生活需求的多样化和个性化发展，人们的消费观念也在不断更新，社区经济将有更广阔的市场和发展空间。社区内的企业尤其是服务性企业要洞悉社区发展的先机，特别是在居民需求的领域要进行一定的调查研究，争取主动，抢占市场。在考虑自身的经济利益的同时，也别忘了适当开展低偿低价的便民服务，与社区群众这个消费的大主体搞好关系；此外也可以制订相应的策略，投放一定比例在社区的公益事业上，使得企业顺利地开展企业经营的同时，也能促进社区经济和社区建设的良性互动。当前，各社区可以根据自己的实际情况，以社区服务为突破口，以满足社区居民不断增长的物质文化需求为目标，在发展传统服务项目、运作方式的基础上，探索高起点、高档次的服务内容和形式。发展社区经济，一要不求规模最大，但求行业最佳；二要不分市场大小，只要增强核心竞争力。坚持这两点，社区经济才能从粗放式的发展之路走向科学、持久稳定的发展之路。

4. 在动力上，要重点向多元税源经济转变

从总体而言，社区建设和发展的步伐总是滞后于城市发展的需要和社区居民的实际需求，最根本的原因是资金的问题。要解决资金难题，最重要的是“开源节流”。“开源”指的就是着力发展税源经济。而发展税源经济也是实现社区经济良好发展最现实的途径。税源的培养也是充分利用社区资源的体现，税源的征收在一定程度上可以提高社区企业运营质量和效益。首先做好税源调查。对社区范围内的企业进行摸底调查，要做到底数清、情况明，建立好社区内的企业档案。并做好对无证、无

照经营者的管理，坚决抵制和查处偷税、漏税行为。在管理和控制上，要结合企业的背景资料和发展资料，全面落实和有效实施社区发展的税源经济。其次建立社区管理网络系统。通过计算机联网和监督，使税源企业的各种账目和生产经营情况“一目了然”，这样也在一定程度上防范偷税、漏税的行为。此外做好税源的培植工作。要发展和培育一批相对稳定的企业和项目，这样也保证了税源的稳定性，使之成为社区经济的稳定来源，也为其他企业起了示范和模范带头作用。社区服务业是社区经济的中坚力量，它在社区市场有着极大的潜力，并将会成为社区经济发展的一个新的经济增长点，所以可以大力发展并促进其产业化进程。对于社区服务业的发展，要立足于居民的需求和热点，建立集中体现居民需求的项目，并建立起能起带头作用的社区企业。通过选准服务培植对象，养源开渠，进而繁荣社区。最后健全社区资金保障机制。建立财政转移支付制度，增加对社区的资金投入。要完善适应社区经济发展的财税管理模式，探索社区经济发展的新途径和新方法。总之，社区经济的发展方向应该是引进合作型、壮大外向型、发展特色型、鼓励服务型。把社区经济从计划经济的传统习惯中解放出来，不断壮大社区财政，使社区经济成为国民经济的重要增长因素。①

四、建立和完善社区服务体系

（一）充实社区服务内容，提高居民生活质量

便民利民的社区服务与社区居民联系最密切、最迫切，它能更直接、更现实地反映社区居民的生活现状，同时也能反映社区服务体系的广度和深度。社区服务主要可以分为以下五种。

一是居民日常生活服务。这包括日常生活和家务劳动服务两部分。具体可以开发的服务项目有：日常生活用品购买和配送、家电维修、卫生保洁、服装制作和洗熨、代收代缴费用等。而在居民的生活配套设施

① 李昌南，金华：我国社区经济发展的现状及目标选择，载于《延边大学学报（社会科学版）》，2006 年第 4 期。

上，可以开发诸如五金杂货铺、便民商店、家电维修店、家政介绍中心、服装加工、干洗店以及理发室等。

二是社区环境治理服务。社区环境的治理包括控制噪声、治理“四害”、维护绿化面积、处理垃圾分类、清扫和维护居民楼道、控制违章乱建、调解民事纠纷、消除火灾隐患、防范刑事案事件的发生、管理流动人口等方面。

三是社区医疗卫生服务。社区的医疗服务具体包括卫生宣传和防疫、健康咨询、医疗诊断以及病人护理等。与具体服务配套的服务设施包括家庭医生式服务、社区诊所、便民医疗服务信箱、家庭照料和看护、居民健康资料信息库等。

四是社区少年儿童服务。社区少年儿童的相关服务项目包括托管服务、婴幼儿上下学接送、课外看管、智力开发、午餐制作与配送、特长班培养等。而在服务设施方面应配备托儿所、学前班、幼儿园、少年之家、儿童阅览室和校外辅导站等。

五是社区生活服务。对特殊的群体的服务是带有社会福利性质的社区服务体系。它尽管是针对社区少数人群，却能直接反映社区的质量，体现社会主义精神文明建设的广泛内涵，是社区工作者应予以高度重视的服务活动。社区生活服务包括社区老年人服务、社区残疾人服务以及优抚对象和特困家庭服务。具体而言，针对老年人的社区服务项目有家庭照料、文化娱乐、日常生活照料、精神安慰、医疗保健等。可以建立的配套服务设施包括老年公寓、老年人照料中心、保健站、老年法律咨询、老年人婚姻介绍中心、老年文化服务中心。针对社区残疾人的服务项目有医疗康复、生活保障、权益保障、就业安置、恋爱婚姻以及文化生活等。而与之相配套的服务设施可以是康复中心、福利工厂、残疾人法律咨询、生活照料中心、婚姻介绍所和残疾人文化活动中心等。针对社区优抚对象和特困家庭，可以开展的服务项目有节日慰问活动、子女入托和上学问题解决、定人定期上门包户提供服务、辖区内商业网点一条龙服务等。

（二）转变服务方式，提高服务质量和水平

实现社区治理与服务方式的转变，首先体现为形式的转变，具体体

现为如下三点。

一是治理理念的转变。我国的社区建设正经历着向“小政府、大社会?”的管理目标的转变，即从单一的政府向多元的社区转变，由“管理”向“治理”的概念转变。其中，单一的政府“管理”是通过运用政府的政治权威，对社区的政策进行制定和实施，实现着自上而下的管理。而“治理”不同于“管理”，治理是一个上下互动的管理过程，它通过实现各主体之间的合作协商和平等参与，来进行对社区公共事务的管理。虽然在现实中我国社区治理的基础和架构仍要以政府为核心，但政府扮演的是与其他参与主体平等的角色参与社区的治理，同时也接受其他参与主体和群众的监督评议。

二是信息化平台。充分利用时代发展的成果——信息技术进行社区治理，是实现社区治理方式与服务方式由传统型向现代型转变的重要标志。在社区内，信息化的表现为：社区信息管理系统、社区一站式服务管理系统、社区门户网站、社区服务呼叫中心管理系统、社区综合信息查询统计分析系统以及新的相关系统。目前，在我国城市社区基本上建立了社区门户网站、社区服务中心管理系统等社区服务网络，但是在农村地区，社区信息化的建设就比较薄弱了。

三是集约化发展。缩减办事机构和部门，加强有关人员的管理，积极推进“一站式”服务，是集约化的管理方式。在这方面，北京市西城区德胜街道公共服务大厅在全区率先建成了街道网络平台，构建起“区—街—居”三级服务体系，居民和单位登录“街道网上服务大厅”，足不出户便可完成政务信息咨询、表格填报等前期工作，达到24小时随时受理业务，提高了办事效率。服务大厅按照统一标准、统一流程、统一办事依据和统一办理时限的要求，对街道各部室的业务进行全面细致的梳理，将直接面对居民及企业的79项服务事项从原有工作程序中剥离开来，明确了承办部门、办事程序、受理条件、办事依据、办理时限、所需材料等办事要求，通过街道内部沟通协调机制和信息平台与后台科室形成联动态势，减少办事环节53个，实现了“一窗式办理、多窗口服务”。截至2007年底，大厅组织22次人大代表接待日活动，接待选民155人次，受理选民提出的建议和意见91条，居民到国家、市、区信访部门上访率下降了30%；接待法律咨询181人次，并成功代理各类诉讼12件；接件处理23000余件，做到件件有回应、事事有着落。

（三）强化管理，创造良好生活环境

社区良好生活环境的形成，是与社区管理组织转变职能密不可分的。要进一步完善社区功能。首先，经济结构调整和体制改革已开始改变“单位办社会”、“企业办社会”的历史状况，这就要求社区承接一部分为职工服务的功能，为企业发展创造良好的微观环境。其次，随着市场经济的发展和经济类型的多元化以及人口老年化，单位以外的居民增多，要求社区进一步发挥管理、服务及教育、培训功能，创造良好的社区文化环境。随着城市化战略的实施和户籍制度的放开，离土又离乡的进城农民增多，多数进城农民既不熟悉城市社会规范，又缺乏城市生活经验，有的甚至无固定工作和住所，对这些人进行教育、管理、服务，既是社区管理的重要功能，又是创造社区良好生活环境的需要。总之，生活环境是由多种因素构成的，只有进一步完善社区管理功能，加大社区管理力度，创造良好的生活环境，社区才能“内联外引”，求得长远发展。

五、建立社区参与的联动机制

（一）重视公民意识的培育

社区居民是社区发展的“本”和“源”。没有社区居民的参与，社区就像是“无本之木”“无源之水”。而今摆在我们面前的难题便是社区缺乏居民的参与。在一定程度上而言，我国目前城市社区的发展状况是“没有公民的社区”，无论是生活在社区的有知识有文化的人才，还是社区的普通居民，都比较缺乏社区意识。现代公民的基本标志是关心社会事务、关心公益事业、有社会责任感等。“社区意识”也是“公民意识”的体现，二者是相通的。

当前，应该增强的是社区自治组织的“自治”能力。[①] 首先，政府应

① 严振书：转型期中国社区建设的历程、成就与趋向，载于《中共桂林市委党校学报》，2010年第1期。

摆正自身的位置，政府与其他社区组织和参与主体一样在社区管理中是一种平等的关系，政府与社区更多的是一种合作关系，而不是上级与下属的关系。政府的职责是对社区经济和发展进行科学有效的指导以及多方面的支持和帮助，而没有权力干涉社区的自治。在社区建设和发展的现实过程中，政府作为掌握权力和资源的一方，应主动树立合作的关系，以取得社区自治组织的跟随和配合，实现有效“自治”。其次，真正贯彻执行社区自治组织成员由社区居民们选举产生，杜绝上级指派的行为，这样有利于将热爱社区工作、得到居民认可的人，纳入到社区领导班子里，更好地服务社区、服务居民。最后，在实际的社区工作当中，社区组织和社区的工作人员要甘当居民的“腿”和“嘴”，始终代表全体居民的利益。

（二）充分发展社区非营利组织、志愿组织以及民间社会组织

1. 充分发展非营利组织、志愿组织

社区非营利组织和志愿组织是社区不可多得的力量。它为社区服务、社区文化等项目提供资源，也为实现社区整合发挥重要作用。政府应该对其增加投入，对于政府的投入机制，也要进行研究和考量，不能将事业单位的机制转接到他们身上，而应以“项目经费”的方式拨付，并把竞争机制引入经费分配过程，运用“项目经费”这个杠杆来有效地控制社区非营利组织的服务内容和质量。同时，对于非营利组织的所得收入，应该按其性质进行分类，对社会公益所得或者是利民便民项目所得应适当减税或免税。此外，政府还要加大宣传志愿活动，积极促进社区志愿组织的成立和发展，形成一种社会各方积极参与社区的良好社会氛围。

2. 大力培育和发展社区民间组织

社区民间组织作为社区管理体系的有机组成部分，如何培育和发展社区民间组织，是社区管理体制改革的一项重要议题。

一方面，要对民间社会组织加强扶持、培育力度。政府有关部门可以制定税收、财务、人事、工资、福利和劳动用工等方面优惠政策，比如对于民间社会服务组织从事社区服务活动在区别认定后给以免税、减

税等优惠政策，以鼓励他们投身于社区公益性、低偿性服务。① 适当降低社区民间组织的“准入”门槛，在保证信息准确的基础上，简化登记手续。对于社区居民迫切需要的活动，政府可以通过专款专用的形式给予经费支持，也可以通过项目招标的形式，由方案实际可行、有效的社区获得项目资助。此外，政府还可以提供场地支持，为社区民间组织面向对居民开展的生活服务、文化娱乐、科普教育和公益慈善等活动免去后顾之忧。

另一方面，要加强对民间社会组织的监督和管理。对民间社会组织实施分类管理，不断健全登记管理制度，探讨社区民间组织备案制度，引导民间社会组织规范运作，加强民间社会组织自律建设，重点加强对民间社会组织活动合法性的监督。

此外，社区民间组织也要加强自身的规范管理。通过建立规章制度和相应的工作机制来规范自己，以自律和专业的态度赢得社区居民的认可、参与和支持。

---

① 何海兵：我国城市社区管理体制的主要问题及其改革走向，载于《上海行政学院学报》，2007 年第 2 期。

第十八章　促进我国社区经济发展的措施

社区经济作为依托于社区的一种经济形态，是城市社区建设和综合管理的物质基础，也是城区经济的构成和补充。社区经济是社会的排忧点、促进就业的承载点、社区工作的支撑点、区域经济的增加点。社区经济建设需要社区建设的各主体协作起来，各自切实履行职能与完成职责。

一、加快打造服务型政府

政府以其自上而下的强制力为后盾，层级约束非常严格，上下级扮演着领导与被领导的角色，并且政府得以存在和运作的基础是一种权威式的授予。所谓政府行为，是政府为实现国家利益和促进社会发展等职能，通过采取行政手段、法律手段、经济手段等采取的具体行动。政府行为主要包括领导行为、组织行为、服务行为、控制行为和协调行为。政府行为是政府职能体系的重要组成部分，政府行为的一切活动形式和具体行动都是政府职能的具体表现。

明确界定政府在社区经济发展与建设中的作为，使政府管理更有序、有效，切实发挥好政府行为在城市社区经济发展中的诸多作用，需要有一套完整的、科学的、合理的政府行为运营模式和机制。正确把握和理解社区管理中的政府行为、自治组织行为及市场行为的互动关系，对发挥好政府在社区管理和社区服务中的宏观指导调控作用，更重要的是，对于加强基层政权建设有着重要的现实意义和理论价值。

（一）要明确政府和社区组织的角色定位

社区管理和社区服务首先必须要在政府的领导下，进行社区自治活动，其活动的主体是社区内的居民，所以要明确一个概念，即政府是社区管理的主体之一，它与其他社区组织和团体的区别只是管理的内容不同而已。要培育和发展政府与社区之间的良好的信任合作关系，就要实现社区管理主体与客体的相统一，在这个基础上，居民的积极性才能得到极大的调动，社区组织建设社区的热情才得以高涨，这也在一定程度上降低了政府管理的成本。从这个层次而言，政府应当从管理社区、给社区下达行政指标的地位中弱化，而应积极建立和培育社区管理主体范围的扩大，以充分汲取优秀组织和个人建设社区。

政府掌握着国家、地区经济社会发展的一手信息，政府可以对社区发展的物质资源和其他资源进行宏观调控。政府行为的作用发挥对社区发展的方向以及社区建设的成果有着重要的意义。纵观国内外社区经济发展的实践，并结合本国经济社会发展的实际，具体而言，社区经济建设中政府应扮演以下角色。

1. 对社区经济发展进行宏观规划的角色

政府行为的重要作用更主要的是对社区经济发展和建设进行科学合理的规划。规划是对社区发展方向的指引，是对战略的具体分解与落实，科学有效的发展需要有科学的规划作保障。对社区的规划是根据社区的地缘地域情况、历史发展特色、社区拥有的资源以及社区对未来城市社会发展的作用，对社区规模、社区功能以及社区结构布局等进行的设计。而政府必然是统筹全局，从长远的角度和整体的思路来制订社区发展的战略和目标，为社区发展指明方向。

2. 对社区经济发展进行规范引导的角色

社区管理的主体是包容的、多元化的，在缺乏制约的条件下，在市场经济条件下，各个主体易受利益机制的驱动而出现背离合理行为的价值标准，从而造成社区资源的浪费和社区经济秩序的混乱。这就需要政府对社区经济进行规范引导，通过运用行政、经济、法律等手段，使社区各主体依法从事经济活动，保证社区管理和社区服务的有序稳定发展。

此外，政府还可以通过信息来引导社区经济主体的行为。在市场经济条件下，信息是任何一种经济形式发展所需要的重要战略资源，当然，社区经济的发展也离不开信息的作用。社区经济主体在从事生产、流通、消费、分配的各个环节都需要信息，如果根据信息来进行生产经营，社区经济主体便可以收集和分析信息，进行最优选择，以达到经济利益的最大化。而政府作为信息的来源者，它掌握着一手的政策信息和市场统计数据，所以说，政府可以通过信息引导社区内各个主体的市场行为，以推动社区经济的有序发展。

3. 对社区经济发展进行组织协调的角色

社区经济发展牵动着政府、社区企业、社区组织等社会各环节的利益，是一项复杂的社会系统工程。在市场经济条件下，每一个市场主体都是独立的组织或个人。从理性的经济人的角度看，因为利益机制的驱动，必然使得市场主体在互动的过程中，发生不可避免的问题和矛盾。政府以其强制力和公信力，可以调节和处理错综复杂的关系网和矛盾。政府通过对社区各类群体的利益关系进行组织协调，整合了社区资源，联系了社区各要素，化解了矛盾冲突，起到了一种“平衡器”的作用，使得社区经济建设和发展和谐统一，促进社区管理目标的实现。

4. 动员社区居民积极参与社区经济建设的角色

广大社区居民的参与热情是社区建设和发展的动力。而由于我国人民的传统观念，他们对社区的认识度和满意度还不高，社区的“行政化影子”使他们对社区存在着理解和偏差，导致社区居民的社区参与意识不强。所以政府要在这一方面进行努力动员、引导和培育。

（二）要转变政府职能，打造服务型政府

总体来说，政府承担了公共产品和公共服务的大部分投资和建设。这从长远的角度看，是不利于其他经济组织的发展的，对于政府而言也是不合理的。所以要探索出一条由社区、企业或其他组织负责提供公共产品和公共服务的路子。然而，要将这一功能从政府原本的职能中划拨出来，就要首先建立政府与社区服务主体提供者之间的信任合作关系，这也要求政府从过去的管理型向服务型转变。我国政府要切实转变政府职能，要做到以下几个方面。

①要落实政府部门的部分管理职能的下沉。将工作目标与责任、服务承诺、接受监督落实到社区。

②推进政企、政事、政社相分离的工作。将一些专业性强、细节化

的工作从政府部门释放出来，外包给社会企业或者是由社区来承担。涉及具体的服务性领域和设备设施的供给，可以通过市场招标的方式由社会企业进行操作和后续的管理。

③强化社区的社会保障、社区福利和社会优抚作用。相对而言，社区更接近群众，对于社区居民的社会保障、社会福利等资格的审核，社区比较能了解到事实的真相。政府职能的分离，使社区获得一定的权力，有利于增强社区独立性和自治性，发挥其为社区服务的功能，促进政府在社区的和谐治理。

（三）健全的社区法律法规体系

要使发展社区经济付诸实施，首先必须要得到国家政策的支持，国家要以法律的形式保证社区经济发展的合法性、合理性。法律是平衡政府、社区以及社区其他组织的利益的有利工具和重要保障。社区经济发展的法制化，是政府行政公正、公开、透明的体现；社区经济发展的法制化，也是使得社区内的各个系统部门和谐有序运作的基础和保障。目前，正是由于法律制度和体系的滞后和缺失，使得社区发展存在多方面的问题。所以需要法律来明确政府与社区居委会的权、责、利关系，需要法律对社区进行角色的准确定位和保障，以促成政府的有效管理和社区自治的良好运作。

1. 明确政府对社区的管理行为，明确社区自治的内涵和外延

政府对社区的管理行为和社区自治的权限范围之间的界定，只有通过法律来进行商榷和落实，法律是依据。首先要明确政府对社区管理的职责范围。政府是社区的直接管理者，也是社区的监督者，政府对社区的作用应该主要体现在对社区进行发展规划，对社区进行规范化管理，激励社区中介组织的作用发挥，宣传社区的地位，动员广大群众参与社区等。也就是说，政府不直接干涉社区的具体事务，而是更多地起着引导和促进作用。只有这样，才能为社区发展创造良好的环境。其次是要明确社区自治的真正内涵以及外延。法律上只是说社区居委会是一个基层群众自治组织，但是什么是自治、自治的范围、如何自治、自治的度、如何保障自治等都没有真正的明确的规定。只有明确了政府和社区各自的职责范围，社区公共事务的管理才更有效、更高效。

2. 明确政府与社区的权利关系

一方面，政府要尊重和重视社区的自治地位，要摆脱将社区居民委员会作为街道派出机构的思维方式，要确保社区的自治权利和事务的真正实现。此外，在此基础上，政府对社区的指导需要进行规范化操作，以免存在以指导之名行领导之实的现象。另一方面，社区组织在政府的指导下开展工作，依法、监督、协助政府各职能部门的工作的落实，及时向上一级部门反馈社区工作动态，反映居民诉求。此外，社区居委会要积极协助政府完成一些行政事务，为政府依法行政、落实管理目标打下坚实的群众基础。

3. 完善法制监督机制

应加快立法，确保社区居委会的地位，社区自治权利的行使不受到限制。虽然我国的社区在几十年的发展中，也不断更新社区组织的相关法律、法规，但是还存在着内容抽象、规定不具体、与实际不符的一些问题。只有通过结合客观实际，制定具体的细节化的法律、法规，才能弥补社区自治管理的法律缺失，理清各监督主体的关系，使社区组织快速成长，并对政府进行有效的监督。

（四）财力支撑

资金的作用不言而喻。任何事业的建设和发展都需要资金的强有力支撑和保障。没有资金，社区的一切活动也就无从谈起。政府是国家公共资源的主要拥有者和调配者，政府对社区物质和资金的支持是社区各项活动得以开展和实施的重要保障。尤其是对于政府主导型的社区发展模式，国家的财政拨款构成了社区建设和发展的大部分经费来源。在新加坡，政府负责90%的社区基础设施建设费用和50%的日常运作费；在美国和德国，政府也十分重视社区建设，将社区建设和发展的费用纳入到国家财政支出之中。而在我国，社区似乎是完全由政府主导，社区经济发展先天不足，经济力量薄弱，缺乏社会资金的支持，就算是应对社区工作人员的工资待遇、办公经费，政府也花了大量的财政拨款。此外，社区的建设资金也基本上完全由政府拨款。近年来，国家提出要不断增强社会管理能力，这就必然要大力倡导加快社区的建设和发展，所以政府政策在对社区物力和资金上的投入上都做了倾斜。

二、加强非政府组织建设

社区非政府组织是以社区居民为主要成员、以社区地域为基本活动范围、以满足社区居民需求为目的、由社区居民自主成立并参加的非营利性的政府以外的组织。如社区居委会、业主委员会、老年人协会、残疾人协会、科普协会、书法协会、绘画协会、志愿者队伍、家庭家政服务协会、居家养老协会等。关于社区非政府组织的特性，主要表现在以下几个方面：社区性（或称本土性），即这些组织的成员主要是本社区居民，其活动范围一般限于本社区内部；松散性，即这些组织的成员在加入、退出组织时以及参与组织活动时，拥有较大的自主权；非正规性，即少数社区非政府组织按照《社会团体登记管理条例》规定已经登记注册，多数社区非政府组织只是在社区备案。

（一）我国非政府组织在社区中的功能

对于我国非政府组织在社区中的功能，其划分比较繁杂。因为非政府组织有的是自发形成的，有的是针对社区出现的问题而成立的，不同组织承担着不同的责任，所以它们的功能设定及对社区经济发展的作用各不相同。我国的非政府组织与西方非政府组织的功能有一定的相似性，如扶贫助弱、公益慈善、促进社区参与、提供公共服务等；但我国非政府组织也有一些中国特色的职能，主要表现在以下五个方面。

第一，强化社区的公共管理职能。具体表现在居民委员会受当地政府委托对国家层面的社区事务行使管理职能。[①]

第二，促使社区服务多样化发展。随着社区的深入发展，社区的发展理念也不断进步和扩展，而非政府组织的价值理念和运营目标同样也不断进步和深入。非政府组织的最初目标是为广大群众谋得社会福利，而今慢慢延伸到社会保障、第三产业、就业等领域纵深发展。

第三，增强社区凝聚力。非政府组织的建立和运作，可以说对社区

---

① 许艳娟：我国非政府组织参与社区建设的困境及其对策研究，河南大学硕士论文，2011年5月。

起到了协助的作用。非政府组织通过多样化的活动吸引社区居民的主动参与，为社区居民更好的融入社区、理解社区、信任社区起到了协调作用。社区居民在参与非政府组织社区活动的过程中，分享共同的经历和体验，从而建立起团结和相互信任的关系，无形中增强了社区居民对社区的归属感和认同感，整体上提高了社区凝聚力。

第四，构建居民社区参与的平台。通过非政府组织的活动平台，社区居民可以更加方便地参与社区公益事业，也可以更加直接地接触政府机构，既完善了社区的自我服务、自我管理，也激发了社区居民积极参与社区事务的热情。

第五，促进社区资源的整合。将社区内分散的资源进行整合可以有效地提高资源的利用率，提升社区的经济效益。非政府组织通过组织策划系列社区活动，实现了社区居民的需求和社会资源的有效对接，充分运用有限的资源来满足社区内不同利益的需求。

（二）非政府组织需加强自身建设

目前，我国非政府组织的发展也存在着一定的问题，所以，非政府组织需要不断加强自身的建设，跟得上时代进步的步伐，跟得上社区发展的要求，以增强社会公共服务的能力，更好地成为政府良好的合作伙伴。

1. 明确组织使命

使命不仅是一种责任，也是一个组织的目标和方向。非政府组织为谁而存在，为谁而服务？可以说明确使命是它得以存在的基础和发展的灵魂。只有正确地定位使命，才能使组织里的成员朝着这个目标而努力奋斗，激发大家对共同目标的追求和工作的热情。当前，我国的非政府组织缺乏自主性，不仅与制度环境有关，与非政府组织对其自身的认识和定位不明确也有莫大的关联。很多非政府组织不明确自己的权利和社会责任，很多的非政府组织还存在于政府的“关照”下，它们缺少行动力和方向感，缺乏独立意识和独立开展工作的能力。所以，明确对公众的承诺及对社会的责任是非政府组织保持独立性的必要条件。只有这样非政府组织才能正视自身的价值、立场和社会责任。更重要的是，在与政府合作的过程中，坚守原则、坚持立场，以强烈的社会责任感为出发点和落脚点，才能维持自己的独立地位。明确了组织的使命后，组织内的工作人员可以更好地开展相关工作，社区居民也能依靠组织、相信组织。综上所述，明确使命，保持自身一定的独立性，是我国非政府组织的一门必修课。

2. 完善自律机制

一个运作良好的社区非政府组织，要有健全的治理机制。统一的治理结构、秩序化的管理层次、完善的机构设置制度以及健全的规章制度。内部制度完善，运作程序规范，组织团结，才能构建一个社会责任感强、社会公信度高的社区非政府组织，实现对社区资源的有效整合，对社区居民的正确指引，为社区经济发展贡献力量。

第一，建立信息处理和公开制度。非政府组织信息的公开和透明十分重要，是为其赢得公信力的重要法宝。建立信息公开制度，使非政府组织的工作接受监督，促进其自律和更专业化地发展。

第二，健全行业自律机制。非政府组织纷繁复杂，种类繁多，要促进其在市场经济环境下健康有序地发展，必须建立和健全行业自律机制。首先，可以通过讨论和协商确定本行业的各项标准，包括准入资格、职业道德、行为准则以及规范管理等内容。其次，要在行业共同利益和共同目标基础上，通过谈判机制处理不和谐和冲突，提高自治能力。[①] 此外，还要加强对新进入者的资格审查，并进行公开、公示，并建立起后期的监督互评机制，有奖有惩，以维护非政府组织会员的良好社会性形象。

第三，强化内部治理，提高组织效率。民主是科学管理的重要途径，强化非政府组织的内部治理，建立一个科学的民主的管理机制是必要的。这就要求非政府组织要顺应时代发展，打破按照职能、职位进行分工的科层管理体制，而建立起灵活、高效的现代管理体制。同时，人才也是内部治理的关键。所以非政府组织要致力于更多专业人才的建设，提高非政府组织的专业化水平。

---

① 李芳：打造我国非营利组织的公信力，载于《山西高等学校社会科学学报》，2005 年第 1 期。

3. 建立专业化服务体系

一是运作方式专业化。专业化运作指的是运营规范、管理科学、操作透明、服务公平。目前我国的社区服务中心基本上完全遵循事业单位的模式进行组织、管理和运营，这样就造成了行政性较强，独立性缺乏，因此社区服务中心不应仅仅以事业单位的性质来组织和管理，社区服务中心更重要的是一种为民服务组织，需要用专业的组织类型和专业性的工作视野进行管理。而非政府组织可以借鉴一些专业领域的管理模式，如教育、医疗、卫生等领域，这些领域的工作性质是专业性的，因此所提供的服务也是专业服务，其相应的管理和运作也必须具备专业化的模式。未来我国社区服务必定是一种专业的整体运作方式，即以一支专业化的队伍，按照专业的统一的标准来管理。

二是人员的专业化。人员的专业化主要体现在人员自身素质的专业化、人员服务水平的专业化。但是人员的专业化发展必须有相匹配的工资、福利待遇机制，这样才能保证社区的专业服务人员稳定的发展。要建立专业化的队伍，具体做法就是在确定工作需求的基础上，再根据社区服务中的不同岗位要求、不同工作性质和工作类别，建立一个完整的社区工作人员的职业体系和结构，做到在招聘、组织管理和待遇等方面配合相应的制度安排。

三是服务内容的专业化。服务内容的专业化是建立在社区组织结构层面上的专业化。它要求社区组织运用专业化的服务理念、服务方法和服务技能为居民服务，即从需求出发，为居民的实际需要量身打造、设计以及提供相应的服务。如今，在我国的社区服务过程中，我们更多关注的是社区的购买力，但是在专业化的服务运作中，我们应当更加关注社区居民的真实存在的需求。而社区的这些需求又是多变的、复杂的、分门别类的，这就需要借助专业化的方法和技术来进行统计、调查和实操，用最好的手段方法来有效满足人民的需求。

四是强化筹资能力。非政府组织要建设社区，必然需要雄厚资金的支持作保障。所以非政府组织要在资金的获取渠道上加以努力，一方面，非政府组织要积极争取政府的财政支持，以进行其社会福利的目标工作；另一方面，非政府组织可以在保证服务质量的基础上，以拓宽服务范围来收取适当、合理的费用，这样也发挥了其文化娱乐的服务优势。此外，非政府组织也不要忘记社会的慈善渠道，争取社会慈善捐助也是非政府组织资金的重要来源。当前，资金和资源不足的问题困扰着非政府组织，这样筹资问题便成为其生存发展的关键，也影响到其与政府的关系问题处理，即非政府组织在运作时是否要保持其独立性和自治性的问题。所以强化非政府组织的筹资能力，首先要在宣传上加大力度，提高社会的捐赠意识，拓宽捐赠渠道，进而增加社会捐赠收入；其次要拉拢当地企业相互合作，争取更多的资金支持。但要注意的是，在筹集资金的同时，也要加强社区的资源整合，促进社区的综合发展。

三、鼓励企业参与社区建设

企业社会责任观念要求企业不能追求单一的经济目标，也要承担自己作为“社会公民”的责任。企业社会责任的表现之一就是参与社区经济建设。

（一）企业参与社区经济发展的原因

企业是国民经济的细胞，企业在经营和发展过程中拥有的巨大人力资源、物质资源以及先进的管理方法等，都可以为社区经济发展增添力量。

美国管理学家彼得·德鲁克认为：“企业的目的必须在企业本身之外，事实上，企业的目的必须在社会之中，因为工商企业是社会的一种器官。”可以说，社会是企业利益的来源，社会的根本利益就是企业的长远利益，因此，企业在从社会中谋求自身利益的同时必须承担相应的社会责任，用以符合伦理道德的行为作出回报。中外企业发展历史经验反复证明，企业履行社会责任，不仅不会影响企业追求利益最大化、反而会大大提高企业的经济效益，提升企业的核心竞争力，促进企业乃至社会的可持续发展。有社会责任的企业能可靠地获取较多的长期利润，这在很大程度上归因于企业的社会责任行为所带来的良好的社区关系和企业形象。社区治理主体是包括政府组织、社区组织、社会中介组织、企业、居民等的平等参与者；治理客体是社区公共事务；治理规则是社区成员认同的社区规范；治理过程表现为各利益主体之间的合作互动行为的实体活动。社区治理主体的特征：平等性；多元性。强调各参与者是平等的，不存在领导者与被领导者、管理者与被管理者之间的明确界限。①

（二）企业发展与社区经济发展的关系

企业发展所需的人才、政策扶持、公众支持、形象塑造、文化建设等无疑受到社区建设的影响；社区建设是各主体协调互动合作的过程，企业作为一个重要的建设主体，其对社区建设的参与，带来的不只是资金等物质资源，还包括企业的文化、现代经营理念等重要的无形资源。②企业主动承担起社会责任，参与社区建设，是市场经济发展的必然要求。毋庸置疑，在市场经济的背景下，企业发展与社区的建设发展密不可分，越来越多的企业已经开始认识到建设良好的社区环境是企业自身可持续发展的根本。③

企业发展与社区经济建设是相互影响、相互制约的关系。企业参与社区经济建设，履行社会责任，是社会文明进步的重要标志，是市场经济发展的必然走向。一方面，企业作为一个具有“经济人”特点的经济组织，“求生存”是第一位的，这也是衡量企业自身市场行为和价值取向的根本标准。然后才是“图发展”，而企业又必须以一个“社会人”的身份将其自身行为、目标、利益置于社会的约束和限制之中，只有建设好企业生存的社区环境，企业发展起来才会一帆风顺。如果社区的环境脏乱、治安混乱、风气恶劣，企业又怎能“独善其身”？企业的财物将会因盗窃猖獗而受到损失，员工的思想将会因黄赌毒泛滥而受到腐蚀，企业的形象将会因周边环境恶劣而受到损害，包括无形资产在内的企业总资产会因此而出现贬值，从而无形中降低了企业的市场竞争力。④ 所以更加应该看到，营造良好的社区环境和社区氛围是企业赖以生存的基石和持续发展的保障。

从另一方面看，一项庞大的社区建设系统工程也需要企业的承担和

---

①② 雷鸣，张桂蓉：企业社会责任与社区建设，载于《改革与开放》，2010 年第 24 期。

③④ 吴迪：企业发展与社区建设探索，载于《煤炭经济研究》，2011 年第 4 期。

支持。企业如果能为社区提供尽可能多的人力、物力和财力支持，就为社区经济的发展雪中送炭，弥补了其资金、资源短缺的短板。这样企业的发展壮大或萎缩与社区的繁荣或萧条有直接的联系。所以企业发展与社区经济发展是共生、共荣的关系，企业为社区提供强有力的物质支持，反之，社区经济的快速稳定发展又能为企业的发展进步提供和谐稳定的社会根基和外部环境。

（三）企业参与社区经济建设的意义

企业参与构建和谐社区，增加了职工和社区居民彼此接触、交往的机会，促进了相互间的了解，加强了沟通，融进了彼此间的浓浓亲情，从而可以拉近社区居民间的距离，可以增进社区的文明与和谐，使社区形成热爱生活、积极向上的良好风气。①

社区建立和谐的关系无论是对企业的生存发展，还是对社区的繁荣与进步都具有重要意义。企业存在于社会中，必须与其所在的社会环境相联系，并且适应社会环境的变化和发展，积极应对和参与社会活动、社区活动。企业存在于一定的社区内，社区固有的人文素质、历史文化传统对企业员工也有一定的影响，一个文明、和谐的社区环境和拥有高素质人群的社区为企业发展创造了有利条件和无形价值。反之，企业积极参与到社区经济发展和建设的活动中来，利用自身优势扶持社区各项事业，从事社区公益活动，实现了社区建设和企业长远发展的共赢。企业参与社区建设，不仅可以产生可观的经济效益，又可以产生良好的社会效益。

（四）企业积极参与社区经济建设的尝试

1. 提供专业培训和就业岗位

企业可以利用其本身的资源为社区居民提供相关专业技能的学习和培训，以促进社区未就业居民的职业技能，促进社区就业。企业也可以适当从社区中未就业居民或即将毕业的学生中选择性地吸收企业员工，为企业招揽人才，又缓和社区居民的就业压力，还增强了社区居民对社

① 来源于新浪网：企业在建立和谐社区中的作用与途径，具体网址：http：//finance.sina. com. cn/g/20070125/17253282729. shtml。

区的认同感。并且当企业协助社区活动时，更能调动这一部分人的积极性，也容易带动其他人奉献社区、参与企业活动的积极性，这样也就实现了企业和社区的双赢局面。

2. 找准切入点，融入社区建设

企业也有“社区人”的角色，企业要在社区这个大环境中，力争充当社区建设的主角，找准切入点，以更好地融入社区服务和社区发展中来。企业可以通过深入了解社区需求，有的放矢地设计、筹划、实施社区建设的各项活动。企业既可以单独经营的方式开展社区服务，也可与社区组织联合开展社区服务。企业通过提供优质的餐饮、购物、保洁、家政、洗衣、理发、维修和再生资源回收等服务，增强居民对企业的认同感，美化周边环境。

3. 加大社区公益建设，树立企业形象

公益慈善是企业融入社区、帮助社区的有效方法和途径。企业通过公益行为搞好社区建设，不仅为社区发展了诸如医疗卫生、社会保障和教育等方面的公共事业，也为企业树立了良好的正面形象。从另一层面而言，企业的公益行为在一定程度上也帮助了政府解决资金筹措的问题。更为重要的是，企业通过从事社区的公益慈善事业获得良好的广告效益，树立企业形象，提升消费者的认可度，无形中提高了其市场占有率。而且，对于那些将客源主要定位于社区居民和相邻单位的企业来说，这种行为使得企业占领了社区这个主市场。如果企业能通过参与社区建设，帮助社区公益事业，可以为企业树立口碑、增加客户量，在“近水楼台先得月”的作用效果下，企业可以取得更多的无形资产和长远利益，对于企业不失为一种良好的经营策略。

4. 注重环保，实现可持续发展

社区环境是企业赖以生存的外在条件，自然企业对社区资源和环境的保护也应承担着相应的责任。尤其是一些易造成污染的重工业企业，对社区环境的保护更有着不可推卸的责任。保护环境也是企业社会责任感的重要体现，并且保护好企业赖以生存的环境，才能为企业发展提供有利的外部环境。企业参与社区环保，可以通过设施建设、净化环境等方式，缓解经济发展与生活环境污染之间的矛盾。企业还可以通过研发和创新技术减少生产活动造成的污染，同时企业自身要注重降低能耗、节约生产成本，以更少的消耗和更低的成本使产品更具有竞争优势。

5. 实现内部公共资源对社区的开放

企业要摆脱传统的“单位制”的思想，在一定的许可范围内，将企业内部的公共资源如企业内部医疗、文体设施和图书等服务实现与社区居民的共享，既可获得一定的社会效益，又可获得一定的经济效益，还能拉近企业与社区居民之间的感情，是一举数得的好事。

6. 企业文化进驻社区发展

企业文化作为一种崭新的管理文化，其重要性不言而喻。企业文化是企业的“灵魂”，它无形中会植入员工的思想，影响他们的行为，促使他们的价值观和企业整体的价值理念相一致，将无形的文化转化成有形的企业效益。企业可通过定期举行“文化节”的方式，以建设社区文化为载体，使得企业文化进入居民的社区文化中，从而形成强有力的精神力量，一方面可以增强企业员工的归属感，另一方面可以使社区居民和进入社区的外来者感受到浓郁的企业文化，在潜移默化中树立起企业的良好形象，提升企业的格调和档次。[①]

四、社区内主体各尽其责

我国目前的社区建设大多以法定社区为操作单位。社区组织作为社区建设的重要也是首要主体，实践和见证了其在社区建设中的巨大作用。社区经济发展需要社区内的各主体相互配合、共同协作，为更好地建设和繁荣社区而履行自己的职责。

（一）优化我国社区经济发展中社区行为的基本原则

1. 可持续发展原则

在城市化的进程中，我国一直面临着过度重视经济效益的问题，由此引发了许多潜在的社会问题和生态环境问题，如精神贫乏、人口剧增、环境恶化等问题。这些问题的产生正是因为罔顾经济、社会与生态环境

---

① 吴迪：企业发展与社区建设探索，载于《煤炭经济研究》，2011 年第 4 期。

的有机统一的和谐共处关系。城市发展的实践告诉我们，单纯的追求经济利益增长的发展模式已不可取，所以社区作为一个子系统，应率先走出一条社会、经济和生态系统协调发展的路子，并逐步扩大影响范围，使整个城市系统走可持续发展的道路。只有坚持可持续发展之路，理想的美好的社区才能得以存续。

2. 以人为本原则

以人为本原则是构建和谐社区的首要条件。社区经济建设应尊重人的本性，符合人的需求，不仅使人们在社区享受到舒适宜居的美好环境，也使其尊严和需求得到尊重和保障。以人为本的理念和原则是衡量一切工作成功的关键。这就要求在社区经济建设和发展的过程中，应始终坚持以人为本的原则，在重视硬件建设的基础上还要重视软件建设，而人的建设是社区软实力提升的关键所在。具体而言，对社区的人文建设不仅包括对人们所居住的环境的改善和美化，还包括社区服务设施的扩充和完善，更包括人们的精神需求和价值的满足及充分体现，使社区成为一个人性需要得以满足、人生价值得以提升、人文精神达到和谐的精神家园。

3. 因地制宜原则

区域性是社区经济的重要特点，也是社区经济发展的出发点和依据。因地制宜发展社区和建设社区，即从社区的实际情况出发，具体情况具体分析，既能体现社区独特性，又符合社区经济发展的实际。每一个城市，每一个不同的社区都有其复杂的成分，在发展社区经济时不能搞一刀切，要遵循本社区的工作实际和发展目标。在发展思路上，以“消除差异，促进融合”为着力点；在具体的操作方法上，通过分类指导来选择最适合本社区的经济发展之路。

4. 坚持扩大民主、依法自治原则

社区居委会是“民主选举、民主决策、民主管理、民主监督”的基层群众自治组织。社区居委会的这一法律地位有《城市居民委员会组织法》的保障，所以在进行社区建设和发展的过程中，各政府包括街道在内的职能部门都要切实尊重和维护社区的自治地位，在《城市居民委员会组织法》立法宗旨和原则下，从社区公共事务的性质和特点出发，指导、帮助、支持社区工作，利用社区现有的资源和条件，“找准切入点，大胆探索和创造符合自身实际的新型社区治理模式，切实增强社区依法自治的功能，避免社区居委会成为政府的一级准政府组织”①。

（二）社区促进社区经济发展的措施

社区经济是社会主义市场经济这个大前提下产生和发展起来的新兴经济。与社会发展结成了一种网状的、不可分割的关系。社区作为建设社区经济的主体，对社区经济的实践和成果影响巨大，我国社区经济发展中社区应采取各种措施来促进社区经济的发展。

1. 健全社区自治组织架构

社区作为一个群众自治组织，居民参与程度的高低是评价社区治理成果的核心指标。直观上来说，居民的社区参与直接表现为民主选举、投票、个人诉求的提出与回应以及舆论监督等；深层次而言，社区自治的最重要体现便是社区居民参与公共事务的决策。可以说，社区治理的基础是社区自治组织即社区居委会，社区居委会也是居民参与社区公共事务的平台，是居民深度参与到社区的最直接、最有效的途径，所以说建立健全社区自治组织体系是实现社区善治的核心与关键。中国的社区产生发展不久，缺乏自治的历史和传统，居民的自治意识整体不高，因而指导、帮助、推动和督促居民构建自治组织，形成合理的社区自治组织运行机制的任务非组织层面的政府莫属。

首先，健全民主选举制度。社区居民的参与最重要的方式是民主选举，只有健全民主选举机制，才能更真实地体现民意和民主，这也是社区民主成熟和真实体现的重要标志。其次，发展民主监督机制。社区居民民主监督的有效性在知情的基础上才能得到保证。再次，改革投入机制。充足的资金、资源是社区居委会得以正常运转的重要物质基础和保障，现阶段社区居委会的主要财政来源是政府拨款。所以，要在现阶段的基础上，制定出符合社区实际发展状况的资金投入机制，如政府每年在拿出资金来支持社区发展时，要综合考虑通货膨胀、政府财政收入增减等相关因素。此外，还应健全社会的投入机制，并鼓励社区内单位和

① 摘自北京市社科“十五”规划项目“社区自治与政府职能转变”阶段成果。

个人的投入等；完善社区工作者队伍的建设机制，亦即设立专业性的社区工作者职业，建立社区社会工作服务机构。

无论是社区治理还是社区经济的发展，都是艰巨而又庞大的系统工程，如果仅仅依靠社区内部的力量来获得社区的长远发展是不够的，需要同时营造良好的外部政策和制度环境，使社区经济能在温和的土壤里尽享社会发展的成果，毫无顾虑地走好自己的发展之路，使社区获得稳定的、可持续的发展。

2. 为社区创建良好的法律环境

法律是调整社会中人与人、组织与组织的关系的基本规则体系。[①] 在市场经济的社会环境下，存在着多元化的社会利益群体，也存在着多样化的个人需求，所以必须使用一套明确、稳定的法律规则来调整社会关系，使得市场的有序发展和良性竞争都在法律规则的基础上进行。为社区治理创造良性的激励机制和政策环境，为社区经济发展建立良好的客观环境，是社区发展的必然要求。在为社区建立良好的法律、法规等政策环境的同时，相应地也会促使社区建立起一种内外共同协商合作的良性激励机制。这种激励机制是诉诸行政体系自身的压力和绩效考核，有时甚至是政府领导和社区领导的个人激励。[②]

3. 培育和发展社区中介组织

“单位制”的解体是一把“双刃剑”：社区居民无法再从单位的体制内获得基本上所有的生活资源，唯有将过去的“单位”需求转变为现在的社区需求，这样加强了居民与社区的联系，培养了居民对社区的认同感和归属感；但由于社区中介组织发育的滞后性，使得政府被迫承接了“单位”转移出来的社会公共事务；政府组织又因管理范围过大过宽而无法顾全社区居民和辖区单位以及其他社会公共事务，不得不向社区居委会转嫁一些职能作业，并由居委会接手众多的社区公共事务。正是因为社区缺乏中介组织的存在，很多的社区服务开展得较为宽泛而不专业。如果培育和发展了社区中介组织，就可以根据社区公共事务的性质将社

① 车丕照：法律全球化与国际法治，载于《清华法制论衡》（第 3 辑），清华大学出版社 2002 年版。

② 李万新：中国的环境监管与治理，载于《公共行政评论》，2008 年第 5 期。

区的一些服务分离出来，如老年大学可以交给社区文体中心，医疗保健可以交给社区医疗保健部门，房屋维修、绿化等可以交给物业管理部门，青少年教育可以交给社区青少年教育中心等。这些专业性服务完全可以由社区中介组织来负责提供和组织实施。所以，大力培育社区中介组织，是基于弥补有限政府的不足和为实现社区善治来考虑的。

4. 选择性地发展就业容量大的服务业

城市的下岗失业人员，多数都是文化素质较低的职工。对他们就业问题的解决，最重要是让他们有稳定的收入，针对他们的特点，服务业是较为适合他们发展，也是能最大限度容纳这群庞大的就业群体的行业。所以可以通过大力兴办和发展就业容量较大的企业，如运输业、搬运公司、家政服务、零售业等。

5. 注重发展多元所有制的社区经济

我国的基本经济体制是以公有制为主体，多种所有制经济共同发展。社区的中小企业作为我国多种所有制经济成分中的一员，也应该受到扶持和重视。要多方式、多角度帮助和扶持非公有制企业的创业和起步，比如可以通过降低其资本进入的门槛，并继续保持个体私营企业的快速发展势头，不断增加新的就业岗位。此外，要鼓励下岗、失业职工从事个体或私营经济。要善于发现这些中小企业所面临的问题，并探索帮助其解决，以促使其更快更好地发展。当前我国中小企业的发展问题主要停留在融资困难、税费负担较重、开业手续等方面，所以要对他们进行一些政策性的倾斜，使他们先开办起来，再谋求快速、稳定、长期的发展之路，这样也解决了众多人员的失业问题。

6. 开发稀缺但社会需要的第三产业项目

目前，我国的社会需求的特点是个性化、多样化发展，根据这一特点，可以针对不同的需求对象开发新兴服务项目，如婚姻介绍中心、票务公司（订票、送票）、劳务市场（家政、维修、物业等）、广告代理、导游服务、老年人看护照料等。这些行业大部分属于刚刚兴起的朝阳产业。发展社区经济时，要立足社区、面向社区、服务社区，结合考察社区产业空间布局和资源要素分配现状，将社区经济发展与推进就业工作紧密结合。

参考文献

[1] 谢芳．美国社区．北京：中国社会出版社，2004

[2] 杨叙．北欧社区．北京：中国社会出版社，2004

[3] 张暄．日本社区．北京：中国社会出版社，2007

[4] 徐琦．社区社会学．北京：中国社会出版社，2004

[5] 雷洁琼．转型中的城市基层社区组织．北京：北京大学出版社，2001

[6] 夏建中．社区社会组织发展模式研究．北京：中国社会出版社，2011

[7]（美）阿瑟·梅尔霍夫著．谭新娇译．社区设计．北京：中国社会出版社，2002

[8] 王惠，刘睿．当代中国：社区发展与现代性追求．北京：人民出版社，2011

[9] 于燕燕．北京蓝皮书：中国社区发展报告（2011）．北京：社会科学文献出版社，2011

[10] 于燕燕．中国社区发展报告（2010）．北京：社会科学文献出版社，2011

[11] 黎熙元，何肇发．现代社区概论．广州：中山大学出版社，1998

[12]（美）弗雷德．郑秉文译．公共物品与私人社区——社会服务的市场供给．北京：经济管理出版社，2007

[13] 李雪萍．城市社区公共产品供给研究．北京：中国社会科学出版社，2008

[14] 高鉴国．中国农村公共物品的社区供给机制．济南：山东人民出版社，2009

[15] 张兴杰．社区管理．广州：华南理工大学出版社，2007

[16] 韦克难．社区管理．成都：四川人民出版社，2004

[17] 丁元竹．社区的基本理论与方法．北京：北京师范大学出版社，2009

[18] 江立华．社区工作．武汉：华中科技大学出版社，2005

[19] 张暄，谢芳，邱莉莉，白志刚．国外城市社区救助．北京：中国社会出版社，2005

[20] 高鸣，王兵．和谐社区的法制化建构．长春：吉林大学出版社，2009

[21] 夏建中，（美）特里·克拉克等．社区社会组织发展模式研究——中国与全球经验分析．北京：中国社会出版社，2011

[22] 叶南客．都市社会的微观再造——中外城市社区比较新论．南京：东南大学出版社，2003

[23] 江立华，沈洁等．中国城市社区福利．北京：社会科学文献出版社，2008

[24] 任远等．转型期就业：城市社区就业状况与社会政策分析．上海：复旦大学出版社，2007

[25] 周宇宏．北京城市社区管理体制改革研究．北京：中国财政经济出版社，2010

[26] 马西恒，刘中起．都市社区治理——以上海建设国际化城市为背景．上海：学林出版社，2011

[27] 杨团．社区公告服务论析．北京：华夏出版社，2002

[28] 徐永祥．社区发展论．上海：华东理工大学出版社，2000

[29] 邓敏杰．创新社区．北京：中国社会出版社，2002

[30] 唐娟．政府治理论．北京：中国社会科学出版社，2006

[31] 建军．单位中国．天津：天津人民出版社，2000

[32] 侯玉兰．城市社区发展国际比较研究．北京：北京出版社，2000

[33] 丁芸．城市公共经济管理．北京：经济科学出版社，2004

[34]（美）B. 盖伊·彼得斯．吴爱明等译．政府未来的治理模式．北京：中国人民大学出版社，2001

[35] 迟福林．建立公共服务体制与政府转型．http：//chifulin. blog. sohu. com/6582968. html，2006－07－13

[36] 迟福林．公共需求变化与政府转型．中国宏观经济信息网：http：//www. macrochina. com. cn/xspd/20050630072173. shtml，2005－12－13

[37] 林凤祥．城市社区经济的相关理论考察．福建论坛·经济社会版，2003（12）

[38] 王琳．构建社区治理的多元主体结构．社会主义研究，2006（4）

[39] 靳秉强，顾敏敏．城市公共服务新模式初探．学术研究，2005（12）

[40] 孙立平．从市场转型到社区转型．见：组织与体制——上海社区发展理论研讨会会议资料汇编，2002

[41] P. A. Samuelson. The Pure of Public Expenditure. The Review of Economic and Statistics, 1954 (11)

[42] Robert M. Maclver. Community: A Sociological Study. New York: Macmillan Press, 1958

[43] L. Salamon, etal. Global Civil Society: Dimensions of the Nonprofit Sector. Baltimore: Johns Hopkins Center for Civil Society Studies, 1999

[44] H. J. Rubin, I. Rubin. Community Organization and Development. Colunbus: Merrill Publishing Company, 1986

[45] Ruth J. Parsons, James D. Jorgensen, Santos H. Hernǘndez. The Integration of Social Work Practice. California: Brooks/Cole Pub. Co. , 1994